香江哲学丛书
丛书主编 黄　勇 王庆节

# 道德实在论及其认知向度

钟　磊 著
魏犇群 译

Moral Realism and Its Epistemic Dimensions

中国出版集团
東方出版中心

图书在版编目（CIP）数据

道德实在论及其认知向度 / 钟磊著；魏犇群译. —
上海：东方出版中心, 2022.8
（香江哲学丛书 / 黄勇, 王庆节主编）
ISBN 978-7-5473-2013-6

Ⅰ. ①道… Ⅱ. ①钟… ②魏… Ⅲ. ①伦理学 Ⅳ.
①B82

中国版本图书馆CIP数据核字（2022）第130700号

道德实在论及其认知向度

著　　者　钟　磊
译　　者　魏犇群
丛书策划　刘佩英
策划编辑　刘　旭
责任编辑　陈哲泓　　周心怡
装帧设计　周伟伟

出版发行　东方出版中心有限公司
地　　址　上海市仙霞路345号
邮政编码　200336
电　　话　021-62417400
印 刷 者　山东韵杰文化科技有限公司

开　　本　890mm × 1240mm　1/32
印　　张　8.375
字　　数　188千字
版　　次　2022年10月第1版
印　　次　2022年10月第1次印刷
定　　价　68.00元

# 总　序

《香江哲学丛书》主要集录中国香港学者的作品，兼及部分在香港接受博士阶段哲学教育而目前不在香港从事哲学教学和研究的学者的作品，同时也集录与香港邻近并在文化上与香港接近的澳门若干大学哲学学者的著作。

相对于内地的城市来说，香港及澳门哲学群体较小。在由香港政府直接资助的八所大学中，实际上只有香港中文大学、香港大学、香港浸会大学和岭南大学有独立的哲学系；香港科技大学的哲学学科是其人义社会科学学院中人文学部的一个部分，而香港城市大学的哲学学科则在政治学和行政管理系；另外两所大学——香港理工大学和香港教育大学，虽然也有一些从事哲学教学和研究的学者，但大多在通识教育中心等。而且即使是这几个独立的哲学系，跟国内一些著名大学的哲学院系动辄六七十、七八十个教员相比，规模也普遍较小。香港中文大学的哲学系在全港规模最大，教授职称（包括正教授、副教授和助理教授）的职员也只有十四人，即使加上几位全职的高级讲师，也不到二十人。岭南大学是另一个有十位以上哲学教授的大学，其他几所大学的哲学教授的数量都是个位数。相应地，研究生的规模也不大。还是以规模最大的香港中文大学为例，硕士和博士项目每年招生加起来就是十个人左右，其他学校则要少很多。

当然这并不表示哲学在香港不发达。即使就规模来说，虽然跟内地的大学无法比，但香港各高校的哲学系在国际上看则并不小。即使是在(至少是某种意义上)当今哲学最繁荣的美国，除了少数几个天主教大学外(因其要求全校的每个学生修两门哲学课，因此需要较多的教师教哲学)，几乎没有一个大学的哲学系，包括哈佛、耶鲁、普林斯顿、哥伦比亚等常青藤联盟名校成员，也包括各种哲学排名榜上几乎每年都位列全世界前三名的匹兹堡大学、纽约大学和罗格斯大学，有超过二十位教授、每年招收研究生超过十位的，这说明一个地区哲学的繁荣与否和从事哲学研究与教学的人数多寡没有直接的关系。事实上，在上述一些大学及其系科的世界排名中，香港各大学哲学系的排名也都不低。在最近三年的 QS 世界大学学科排名中，香港中文大学哲学系都名列亚洲第一(世界范围内，2017 年排 30 名，2018 年排 34 名，2019 年排 28 名)。当然，这样的排名具有很大程度的主观性、随意性和多变性，不应过于重视，但至少从一个侧面也反映出某些实际状况，因而也不应完全忽略。

香港哲学的一个显著特点，同其所在的城市一样，即国际化程度比较高。在香港各大学任教的哲学教授大多具有美国和欧洲各大学的博士学位；在哲学教授中有相当大一部分是非华人，其中香港大学和岭南大学哲学系的非华人教授人数甚至超过了华人教授，而在华人教授中既有香港本地的，也有来自内地的；另外，世界各地著名的哲学教授也经常来访，特别是担任一些历史悠久且享誉甚高的讲席，如香港中文大学哲学系每个学期或至少每年为期一个月的唐君毅系列讲座，新亚书院一年一度的钱穆讲座、余英时讲座和新亚儒学讲座；在教学语言上，除香港中文大学的教授可以自由选择英文、普通话和粤语外，其他大学除特殊情况外一律用英文授课，这为来自世界各地的学生在香港就读，包括就读哲学提供了方便。但更能体现这种国际化的是香港哲学教授的研究课题与世界哲学界直接接轨。

香港哲学研究的哲学传统主要包括中国哲学、分析哲学和欧陆哲学，其中香港中文大学在这三个领域的研究较为均衡，香港大学和岭南大学以分析哲学为强，香港浸会大学侧重宗教哲学和应用伦理学，而香港科技大学和香港城市大学虽然哲学项目较小，但突出中国哲学，即使很多学者的研究是跨传统的。以中国哲学为例，钱穆、唐君毅和牟宗三等缔造的新亚儒学传统将中国哲学与世界哲学，特别是西方哲学传统连接了起来，并得到劳思光和刘述先先生的继承和发展。今日的香港应该是世界上(能)用英语从事中国哲学研究的学者最多的一个地区，这些学者中包含那些主要从事分析哲学和欧陆哲学研究的，但也兼带研究中国哲学的学者。这就决定了香港的中国哲学研究大多具有比较哲学的特质：一方面从西方哲学的角度对中国哲学提出挑战，从而促进中国哲学的发展；而另一方面，则从中国哲学的角度对西方哲学提出问题，从而为西方哲学的发展作出贡献。相应地，香港学者对于分析哲学和欧陆哲学的研究，较之西方学者在这些领域的研究也有其特点和长处，因为他们在讨论西方哲学问题时有西方学者所没有的中国哲学传统可资利用。当然也有相当大一部分学者完全是在西方哲学传统中研究西方哲学的，但即使在这样的研究方式上，香港哲学界的学者，通过他们在顶级哲学刊物发表的论文和在著名出版社出版的著作，可以与西方世界研究同样问题的学者直接对话、平等讨论。

香港哲学发达的另一个方面体现在其学院化与普及化的结合。很多大学的一些著名的系列哲学讲座，如香港中文大学新亚书院每年举办的钱穆讲座、余英时讲座、新亚儒学讲座都各自安排其中的一次讲座为公众讲座，在香港中央图书馆举行。香港一些大学的哲学教授每年还举办有一定主题的系列公众哲学讲座。在这些场合，往往都是座无虚席，到问答阶段，大家都争相提问或者发表意见。另外，还有一些大学开办自费的哲学硕士课程班，每年都有大量学生报名，这些都说明：香港浓厚的哲学氛围有很强的社会基础。

由于香港哲学家的大多数著作都以英文和一些欧洲语言出版，少量以中文出版的著作大多是在台湾和香港出版的，内地学者对香港哲学家的了解较少，本丛书就是要弥补这个缺陷。我们希望每年出版三到五本香港学者的哲学著作，细水长流，经过一定的时间，形成相当大的规模，为促进香港和内地哲学界的对话和交流作出贡献。

王庆节　黄勇

2019 年 2 月

# 目　录

moral
caring
optimistic
home
Moral Commitment
extra-curricular
responsibility
Honor
integrity
dilemma
values
respect
ethics
perseverance
academics
fairness
community
Golden
sanctity
character
school
Rule
Moral
Awareness
Moral Action
decision making
trustworthy
behavior
loyalty
honesty
authority
truthfulness
Moral judgment

# 导论

从负笈美国攻读博士学位到毕业后在香港任教，十几年间我的道德哲学观发生了剧烈变化，但道德实在论（moral realism）却是我秉持始终的立场，也是本书一以贯之的主线。道德实在论包含以下两个命题：① 某些道德信念为真，即存在道德真理；② 道德真理就其性质而言是一种客观的、非相对的真理[①]。需要指出的是，我这里采纳了对道德实在论的一种宽泛的界定。这个意义上的道德实在论并不承诺道德真理独立于心灵而存在（mind-independence）[②]。一些道德建构主义者主张道德原则源于某种普遍的心智属性（如实践理性），他们的理论也应被视为一种道德实在论[③]。在我看来，关于道德真理是否独立于心灵的争

---

① 道德实在论通常还强调我们对于道德真理具有知识或者合理的信念。这是道德实在论的应有之义。相信"P 为真"而又认为"我不知道 P"是一种认知的非理性，即使不是逻辑上的自相矛盾。

② 关于道德实在论的这一宽泛定义，参见 Geoffrey Sayre-McCord，"Moral Realism，" in E. N. Zalta (ed.) *Stanford Encyclopedia of Philosophy*，2017。道德实在论在一个更为狭窄的意义上承诺道德真理对于心灵的独立性，参见 Peter Railton，"Moral Realism，" *Philosophical Review* 95(1986)：163 - 207。

③ Immanuel Kant，*Groundwork of the Metaphysic of Morals*，Trans. by H. J. Paton，New York：Harper and Row，1964；John Rawls，"Kantian Constructivism in Moral Theory，" *Journal of Philosophy* 77(1980)：515 - 572；Christine Korsgaard，*The Sources of Normativity*，Cambridge：Cambridge University Press，1996.

论无关紧要，而道德真理是否存在以及道德何以具有客观性则是远为重要的问题。

当然，并非所有版本的道德实在论都对道德的规范性与客观性提供了令人信服的说明。例如，某些道德实在论者认为，即使道德事实对道德信念毫无影响，我们也依然有理由相信道德事实的存在，甚至认为二阶的元伦理学问题是无意义的"外部问题"，这种道德实在论令人沮丧地回避了道德的客观性（参见本书的第一章）。另一些道德实在论者则尝试把道德事实还原为自然事实以捍卫其客观性，但这种道德实在论忽视了道德的规范性维度，虽然字面上是在讲道德的还原，实际上却不过是在做道德的消除，因此对道德客观性的辩护无异于缘木求鱼（参见本书的第二章）。

与道德实在论相对立，道德反实在论否认存在任何客观的道德真理。反实在论主要有三种形式：道德非认知主义（moral non-cognitivism）、道德相对主义（moral relativism）和道德虚无主义（moral nihilism）。非认知主义认为道德判断不是信念，无真谬可言，而只表达了某种非认知的心理状态（如情感、命令、计划）。非认知主义在两千多年的道德哲学史上全无声息，直到 20 世纪初才伴随逻辑实证主义的兴起而出现（却没有随着逻辑实证主义的衰退而消失）①。在哲学里常常会见到这样一类学说，精巧如七宝楼台，但其基本预设则大谬不然，终究不过是空中楼阁罢了。非认知主义就属此类，它对道德判断的适真性（truth-aptness）的否认或轻视是一个不可挽救的错误，因而始终无

① 参见 R. M. Hare, *The Language of Morals*, Oxford: Clarendon Press, 1952; Allan Gibbard, *Wise Choices, Apt Feelings*, Cambridge: Harvard University Press, 1990; Simon Blackburn, *Essays in Quasi-Realism*, New York: Oxford University Press, 1993。

法满意地说明道德语言的诸种命题性特征。此外，非认知主义赋予了情感态度在道德哲学中过多的地位。情绪、欲望、感受对于道德生活自然至关重要，但并不是像非认知主义者所认为的那样，道德判断只是对情感态度的表达——也不是如认知主义版本的情感主义所言，一切道德信念/知识/事实都根源于情感（参见本书的第四部分"情感与理性"）。

道德相对主义是另一种形式的反实在论。道德相对主义者承认道德真理的存在，但否认道德真理的客观性。根据这种观点，如果一个道德信念为真，它只能相对于特定的社会、文化或者个体为真[①]。从相对主义的理论逻辑出发，我们可以得出一个令人惊异的结论：两个相互对立的道德信念皆可为真[②]。但这如何可能呢？相对主义者的一个典型回答是把道德概念理解为索引词（indexical）——"$x$ 是道德上错误的"被理解为"我们反对 $x$"或者诸如此类的表述。因为道德判断的真值条件被道德判断的语境所决定，两个看上去对立的道德判断也就不会相互矛盾了。然而，这样一来道德事实的规范性就丧失殆尽，所谓的道德事实不过被还原成了一种非规范性的事实（如社会事实或心理事实）。道德相对主义违背了道德的客观性却最终没有保存道德的规范性，那么这一学说有何理论优势可言呢？这就不难理解为什么道德相

---

① 某些声称自己是相对主义者的学者并不认为所有的道德命题都相对为真，而仅仅认为某一类道德真理——例如吉尔伯特·哈曼（Gilbert Harman）所言的内部性的道德判断，或者大卫·王（David Wong）所言的非基本的道德原则——是相对真理。这样的理论承认某种层面的道德客观性，因而算不上是一种严格意义上的道德相对主义。参见 Gilbert Harman, "Moral Relativism Defended," *Philosophical Review* 84(1975): 3–22; David Wong, *Natural Moralities: A Defense of Pluralistic Relativism*, New York: Oxford University Press, 2006。

② 道德相对主义是说两个相互冲突的道德信念皆可为真，而不是说它们都是合理的（justified）。后者并不奇怪，比如一个古代人认为"地球是静止的"，一个现代人认为"地球是运动的"，这两个信念可以都具有认知合理性。

对主义在元伦理学中一直处于边缘的位置——尽管道德相对主义在(分析)哲学之外甚为流行。

在这几种道德反实在论里,道德虚无主义是唯一应该被严肃对待的。道德虚无主义不像非认知主义那样否认道德判断有真谬可言,也不像相对主义那样认可相对道德真理的存在。道德虚无主义持有以下两个命题:① 道德判断是信念,或真或谬;② 不存在道德事实和道德属性。从这两个命题可以推出一个令人不安的结论:一切道德判断都是错误的(道德虚无主义有时也被称为"错误理论")[①]。如何论证我们有理由相信道德真理的存在是一个极为困难的知识论问题。本书的大部分章节都是在回应道德虚无主义的挑战。有两个主要的路径,一是诉诸道德直觉,道德知识被理解为先验综合(synthetic a priori)的知识,这是一种理性主义、非自然主义的进路。二是诉诸道德解释,我们有理由预设道德事实的存在是因为道德事实可以帮助解释经验现象(如道德经验),这通常被看作是一种经验主义、自然主义的进路。

我早些年接受非还原性的道德自然主义(non-reductive moral naturalism),相信道德属性是一种后验属性或自然属性,尽管它们不等同于其他的自然属性(参见第三、第四章)[②]。但近年来我渐渐转向道德非自然主义,认为基本的道德知识是先验知识(参见第一、第二章)。并且,在我看来,道德直觉和道德解释应该并存而共济。即使基本的道德知识来自直觉而非源于信念内部的解释推理,道德知识的成立仍然

---

① 参见 J. L. Mackie, *Ethics: Inventing Right and Wrong*, New York: Penguin Books, 1977; Richard Joyce, *The Myth of Morality*, Cambridge: Cambridge University Press, 2001。

② 在元伦理学的文献中,自然属性有着各种不同的界定。我倾向于采纳一种对自然属性的知识论定义,即把自然属性理解为可经验认知的(open to empirical investigation)属性。参见本书第二章第五节。

要求道德事实与道德信念具有一种外部的解释性联系(见第一章)。以前我认为只有自然属性才有解释力,但现在我对此深表怀疑。如果非还原的自然属性的解释力不被其他任何自然属性取代(见第三、第五章),那么我们可否大胆地推进一步:非自然属性的解释力也不会被自然属性取代(见第六章)?某些抽象对象(如数学对象、模态对象、共相、认知属性)并非自然对象,我们对它们的知识也不依赖于知觉经验,但这些抽象对象似乎依然具有(非因果的)解释效力——否则我们关于这些领域的信念就只能凑巧为真了。无论如何,虚无主义的挑战并不仅仅适用于道德领域,而是例示了一个更为普遍的问题,针对道德真理的诘难可以延伸到其他的非自然领域——反过来说,如果虚无主义对于这些领域的反驳是不成功的,那么关于道德领域的虚无主义也难以成立。

本书收录了我最近十年来发表的英文道德哲学论文。感谢东方出版中心的副总编辑刘佩英女士邀请我把这些文章结集出版。感谢黄勇、王庆节二位同仁策划这套香江哲学丛书。感谢东方出版中心特约编辑刘旭先生及其同事对本书的编修、校对。最后要特别感谢本书的译者魏犇群先生悉心翻译收录的所有文章。犇群专攻道德哲学,笃学慎思,是翻译本书的上佳人选。译稿经我逐句校订,如果存在任何翻译的错误,理应由我负责。

本书分为四个部分。第一部分关于道德实在论,一共两章:第一章的英文原文以“The Hard Problem for Soft Moral Realism”为题发表于 *Journal of Philosophy* 116(2020):555-576;第二章译自英文论文“Moral Functionalism and Moral Nonnaturalism,” *Journal of Value Inquiry*, Online First, 2021。第二部分关于道德解释,共两章:第三章译自英文论文“A Unificationist Vindication of Moral Explanation,”

*Philosophical Forum* 42(2011): 131 - 146;第四章的英文原文以"An Explanatory Challenge to Moral Reductionism"为题刊于 *Theoria* 78 (2012): 309 - 325。第三部分涉及规范领域的排斥问题,共两章:第五章译自英文论文"Semantic Normativity and Semantic Causality," *Philosophy and Phenomenological Research* 94(2017): 626 - 645;第六章的英文原文以"Exclusion in Morality"为题发表于 *Grazer Philosophische Studien* 93(2016): 275 - 290。第四部分讨论情感及理性在道德领域的角色,共三章:第七章综合了两篇英文论文,一篇专题文章"Internalism, Emotionism, and the Psychopathy Challenge" (*Philosophy, Psychiatry & Psychology* 20[2013]: 329 - 337)和一篇回应文章"Psychopathy, Emotion, and Moral Judgment" (*Philosophy, Psychiatry & Psychology* 20[2013]: 349 - 352);第八章的英文原文以"A Confucian Virtue Theory of Supererogation"为题刊于 *Philosophy East and West* 66(2016): 328 - 341;第九章改写自一篇英文论文(与唐英英合著)"Toward a Demystification of Egalitarianism," *Philosophical Forum* 44(2013): 149 - 163。

MORAL REALISM
SUBDIVISIONS
RELEVANT
RELEVANTLY
SENSE
TRUTH
APPROXIMATE
REJECTION
NEUROSCIENCE
MODUS
WRONG
FACTUAL
OBJECTIVELY
UNJUSTIFIED
MORAL
STATEMENT
TRUE
ACCEPT
DENIES
CANONS
THEORY
ROBUST
DISAGREEMENT
REALIST
PREDICATES
ACCEPTANCE
PURPORT
FACT
MODEL
STRAIGHTFORWARDLY
ETHICAL
PHILOSOPHERS
SENTENCES
PROPOSITIONS
MINIMAL
OBJECTIVE
FALSITY
SEMANTIC
FALSE
EXPRESS
TRANSGRESSOR
THEORETIC
SENTIENT
LARGELY
PROPERTIES
METAPHYSICAL

# 第一部分

# 道德实在论

第一章

# 弱道德实在论的认知难题

## 一、引言

在当代元伦理学中，道德实在论（moral realism）是占据主导地位的立场。宽泛地说，道德实在论是这样一种观点：存在可以被认知的道德事实。然而，道德实在论者对于如何理解道德事实的形而上学性质分歧颇深。其中一个旷日持久的争论涉及道德事实的解释力，也是本章讨论的核心。首先，让我区分以下两种道德实在论：

［强道德实在论］

① 存在可以被认知的道德事实；② 道德事实能够解释非道德事实[1]。

---

① Richard Boyd, "How to Be a Moral Realist," in G. Sayre-McCord (ed.) *Essays in Moral Realism*, Ithaca: Cornell University Press, 1988, pp.181 - 228; David Brink, *Moral Realism and the Foundations of Ethics*, Cambridge: Cambridge University Press, 1989; Peter Railton, "Moral Realism," *Philosophical Review* 95(1986): 163 - 207 and "Naturalism and Prescriptivity," *Social* （转下页）

[弱道德实在论]

① 存在可以被认知的道德事实;② 道德事实不能解释非道德事实[①]。

强道德实在论符合一个很有影响的形而上学立场：任何真实存在的实体都必须能够给世界带来改变——也就是说,它必须能够在一个形而上学的意义上解释其他事物。这个观点可以追溯到柏拉图的《智者篇》,并在当代哲学中得到了强化和发展[②]。

---

(接上页)*Philosophy and Policy* 7(1989): 151 – 174; Geoffrey Sayre-McCord, "Moral Theory and Explanatory Impotence," in *Essays in Moral Realism*, pp.256 – 281; Nicholas Sturgeon, "Moral Explanation," in D. Copp and D. Zimmerman (ed.) *Morality, Reasons, and Truth: New Essays on the Foundations of Ethics*, Totowa: Rowman and Allanheld, 1985, pp. 49 – 78 and "Ethical Naturalism," in D. Copp (ed.) *The Oxford Handbook of Ethical Theory*, Oxford: Oxford University Press, 2006, pp.91 – 121; Ralph Wedgwood, *The Nature of Normativity*, Oxford: Oxford University Press, 2007.

① Robert Audi, *Moral Knowledge and Ethical Character*, Oxford: Oxford University Press, 1997 and *Moral Perception*, Princeton: Princeton University Press, 2013; Ronald Dworkin, *Justice for Hedgehogs*, Cambridge: Harvard University Press, 2011; David Enoch, "The Epistemological Challenge to Metanormative Realism," *Philosophical Studies* 148(2010): 413 – 438 and *Taking Morality Seriously: A Defense of Robust Realism*, Oxford: Oxford University Press, 2011; Derek Parfit, *On What Matters*, vol.2, Oxford: Oxford University Press, 2011; T. M. Scanlon, *Being Realistic about Reasons*, Oxford: Oxford University Press, 2014; Kieran Setiya, *Knowing Right from Wrong*, Oxford: Oxford University Press, 2012; Russ Shafer-Landau, *Moral Realism: A Defense*, Oxford: Oxford University Press, 2003; Eric Wielenberg, "On the Evolutionary Debunking of Morality," *Ethics* 120(2010): 441 – 464.

② John Hawthorne, "Causal Structuralism," *Philosophical Perspectives* 13 (2001): 361 – 378; Jaegwon Kim, *Mind in a Physical World*, Cambridge: MIT Press, 1998; David Lewis, "New Work for a Theory of Universals," *Australasian Journal of Philosophy* 61(1983): 343 – 377; David Papineau, "Naturalism," in E. N. Zalta (ed.) *Stanford Encyclopedia of Philosophy*, 2016; Sydney Shoemaker, *Identity, Cause, and Mind*, Cambridge: Cambridge University Press, 1984.

但是，近来一批著名的道德哲学家向道德事实的这一形而上学承诺发起挑战，继而他们提出了一种弱道德实在论①。在他们看来，道德实体(entity)是非自然的对象，因此无法在其他领域发挥解释作用；但是，由于道德自成一体的(sui generis)特性，假设道德事实这一领域的存在仍然是合理的。

"解释"(explanation)这个词是在形而上学的意义上使用的②。如果一个事实、事件或者属性F因为(because)G而出现，那么我就会说，G解释了F③。我的讨论对于何种实体(包括事实、事件、属性等)适合作为解释的关系项是保持中立的。为方便起见，我谈论的主要是事实④。

因果关系(causation)是一种典型的解释关系。例如，一个刺客枪击肯尼迪总统导致其身亡，我们可以说，那个刺客的开枪解释了肯尼迪的死亡。但并非所有的解释关系都是因果关系。本体论的(或者"纵向的")解释关系，比如实现(realization)或者构成(constitution)，很明显就不是因果关系。水的宏观属性，比如透明和可溶解性，是被其微观的物理结构所实现的。因此，水的微观物理结构解释了它的宏观属性，但前者并没有因果地导致后者⑤。

---

① Ronald Dworkin, *Justice for Hedgehogs*; Derek Parfit, *On What Matters*; T. M. Scanlon, *Being Realistic about Reasons*.

② 有时候我也在一个衍生的意义上使用"解释"这个词，用来指称解释理论(explanatory theories)，这些理论旨在发现形而上学意义上的解释关系。

③ Jaegwon Kim, "Explanatory Knowledge and Metaphysical Dependence," *Philosophical Issues* 5(1994): 51-69; Boris Kment, *Modality and Explanatory Reasoning*, Oxford: Oxford University Press, 2014.

④ 对于事实是否应该被理解为真命题(true propositions)还是获得的事态(obtained states of affairs)，我保持开放的态度。

⑤ 有些学者认为，抽象事实(如数学事实、逻辑事实和道德事实)可以构成性地(constitutively)解释我们关于那些事实的信念，这也是一种本体论的解释。参见John Bengson, "Grasping the Third Realm," in T. Gendler and J. Hawthorne (ed.) *Oxford Studies in Epistemology*, vol. 5, Oxford: Oxford University Press, 2015, pp.1-38; Terrence Cuneo, "The Evolutionary Challenge (转下页)

此外，还可能存在不同于因果解释的历时性解释（或者“横向的”解释）。例如，数学事实可以提供关于物理事实的（横向）解释，但我们并不能说，数学事实因果地导致了那些物理事实①。甚至，物理实体可能历时地（diachronically）解释某个现象，而并非它的起因。根据一些哲学家的说法，因果关系是一种高阶的现象，只发生在宏观层面②。如果这是对的，那么在微观物理事件层面就没有因果关系，尽管它们之间仍然存在解释关系③。与此相反，另一些哲学家则认为，只有底层的物理实体才拥有因果效力，而高层的物理事件虽无因果效力却可以发挥解释的功能④。

一些哲学家用因果效力来刻画强道德实在论⑤。但这太狭窄且会

---

（接上页）to Knowing Moral Reasons," in D. Star (ed.) *The Oxford Handbook of Reasons and Normativity*, Oxford: Oxford University Press, 2018, pp. 964 - 986。

① Alan Baker, "Are there Genuine Mathematical Explanations of Physical Phenomena?" *Mind* 114 (2005): 223 - 238; Robert Batterman, "On the Explanatory Role of Mathematics in Empirical Science," *British Journal for the Philosophy of Science* 61(2010): 1 - 25; Gilbert Harman, "Inference to the Best Explanation," *Philosophical Review* 74 (1965): 88 - 95; Aidan Lyon, "Mathematical Explanations of Empirical Facts, and Mathematical Realism," *Australasian Journal of Philosophy* 90(2012): 559 - 578; Hilary Putnam, "What is Mathematical Truth," in *Philosophical Papers*, vol. 1, Cambridge: Cambridge University Press, 1975, pp. 60 - 78.

② John Norton, "Causation as Folk Science," in H. Price and R. Corry (ed.), *Causation, Physics, and the Constitution of Reality: Russell's Republic Revisited*, Oxford: Oxford University Press, 2007, pp. 11 - 44.

③ 一个更为合理的看法是，某些物理结果没有充足的物理原因（但物理事件依然充分地解释了那些结果的发生）。参见 Lei Zhong, "Taking Emergentism Seriously," *Australasian Journal of Philosophy* 98(2020): 31 - 46。

④ Frank Jackson and Phillip Pettit, "Program Explanation: A General Perspective," *Analysis* 50(1990): 107 - 117.

⑤ Ronald Dworkin, *Justice for Hedgehogs*; Sarah McGrath, "Relax? Don't Do It! Why Moral Realism Won't Come Cheap," in R. Shafer-Landau (ed.), *Oxford Studies in Metaethics*, vol. 9, Oxford: Oxford University Press, pp. 186 - 214; Nicholas Sturgeon, "Ethical Naturalism".

带来不必要的争议。考虑到即使道德事实没有因果效力，它们仍然可能在非道德领域发挥解释的作用，所以，用解释效力来刻画强弱道德实在论会更好。

在本章中我将论证，弱道德实在论面临一个知识论上的难题：弱实在论的形而上学框架如何能够容纳道德知识？姑且不论道德事实的存在是否必须依赖其解释力，关于道德事实的知识似乎要求道德事实在非道德领域发挥解释的作用，比如解释我们的道德信念。如果道德事实不能解释道德信念，那么，我们如何能够在认知上把握道德事实将会是一件很神秘的事。这样一个要求同样适用于其他领域的知识，比如物理学、生物学、经济学，甚至数学。很多哲学家认为，一个人要获得关于某个领域的知识，该领域的事实必须在相应信念的产生过程中发挥作用。如果关于某个领域的信念的真实解释是"拆穿式的"(debunking)——即那些解释并不援引相关的事实——那么，那些信念就不是真正的知识①。

让我在这里将道德知识的解释条件表述如下：

[$E_0$] 只有道德事实可以在非道德领域发挥解释的作用(比如解释道德信念的产生)，我们才能拥有道德知识②。

---

① Hartry Field, *Realism, Mathematics and Modality*, Oxford: Blackwell, 1989; William FitzPatrick, "Debunking Evolutionary Debunking of Ethical Realism," *Philosophical Studies* 172(2015): 883 - 904; Gilbert Harman, *The Nature of Morality: An Introduction to Ethics*, New York: Oxford University Press, 1977; Richard Joyce, *The Evolution of Morality*, Cambridge: MIT Press, 2006; Ernest Sosa, "Reliability and the A Priori," in T. S. Gendler and J. Hawthorne (ed.) *Conceivability and Possibility*, Oxford: Oxford University Press, 2002, pp.369 - 384; Sharon Street, "A Darwinian Dilemma for Realist Theories of Value," *Philosophical Studies* 127(2006): 109 - 166.

② 道德知识的存在可能也要求道德事实能够解释非心理的事实(参见 Crispin Wright, *Truth and Objectivity*, Cambridge: Harvard University Press, 1992)。但鉴于本章的目的，我们暂不考虑这一议题。

我将 [$E_0$] 视为一个合理的观点，本章的主要目的并不是为之提出一个正面论证①。笔者关注的问题是，弱道德实在论者能否合理地拒斥 [$E_0$]。虽然没有解释效力是否能与道德知识相容的担忧已经被提出过，但是，对此问题很少有详尽的讨论。我将站在弱道德实在论者的角度提供三种路径去回应那个知识论上的诘难，它们分别是：自主性路径(autonomy approach)、直觉主义路径(intuitionist approach)以及第三要素路径(third-factor approach)。之后，我将论证，它们都无法成功地拒斥 [$E_0$]。在批评这三种路径的同时，我将对 [$E_0$] 与其他版本的道德知识的解释条件加以区分，而许多学者常常把[$E_0$]与那些版本混为一谈。

## 二、自主性路径

强道德实在论主张，道德事实在非道德领域具有解释效力，而弱道德实在论否认这一点。但值得注意的是，弱道德实在论并不必然否定道德事实的解释力本身，弱道德实在论者所否定的只是，道德事实在非道德领域拥有解释力。有人可能会争辩，即使道德事实无法解释非道德事实，它们仍然可以在道德领域内部具有解释效力。这便是我所谓的"解释自主性"路径②。

这一策略和心灵哲学中的因果自主性路径(causal autonomy approach)类似。根据心灵因果性的自主性进路，即使心理属性无法因

① 根据前文提到的那种形而上学立场，只有道德事实在非道德领域拥有解释效力，它们才可以存在。相比这个形而上学命题，[$E_0$] 更弱，因而也更合理。

② Derek Parfit, *On What Matters*; T. M. Scanlon, *Being Realistic about Reasons*; Russ Shafer-Landau, *Moral Realism: A Defense*.

果地作用于基本的物理属性（由于物理世界的因果闭合或者其他一些理由），心理属性仍然可以因果地导致更高层级的属性，比如行为、社会以及生物属性。对于保障人类的能动性（agency）来说，心理属性对于底层物理属性的因果作用并没有那么重要。只要心理属性可以因果地影响更高层级的属性，心灵因果性在很大程度上便会得到保存，而不论心理属性是否可以对基本的物理属性发挥因果效力①。

类似地，我们似乎也可以说，即使道德事实只可以解释其他的道德事实，这种部分的解释效力对于道德实在论的形而上学以及认识论的目的已经足够了。鲁斯·谢弗兰道（Russ Shafer-Landau）便采用了这种策略：

> 为什么我们应该坚持，道德事实本体论地位的可信度取决于它们能够解释发生在其他领域的事情？我们并不要求天文学事实引起生物腺体事实的变化，也不要求声波事实导致气象事实……如果这些事实在本体论上的可信度不容置疑，而不需要它们因果地解释其领域之外的事件，那么，为什么道德事实应该遵循更高的标准②？

自主性路径认为，我们不必接受[$E_0$]，而只应该接受与弱道德实在论完全相容的[$E_1$]：

---

① Lei Zhong, "Can Counterfactuals Solve the Exclusion Problem?" *Philosophy and Phenomenological Research* 83(2011): 129 - 147, "Counterfactuals, Regularity and the Autonomy Approach," *Analysis* 72(2012): 75 - 85, and "Sophisticated Exclusion and Sophisticated Causation," *Journal of Philosophy* 111(2014): 341 - 360.

② Russ Shafer-Landau, *Moral Realism: A Defense*, p.104.

［$E_1$］只有道德事实可以发挥解释的作用，我们才能拥有道德知识。

然而，无论自主性策略对于心灵因果问题是否为一个合理的解决方案，在拯救道德知识方面它并不是一个有希望的路径。为了证明这一点，我想在这里提供两个理由。第一，仅仅解释道德事实远不足以捍卫道德知识，这一点对于其他领域同样适用。例如，如果我们拥有关于上帝的知识，那一定是因为预设上帝的存在可以成功地解释一些非宗教的事实（比如，自然现象的复杂精巧）。而至于上帝的存在是否可以帮助解释为什么会有天使，则是不相关的。为捍卫天文学的知识，我们并不要求天文学事实解释生物腺体的事实，谢弗兰道在这一点上是对的。但我们确实要求天文学事实能够解释（其他）非天文学的事实，比如，关于望远镜读数的事实，以及关于经验观察的事实。

我会在之后的章节更加详细地讨论第一个论点。现在，让我展开对于自主性路径的第二个批评。在我看来，不管解释道德事实对于捍卫道德知识是否充分，自主性路径都无法满足弱道德实在论者的目的。仔细考察我们就会发现，如果道德事实可以解释其他的道德事实，那么它们一定也能够解释非道德的事实。请看图 1－1。M 是一个道德属性，在 $t_1$ 时刻被例示，M* 是另一个道德属性，在之后的 $t_2$ 时刻被例示。M* 被一个非道德属性 N* 实现。值得注意的是，M 与 M* 之间的解释关系是一种历时的解释（diachronic explanation）。当然，自主论者所考虑的道德解释并不都是历时的解释，有些道德解释是共时的或者纵向的解释。例如，“我们拥有压倒性

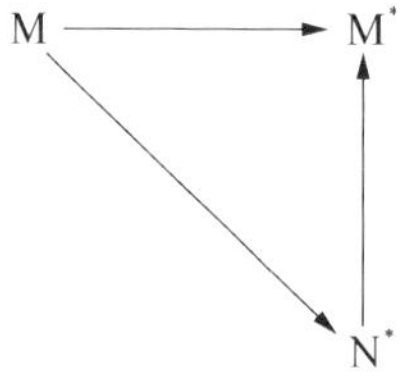

**图 1－1　道德事实的下向解释**

的道德理由去救一个落水的孩子”这一道德事实解释了为什么我们有道德义务那么做，这一解释便是一个共时的解释。但自主论者（或者任何认为道德事实具有解释效力的人）应该同意，道德属性有时候可以历时地解释其他的道德属性。比如，一个人的邪念解释了为什么他此后的行为在道德上应该受到谴责；某些政客的歧视性心态解释了为什么他们后来执行的政策是不公平的；家庭的良好教育解释了为什么孩子长大之后会成为好人，等等。我们没有理由在接受纵向道德解释的同时否认横向道德解释的存在。

接下来，我将试图论证，如果 M 历时地解释了 M*，通常情况下，M 也会解释实现 M* 的 N*。我把这一条件句称为“下向解释原则”（downward explanation principle）[1]。举个例子，希特勒的残暴解释了为什么在 20 世纪 30 年代很多犹太人会遭到不公正的对待。假设当时实现不公正的具体方式是把犹太人关进集中营，那么，我们似乎可以推知，希特勒的残暴也解释了为什么那些犹太人会被送进集中营。我想指出的是，有一种对于解释问题的很有影响的进路可以支持下向解释原则，此即关于解释关系的“造成差别”（difference-making）的进路：

> [D] 如果 *A* 对于是否发生 *B* 造成了差别，那么 *A* 便解释了 *B*[2]。

---

① 我并不需要断言，每当 M 解释了 M*，M 也就解释了 N*。为了拒斥弱道德实在论，我们只需要论证，在某些情况下，如果 M 解释了 M*，M 便解释了 N*。

② Boris Kment, *Modality and Explanatory Reasoning*; David Lewis, “Causal Explanation,” in *Philosophical Papers*, vol. 2, Oxford: Oxford University Press, 1986, pp. 214 – 240; Michael Strevens, “The Causal and Unification Approaches to Explanation Unified—Causally,” *Noûs* 38 (2004): 154 – 176; James Woodward, *Making Things Happen: A Theory of Causal Explanation*, Oxford: Oxford University Press, 2003.

造成差别的解释进路被广泛地用于对因果关系的刻画①。既然解释关系比因果关系的要求更低，那么，采用造成差别进路来说明解释关系会比用它来刻画因果关系更加合理②。在某些事例中，即使 $A$ 对于 $B$ 造成了差别，$A$ 也未必因果地导致了 $B$。这样的例子在纵向的解释和横向的解释中都可以找到。一个人的神经系统状态可以对随附于其上的心理状态造成差别，因而也解释了那些心理状态，但这并不是因果关系的例子。数学事实可以在造成差别的意义上解释物理现象，但数学事实并不是物理事实的起因。

在造成差别的解释进路这一大的传统中，有各种实质性的解释理论。我在这里介绍两种主流的理论：（经典的）反事实（counterfactual）理论③和干预主义（interventionist）理论④。让我们先来看一下反事实理论。

> [$D_C$] 如果 $A$ 没有发生，$B$ 便不会发生，那么 $A$ 就在造成差别的意义上解释了 $B$。

根据大卫·刘易斯（David Lewis）对于反事实条件句的分析，“如果

---

① David Lewis, "Causation," *Journal of Philosophy* 70(1973): 556 - 567; Judea Pearl, *Causality*, New York: Cambridge University Press, 2000; James Woodward, *Making Things Happen: A Theory of Causal Explanation*.

② Frank Jackson and Phillip Pettit, "Program Explanation: A General Perspective"; Michael Strevens, "The Causal and Unification Approaches to Explanation Unified—Causally"; Lei Zhong, "Sophisticated Exclusion and Sophisticated Causation" and "Exclusion in Morality," *Grazer Philosophische Studien* 93(2016): 275 - 290.

③ David Lewis, "Causation" and "Causal Explanation".

④ Judea Pearl, *Causality*; James Woodward, *Making Things Happen: A Theory of Causal Explanation*.

$A$ 没有发生，$B$ 便不会发生”这一条件句被理解为“某个 $A$ 和 $B$ 都没有发生的世界，即一个 $\sim A \& \sim B$ 世界，比任何一个 $A$ 没有发生而 $B$ 发生的世界，即 $\sim A \& B$ 世界，都更接近现实世界”[①]。在图 1-1 中，M 解释了 M*。在刘易斯的反事实框架中，这意味着 M* 在反事实的意义上依赖于 M，M 对于 M* 是否发生造成了差别。也就是说，某个～M&～M*世界比任何一个～M&M* 世界都更接近现实世界。既然 M* 由 N* 所实现，那么任何一个 N* 世界都是一个 M* 世界，并且任何一个～M* 世界都是一个～N* 世界。因此，一个～M&～M* 世界也是一个～M&～N*世界，并且，～M&N* 诸世界是～M&M* 诸世界的一个子集。所以，如果某个～M&～M* 世界 $w$ 比任何一个～M&M* 世界都更接近现实世界，那么，作为一个～M&～N* 世界，$w$ 比任何一个～M&N* 世界都更接近现实世界。换言之，如果 M 解释了 M*，那么 M 便会解释 N*。如此一来，下向解释原则在反事实的框架中便被建立起来[②]。

现在让我们转向干预主义理论。粗略言之，根据干预主义的讲法，如果在某个变量集合 $v$ 中，在所有其他相关变量保持不变的情况下，某个干预改变了变量 $x$ 的值，它也会改变变量 $y$ 的值，那么，相对于变量集合 $v$，$x$ 便解释了 $y$[③]。干预主义似乎抓住了真正的解释和单纯的关联（mere correlation）之间的一个重要差别，即在真正的解释关系中，某个改变了解释项（explanans）的适当干预也会改变被解释项（explanandum）；而在单纯的关联关系中，对于解释项的相关操作并不会引起被解释项的变化。

---

① David Lewis, “Causation”.

② Lei Zhong, “Can Counterfactuals Solve the Exclusion Problem?”.

③ James Woodward, *Making Things Happen: A Theory of Causal Explanation*; Lei Zhong, “Sophisticated Exclusion and Sophisticated Causation”.

既然我们的讨论所聚焦的解释相关项是事实(facts),我们就可以讨论关于事实的两个变量值:一个事实的在场(presence)以及一个事实的缺席(absence)。如果在干预之下某个事实由在场变为缺席,那么它的值便发生了变化。如此一来,对于解释的干预主义说明便可以被表述如下:

> [$D_1$](在所有其他相关变量保持不变的情况下)如果某个使得 $A$ 缺席的干预也使得 $B$ 缺席,那么 $A$ 就在造成差别的意义上解释了 $B$。

在我们的例子中,M 解释了 $M^*$。这意味着,如果某个干预将使得 M 缺席,那么它也会使得 $M^*$ 缺席。而 $M^*$ 又由 $N^*$ 所实现,那么,如果 $M^*$ 缺席,$N^*$ 也不会在场。因此可以推知(在所有其他相关变量保持不变的情况下),如果某个干预将会使得 M 缺席,那么,它也会使得 $N^*$ 缺席。所以,如果 M 解释了 $M^*$,那么 M 也会解释 $N^*$。亦即,下向解释原则在干预主义的框架中也被建立起来①。

由上面的论证可知,如果道德事实在道德领域拥有解释力,那么,它们在非道德领域也会拥有解释力。如果你接受[$E_1$],你也应该接受[$E_0$]。因此,自主性路径无法给予弱道德实在论任何支持。

## 三、直觉主义路径

现在我们来讨论弱道德实在论者的另一种路径。值得注意的是,每一个弱道德实在论者都接受道德直觉主义(moral intuitionism)。此处,我用"道德直觉主义"来方便地指代这样一种观点,这种观点认为

---

① 关于如何处理在反事实框架内的下向因果关系,请参见 Lei Zhong,"Can Counterfactuals Solve the Exclusion Problem?"。

(基本的)道德知识是先验的(a priori)①。直觉主义的道德认识论是弱道德实在论者拒斥[$E_0$]的主要原因：虽然解释效力对于自然领域的知识是必需的，解释力的要求并不适用于道德领域，因为道德领域似乎抗拒经验探究②。让我引入道德经验主义和道德直觉主义的区分：

[道德经验主义] 道德信念只能通过感官经验而得以证成(justified)——在这个意义上，道德知识是经验知识③。

[道德直觉主义] (基本的)道德信念可以通过先验的方式得以证成，而无须借助感官经验④。

---

① 基本的道德信念指的是那些在认知上不依赖于其他道德信念的道德信念。道德直觉主义无须认为，所有的道德知识都不需要经验证据的支持，而只需坚持，基本的道德知识是先验的。比如，"为取乐而折磨一只狗是错误的"这一道德知识依赖于"狗可以感受到痛苦和快乐"这一经验知识，但拥有"为取乐而折磨有感觉的生物是错误的"这一知识则可能是独立于经验的。

② 参见 Ronald Dworkin, *Justice for Hedgehogs*; Derek Parfit, *On What Matters*; Russ Shafer-Landau, *Moral Realism: A Defense*。虽然所有的弱道德实在论者都是直觉主义者，但并不是所有的直觉主义者都是弱道德实在论者。为数不多的几个学者持有一种将强道德实在论和道德直觉主义相结合的主张(参见 Terence Cuneo, "Moral Facts as Configuring Causes," *Pacific Philosophical Quarterly* 87(2006): 141 - 162; Ralph Wedgwood, *The Nature of Normativity*)。

③ Richard Boyd, "How to Be a Moral Realist"; David Brink, *Moral Realism and the Foundations of Ethics*; Peter Railton, "Moral Realism" and "Naturalism and Prescriptivity"; Geoffrey Sayre-McCord, "Moral Theory and Explanatory Impotence"; Nicholas Sturgeon, "Moral Explanation" and "Ethical Naturalism".

④ Robert Audi, *Moral Knowledge and Ethical Character* and *Moral Perception*; Ronald Dworkin, *Justice for Hedgehogs*; David Enoch, "The Epistemological Challenge to Metanormative Realism" and *Taking Morality Seriously: A Defense of Robust Realism*; William FitzPatrick, "Robust Ethical Realism, Non-Naturalism and Normativity," in R. Shafer-Landau (ed.) *Oxford Studies in Metaethics*, vol. 3, Oxford: Oxford University Press, 2008, pp. 159 - 205; Michael Huemer, *Ethical Intuitionism*, New York: Palgrave Macmillan, 2005; Derek Parfit, *On What Matters*; T. M. Scanlon, *Being Realistic about Reasons*; Kieran Setiya, *Knowing Right from Wrong*; Russ Shafer-Landau, *Moral Realism: A Defense*; Ralph Wedgwood, *The Nature of Normativity*.

在当代元伦理学中,道德经验主义和道德直觉主义之间的争论有时候聚焦于这样一个问题,即道德知识是否要求道德解释。对于道德经验主义者来说,伦理学是科学的延伸,只有当道德信念是最佳解释的推理结果,我们才能拥有道德知识①。相比之下,道德直觉主义者并不认为解释推理对于道德知识是必要的②。

有两种类型的经验知识:源于感官的直接经验知识和基于解释推理的间接经验知识③。很明显,我们无法仅仅通过感官而获得道德知识。根据标准的定义,感官经验由人的五官所获得的经验构成,每一种官能都有其独特的现象特征④。但是,我们不可能对道德属性产生任何"感官的现象表征"⑤。我们无法真的像感知到桌子、树木、狗那样感知到道德的对错,一个感官能力完全正常的人可能认识不到某些行为或者品质的道德属性⑥。

接下来便只剩下第二种获得经验知识的方法,即最佳解释推理。最佳解释推理对于扩展人类知识的范围至关重要:它帮助我们把知识

---

① David Brink, *Moral Realism and the Foundations of Ethics*; Peter Railton, "Moral Realism" and "Naturalism and Prescriptivity"; Geoffrey Sayre-McCord, "Moral Theory and Explanatory Impotence"; Nicholas Sturgeon, "Moral Explanation".

② William FitzPatrick, " Robust Ethical Realism, Non-Naturalism and Normativity" and "Debunking Evolutionary Debunking of Ethical Realism"; Derek Parfit, *On What Matters*; Russ Shafer-Landau, *Moral Realism: A Defense*.

③ 归纳知识可以被视为解释推理知识的一种特殊形式。

④ Susanna Siegel, "The Contents of Perception," in E. N. Zalta (ed.) *Stanford Encyclopedia of Philosophy*, 2016.

⑤ Robert Audi, *Moral Perception*, p.33.

⑥ 有些哲学家在一种比喻的、不严格的意义上讨论道德感知(moral perception)。对他们而言,说一个人感知到了某个道德事实 $P$,就等于说那个人没有借助任何推理而直接知道了 $P$(例如 Robert Audi, *Moral Perception*)。这种所谓的"道德感知"实际上是一种非经验(non-empirical)的获知道德事实的方式。

从可以观察到的范围扩展到没有观察到甚至无法观察到的范围，从关于他人行为的知识扩展到关于他们心理状态的知识，从关于现在的知识扩展到关于过去的知识，等等[①]。这也是为什么道德经验主义者非常重视解释推理的原因[②]。正如杰弗里·赛尔麦克德(Geoffrey Sayre-McCord)所言：

> 只有某个假说在对我们现有的观察所做的最好解释中扮演一定的角色，它才应该被相信……即使道德事实存在，即使某些道德事实可以帮助解释其他的道德事实，除非有些道德事实可以帮助解释某些我们现有的观察经验，否则我们仍然无法在认知上把握任何道德事实。无论我们的道德判断内容与某个道德理论多么符合，无论我们在道德判断和那个道德理论之间能建立多么稳固而令人满意的反思平衡，除非那个理论能够帮助最好地解释为什么我们会拥有某些现有的观察经验，否则它就不会获得经验观察的证实[③]。

然而，根据道德直觉主义者的看法，道德领域在其基本的层面是免于经验探究的；道德证成最终依赖于先验的直觉和反思，而不是解释推理[④]。如

---

① Gilbert Harman, "Inference to the Best Explanation"; Peter Lipton, *Inference to the Best Explanation*, 2nd Edition, London: Routledge, 2004.

② Richard Boyd, "How to Be a Moral Realist"; David Brink, *Moral Realism and the Foundations of Ethics*; Peter Railton, "Moral Realism" and "Naturalism and Prescriptivity"; Geoffrey Sayre-McCord, "Moral Theory and Explanatory Impotence"; Nicholas Sturgeon, "Moral Explanation".

③ Geoffrey Sayre-McCord, "Moral Theory and Explanatory Impotence", pp.267, 269.

④ Robert Audi, *Moral Knowledge and Ethical Character* and *Moral Perception*; Ronald Dworkin, *Justice for Hedgehogs*; David Enoch, "The Epistemological Challenge to Metanormative Realism"; William FitzPatrick, "Robust Ethical Realism, Non-Naturalism and Normativity"; Derek Parfit, *On What Matters*; Russ Shafer-Landau, *Moral Realism: A Defense*.

基兰·塞提亚(Kieran Setiya)所言:

> 一些学者已经论证过,即使伦理事实解释了非伦理事实,我们的(伦理)信念一般并不借助那些(解释)效果而得以证成。通常来说,当我们拥有关于某个伦理事实的知识的时候,我们并不知道这一伦理事实解释了什么,即使它具有解释效力[①]。

我们所作的很多道德判断似乎并不依赖于任何形式的经验探究。假设某人经过适度反思之后相信,杀死一个无辜的人是错误的,但她对于道德事实如何能够帮助解释自然现象一无所知。我们是否就应该因此而否认她的那个道德信念是合理的,或者否认那个道德信念是知识?似乎并不可以。多数人形成他们基本道德信念的过程根本就不包含任何解释推理或者经验探究。因此,道德经验主义会导致一个荒谬的结论,那就是多数人(也许除了道德经验主义者自己之外)都没有道德知识。道德经验主义与我们道德求知的现象是相冲突的。

论证道德证成是先验的,就是论证道德信念无须借助经验证据便可以得到证成(而不管先验证成是以内在主义还是以外在主义的方式去理解)。先验证成并不奇怪。我们有理由相信的很多基本真理(关于认识论的、数学的、逻辑的、语言学的,等等)似乎都不依赖于经验的探究。例如,最佳解释推理原则本身似乎就是先验的。如果试图借助经验而证成这条原则,那么,我们要么将陷入循环,要么将陷入无穷倒退[②]。

---

① Kieran Setiya, *Knowing Right from Wrong*, pp.48–49.

② 对于最佳解释推理原则的先验性的最新辩护,参见 Stephen Biggs and Jessica Wilson, "The A Priority of Abduction," *Philosophical Studies* 174(2017): 735–758。

我倾向于相信先验道德知识的可能性，但充分地考察道德经验主义和直觉主义之间的争论显然超出了本章的范围。这里我们关心的是弱道德实在论者的进一步推论：假定道德直觉主义是对的，那么，[$E_0$]就是错的。根据弱道德实在论者的看法，既然道德知识不是解释推理（或者更为一般的经验探究）的产物，那么道德事实的解释效力对于道德知识来说就不是必需的。但我将论证，这一推论是不成立的。从道德直觉主义的正确性并不能推出[$E_0$]就是错的。事实上，道德直觉主义挑战的对象并不是[$E_0$]，而是另外一个论点[$E_2$]：

> [$E_2$] 只有道德信念是最佳解释的推理结果，我们才能拥有道德知识。

[$E_0$]乃是基于一个一般性的看法，即只有当某个领域的事实 F 解释了其他领域的事实，我们才能获得关于 F 的知识——我将之称为知识的解释追溯条件(explanatory tracking condition on knowledge)。与之相对，[$E_2$]则来自这样一个一般的论点：只有关于某个领域的事实 F 的信念是最佳解释的推理结果，我们才能获得关于 F 的知识——我称之为知识的解释推理条件（explanatory inference condition on knowledge)。比起知识的解释追溯条件，知识的解释推理条件限制更多，也没那么合理。这就导致后者无法适用于某些领域的知识，而在那些领域中，前者依然适用。

当然，在某些事例中，以上两种知识条件都适用。举个例子。有一天我回到家，发现门坏了，房间里一片狼藉，现金和信用卡都不见了（幸好我的哲学书还在）。于是，我相信，有一个盗贼曾闯入我的家中。假设这是真的，那么我的信念应该被视为知识。一方面，入室盗窃的存在形而上学地解释了我的信念的产生，解释追溯条件在这里适用；另一方面，我的信念的形成是最佳解释的推理结果。为什么我会相信入室盗窃的存在？这是因为假设入室盗窃存在可以最好地解释我所观察到的现象。解释推理条件在这里同样适用。

但是，有一些领域的知识无关于解释推理条件（但解释追溯条件仍然适用）。首先，由解释推理而得到的知识属于推理知识，因此解释推理条件无法应用于非衍生的（non-derivative）、自我证成（self-justified）的知识。例如，仅仅通过内省，我就感觉到疼痛。尽管我关于疼痛的信念并不是解释推理的结果，但它是知识。然而，疼痛的存在与我疼痛信念的出现仍然是相关的——是疼痛帮助解释了为什么我相信我处于疼痛之中。因此，解释追溯条件仍然可以很好地适用于这样的非推理知识，但非推理知识却构成了解释推理条件的一个反例。

不仅如此，由于解释推理属于后验（a posteriori）推理的一种典型形式，解释推理条件也无法应用于先验知识，比如数学知识（无论它是基本的还是衍生的）。例如，很多人仅仅借助数学直觉就可以知道三角形内角之和等于 180 度，而他们对于数学命题是否可以帮助解释自然现象一无所知。但那些（先验的）数学信念仍然可以成为知识，因此，在数学领域中，解释推理条件也不适用①。

① 请注意，我所否认的是，解释推理是获得数学知识的必要条件。至于解释推理是否可以成为数学知识的某一个来源，我持开放的态度。根据一些哲学家的看法，如果数学在科学解释中扮演不可或缺的角色，那么我们便有理由假定数学实体的存在（参见 Hilary Putnam, "What is Mathematical Truth"）。这一看法与我在这里的论点是相容的。如果我们既可以通过解释推理又可以通过先验直觉来获得数学知识，那么，这将成为认识论上的过度决定（overdetermination）之一例。但即使如此，解释推理也不是数学知识的必要条件。参见 Russ Shafer-Landau, *Moral Realism: A Defense*。

然而，这绝不等于说数学事实无法解释其他领域的事实。让我们来考虑一个数学解释的例子。蜜蜂使用六边形的小格来建造它们的蜂巢。但为什么非得是六边形呢？生物学家所给出的主流解释是这样的：自然选择偏爱那些能够用最少量的蜂蜡最高效地建造出蜂巢的蜜蜂。这个解释实际上用到了一个数学真理，也就是所谓的“蜂巢定理”（Honeycomb Theorem）：用同等面积的图形对一个欧几里得平面进行分隔，周长最小的几何形状是正六边形[1]。此外，数学事实还能在关于数学信念的演化论解释中发挥作用。假如我们的（基本）数学信念是错的，或者假如我们的数学信念所表征的事实并不存在，那么持有那些信念的人类将不会在演化中存活下来[2]。因此，解释追溯条件适用于数学知识。

当道德直觉主义者否认道德知识的解释条件的时候，他们想到的似乎只是解释推理条件[3]。但是我看不到直觉主义者有任何理由拒斥解释追溯条件。我上面已经提到，尽管数学知识是先验的，解释追溯条件仍然可以应用于数学领域。所以，即使道德领域是先验的、非自然的，那也推不出道德知识可以免于解释追溯条件的要求。因此，[$E_0$]仍然成立。

---

① Aidan Lyon, “Mathematical Explanations of Empirical Facts, and Mathematical Realism”. 并参见 Alan Baker, “Are there Genuine Mathematical Explanations of Physical Phenomena?”。

② Alan Baker, “Are there Genuine Mathematical Explanations of Physical Phenomena?”; Robert Batterman, “On the Explanatory Role of Mathematics in Empirical Science”; Allan Gibbard, *Thinking How to Live*, Cambridge: Cambridge University Press, 2003; Sharon Street, “A Darwinian Dilemma for Realist Theories of Value”; Ernest Sosa, “Reliability and the A Priori”.

③ Robert Audi, *Moral Knowledge and Ethical Character* and *Moral Perception*; Derek Parfit, *On What Matters*; Kieran Setiya, *Knowing Right from Wrong*.

## 四、第三要素路径

在这一节,让我们转而讨论一种逐渐流行起来的弱道德实在论版本,也就是所谓的“第三要素”理论,这一理论试图提供另一个并不预设道德事实解释效力的道德知识模型。根据“第三要素”理论,只要道德事实以及相应的道德信念被一个第三要素可靠地解释,我们便可以拥有道德知识,即使道德事实无法帮助解释道德信念的出现[①]。请看图 1-2。T 代表第三要素,既解释了信念 B 又解释了 B 所对应的事实 F。

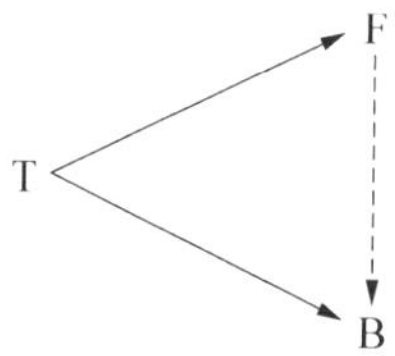

**图 1-2　第三要素的路径**

让我们先来讨论罗伯特·奥迪(Robert Audi)的第三要素理论。比如,我看到一个人正在烧一只猫取乐,我相信他正在做一件邪恶的事。根据奥迪的看法,“那个人正在做一件邪恶的事”这个信念(B)并不是由相应的道德事实(F)所解释的,而是由“他正在放火烧一只活猫”这个非道德事实(T)所引起的,这个事实也纵向地解释了“他正在做一件邪恶的事”这一道德事实(F)。因此,F 和 B 都被第三要素 T 所解释。

大卫·伊诺克(David Enoch)提出了一种相似但更为复杂的第三要素理论。他这样写道:

> 生存(等等诸如此类的事)是好的,所以促进生存的行为也(在

① Robert Audi, *Moral Perception*; David Enoch, “The Epistemological Challenge to Metanormative Realism” and *Taking Morality Seriously: A Defense of Robust Realism*; Eric Wielenberg, “On the Evolutionary Debunking of Morality”.

> 一定程度上)是好的。但是促使我们做出那些行为的一种有效的方式是让我们相信那些行为本身就是好的。并且,正如我们已经看到的,那些行动事实上就是好的。所以,这种机制促使我们所拥有的规范信念往往是真的[①]。

比如,人们相信帮助他人是好的。根据某种演化论的解释,这个道德信念(B)最终是由"互助的行为提升了生存率"这一非道德事实(T)所解释的,而不是由"帮助他人是好的"这一道德事实(F)所解释的。而且,伊诺克认为,非道德事实 T 实现了道德事实 F 或者为 F 提供了根基。这意味着,T 是解释 F 和 B 的第三要素。

在我批评第三要素理论之前,我想要强调一个方法论上的限制,这个限制约束着任何一个对于道德知识的合理说明,即对道德知识的说明一定不能是特设的(ad hoc)。也就是说,在其他的知识领域也应该有第三要素理论所适用的例子。持第三要素理论的学者毕竟不是道德寂静主义者(moral quietist),他们并不认为道德认识论是独一无二的[②]。用约翰·麦基(John Mackie)的话来说,第三要素论者是在"寻找共犯"[③](looking for companions in guilt)。

让我们先来讨论在非道德领域中的一个典型的第三要素的例子。假设 7 月初洛杉矶发生了一次地震。一个气象学家于是推测,洛杉矶会在 7 月末遭遇一次海啸。假设他的信念是知识。但这一信念出现于

---

① David Enoch, *Taking Morality Seriously: A Defense of Robust Realism*, p.431.

② 道德寂静主义者的一个著名代表是托马斯·斯坎伦。参见 T. M. Scanlon, *Being Realistic about Reasons*。

③ J. L. Mackie, *Ethics: Inventing Right and Wrong*, New York: Penguin Books, 1977, p.39.

7月初，并非由“洛杉矶在7月末遭遇一次海啸”这一事实所解释。一个未来的事件如何能够解释一个当下的事件？在这里我们可以安全地排除逆向解释的可能性。而事实是，气象学家的信念“洛杉矶会在7月末遭遇一次海啸”以及与其相对应的事实都是由一个第三要素所解释，亦即，“7月初洛杉矶发生了一次地震”这一事实[①]。

然而，仔细考察我们就会发现，类似的第三要素的例子无法构成对于[$E_0$]的严重挑战，它们所质疑的是另外一个论点[$E_3$]：

> [$E_3$] 只有道德事实F解释了S的对应的道德信念B，S的道德信念B才是知识。

在某些第三要素的事例中，虽然F没有解释B的出现，但B仍应被视为知识。这样的事例构成了（普遍版本的）[$E_3$]的反例，但它们不会威胁到[$E_0$]的合理性。再来看一下那个海啸的例子。我们知道，“洛杉矶在7月末遭遇一次海啸”这一事实并没有解释气象学家在7月初所获得的对应信念。但这绝不等于说，关于海啸的事实无法解释其他的事实（包括关于海啸的诸多信念的出现）。例如，“洛杉矶在7月末遭遇一次海啸”的事实可以解释为什么届时洛杉矶沿海地区会有一些建筑倒塌受损。那个事实也可以解释某些关于海啸的信念的出现——设想某人在7月末的洛杉矶目睹了

① 奥迪也提供了一个非道德知识的例子。我看到有一颗威力很大的炸弹在一个士兵旁边爆炸，虽然我没能直接看见那个士兵被炸死，但我相信那个士兵被炸死了。我们有理由把我的这个信念视为知识。但在这个例子中，我的信念并非由其对应的事实所解释，“那个士兵已经死亡”的信念及其对应的事实都是由一个第三要素解释的，即，“一颗炸弹在那个士兵旁边爆炸”这一事实（Robert Audi, *Moral Perception*）。相似的例子参见 Alvin Goldman, “A Causal Theory of Knowing,” *Journal of Philosophy* 64(1967): 355-372; Ernest Sosa, “How to Defeat Opposition to Moore,” *Philosophical Perspectives* 13(1999): 141-154。

这次海啸。另一方面，虽然气象学家的“洛杉矶在7月末会遭遇一次海啸”这一特定信念并非由其对应的事实解释，我们仍然可以合理地认为，一些其他的关于海啸的事实在它的发生过程中起到了作用。很有可能，那个特定的信念可以因果地追溯到气象学家在很久之前获得的其他关于海啸的信念，而那些信念由与其相对应的关于海啸的事实解释。

同样，即使第三要素理论适用于某些道德知识，在其中道德信念不是由对应的道德事实所解释，这也并不能推出，道德事实永远无法解释道德信念。有可能其中的道德事实解释了其他的道德信念，或者其中的道德信念被其他的道德事实所解释。在这两种情况中，[$E_0$]都是成立的。但是根据第三要素理论家的看法，没有道德事实可以解释非道德事实，亦即，第三要素理论适用于每一个道德知识。所以，关于道德知识的第三要素理论在其他非道德领域里并没有“共犯”。这意味着这一理论违背了上面提到的那个方法论上的限制。

接下来，我会区分精致的知识敏感性条件（sophisticated sensitivity condition）与简单的知识敏感性条件（simple sensitivity condition），并借此发展出一个反对第三要素版本的弱道德实在论的论证：

> [SENSITIVITY]（简单的敏感性条件）对于任何信念B，只有当B敏感于对应的事实F，B才是知识。
>
> [SENSITIVITY$^+$]（精致的敏感性条件）对于任何信念B，只有当(i) B敏感于对应的事实F，或者(ii) B是从其他敏感于事实的信念中合法地推论而来，B才是知识①。

① 这一条件类似于刘易斯对因果关系的阐释。尽管 $c$ 是 $e$ 的因果原因并不要求 $e$ 在反事实的意义上（counterfactually）依赖于 $c$，但却要求存在一条从 $e$ 到 $c$ 的反事实依赖的链条。

信念 B 敏感于事实 F，当且仅当如果 F 不存在，那么这个信念主体 S 便不会相信 B，亦即，当且仅当 S 在距离最近的～B 世界中不相信 B[①]。敏感度和解释追溯之间有紧密的联系。假设某个领域的事实可以解释我们关于该领域的诸多信念的出现，那么，根据对解释的反事实阐释，那些信念就在反事实的意义上依赖于与其对应的事实。也就是说，如果没有那些事实，我们便不会拥有那些信念。这就等于说，那些信念敏感于相关事实。

值得注意的是，简单的知识敏感度条件[SENSITIVITY]是站不住脚的[②]。例如，它无法适用于良性的(benign)第三要素事例。假设 $e_1$ 和 $e_2$ 是同一个解释项的两个被解释项，那么，$e_1$ 和 $e_2$ 之间就不存在反事实意义上的依赖关系[③]。因此，在第三要素的模型中，目标信念在反事实

① Robert Nozick, *Philosophical Explanations*, Cambridge: Harvard University Press, 1981; Peter Murphy and Tim Black, "Sensitivity Meets Explanation: An Improved Counterfactual Condition on Knowledge," in K. Becker and T. Black (ed.) *The Sensitivity Principle in Epistemology*, Cambridge: Cambridge University Press, 2012, pp.28 - 42.

② Ernest Sosa, "How to Defeat Opposition to Moore".

③ 当 $e_1$ 和 $e_2$ 是同一个起因的两个后果时，根据对于反事实的非回溯(non-backtracking)理解，在 $e_1$ 和 $e_2$ 之间并没有反事实意义上的依赖关系(参见 David Lewis, "Causation")。如果第三要素的事例包含了本体论解释，那么，情况便更为复杂。假设道德事实 M 以及与其相对应的信念 B 都被作为一个第三要素的自然事实 N 所解释，而 N 实现了 M 或者为 M 提供了根据。在这个事例中，B 在反事实的意义上是否依赖于 M？我的答案是否定的。我们应该发展出一套关于反事实的语义学理论，此理论不允许同一个解释项的两个被解释项之间存在反事实意义上的依赖关系。这一有趣的议题可以留待以后讨论。在这里我只能提供一个暂时的建议：B 在反事实的意义上并不依赖于 M 的原因是，在距离最近的不可能世界中，M 不发生而 N 发生，但 B 仍会出现。当今很多哲学家都持有对于反可能条件句(counterpossibles)——即前件必然为假的反事实条件句——的一种实质性的理解，根据这种理解，一些反可能条件句非空洞地(non-vacuously)为真，而另一些反可能条件句非空洞地为假。参见 Jens Bjerring, "On Counterpossibles," *Philosophical Studies* 168(2014): 327 - 353; Berit Brogaard and Joseph Salerno, "Remarks on Counterpossibles," *Synthese* 190(2013): 639 - 660; Daniel Nolan, "Impossible Worlds: A Modest Approach," *Notre Dame Journal for Formal Logic* 38(1997): 535 - 572。

的意义上并不依赖于与其对应的事实，换言之，目标信念并不具有敏感性。在海啸的例子中，气象学家的信念“洛杉矶会在7月末遭遇一次海啸”并不敏感于相对应的事实。即使与事实相反，在7月末洛杉矶没有海啸发生，基于其关于7月初的地震的知识，那个气象学家仍然会相信洛杉矶在7月末会遭遇一次海啸。

相比之下，精致的知识敏感度条件[SENSITIVITY$^{+}$]则可以适用于良性的第三要素事例，其中虽然条件(i)没有被满足，但条件(ii)得到了满足。回到海啸的例子，目标信念“洛杉矶会在7月末遭遇一次海啸”(B)不是一个具有敏感性的信念，但它可以从其他具有敏感性的信念中合法地推论出来。这个起到媒介作用的信念就是“7月初洛杉矶发生了一次地震”，而这一信念敏感于与其相对应的事实。假如7月初没有发生地震，那么，那个气象学家便不会相信“7月初洛杉矶发生了一次地震”。也就是说，[SENSITIVITY$^{+}$]得到了满足。

因此，[SENSITIVITY$^{+}$]可以将恶性的(malign)第三要素事例与良性的第三要素事例区分开来。举个例子。假设笛卡儿的恶魔在你的大脑里植入了一系列的幻觉，导致你关于周遭环境的诸多信念并不是由外在的物理对象所引起。与此同时，恶魔操纵外在的对象，使得你关于周遭的信念可靠地与相关事实关联起来。在这种情况下，我们可以说，你因幻觉而获得的信念不是知识，即便那些信念可靠地为真①。

诸如笛卡儿的恶魔这样的恶性的第三要素事例既不满足条件(i)，也不满足条件(ii)。一方面，相比真实的感官信念，在恶魔的例子中，由

---

① Terrence Cuneo，“The Evolutionary Challenge to Knowing Moral Reasons”. 可靠性(reliability)是第三要素理论的一个主要卖点(David Enoch，“The Epistemological Challenge to Metanormative Realism”)。然而，从恶魔的例子中我们可以得知，可靠性并不是知识的充分条件。

幻觉所引发的信念并不敏感于相应的事实。另一方面，与在良性的第三要素事例中的目标信念不同，幻觉引发的信念并不是从其他具有敏感度的信念中推论而来，它们和感官信念一样，都是基本的、非推理的(non-inferential)信念。因此，根据[SENSITIVITY$^{+}$]，幻觉引发的信念不是知识。请看表1-1。

**表1-1　三类事例与两种条件对应关系表**

| | 条件(i) | 条件(ii) |
|---|---|---|
| 真实感官信念的事例 | √ | × |
| 良性的第三要素事例 | × | √ |
| 恶性的第三要素事例 | × | × |

现在让我们回到道德领域。第三要素模型中的目标道德信念是不是推理信念？如果是，我们可以进一步追问，目标道德信念(至少部分地)是从其他的道德信念推论而来，还是纯粹从非道德信念推论而来？如果回答说推论的前提中包含道德信念，这一回答无法令人满意。那些起媒介作用的道德信念是否敏感于相应的道德事实？解释条件[$E_0$]是否适用于那些道德信念？这一问题仅仅是被推后了一步，仍然需要解答。

或者，有人会说，目标道德信念是从纯粹的非道德信念中推论而来。如果是这样的话，我们完全可以说，(至少某些)非道德信念是关于经验世界的信念——可以证成道德信念的非道德信念不太可能都是先验的。如果道德信念以一种后验的方式被证成，那么，这便成了道德经验主义的情境。但是，和其他弱道德实在论者一样，持第三要素理论的学者也都信奉直觉主义的道德认识论。

这里有一个为什么弱道德实在论者应该拒斥道德经验主义的理

由。最佳解释推理似乎是后验推理唯一的有效形式。按照我们当前的假定,如果道德知识由经验推理而获得,那么道德信念一定是最佳解释推理的结果。在这种情况下,道德事实将会参与到对某些非道德现象的最佳解释之中。这几乎就等于说,道德事实在非道德领域中可以扮演(形而上学的)解释的角色,换句话说就是,我们应该接受强道德实在论①。

因此,所有的第三要素理论家都认为其模型中的目标道德信念是非推理信念也就不足为奇了②。根据奥迪的第三要素理论,我们可以直接"看到"道德事实而不需要推理作为中介。例如,虽然某人放火烧猫的行为直接引发我拥有"那个人在做一件错误的事"这一道德信念,但我的信念并不是从任何非道德信念中推理而来的③。此外,在伊诺克的第三要素理论中,基本的道德信念很明显属于非推理的信念,因为它们是由生物演化的因素所导致的。然而,如果第三要素模型中根本不包含任何推理,那么,看起来那就属于恶性的第三要素事例。道德信念将会如同恶魔例子中由幻觉所引发的信念一样,既不具有敏感性又不是推理得来的,这便违背了[SENSITIVITY$^{+}$],因此,把道德信念视为知识便是不合理的了。

---

① 我并不认为,所有的经验知识都是基于最佳解释推理。很明显,非推理的经验知识(比如感官知识和内感觉知识)不是最佳解释推理的产物。但我们仍然可以说,假如道德知识是经验知识,那么,道德知识一定是推理知识(参见 Richard Boyd, "How to Be a Moral Realist"; Peter Railton, "Moral Realism"; Geoffrey Sayre-McCord, "Moral Theory and Explanatory Impotence")。感谢 *Journal of Philosophy* 的一位匿名审稿人提醒我处理这一议题。

② Robert Audi, *Moral Perception*; David Enoch, "The Epistemological Challenge to Metanormative Realism"; Eric Wielenberg, "On the Evolutionary Debunking of Morality".

③ 奥迪认为在烧猫的例子中我所拥有的道德信念是非推理信念,但这一说法是有问题的。我的那个道德信念似乎是源于"某人正在放火烧猫"这一非道德信念加上"故意让动物遭受痛苦是错的"这一更为基本的道德信念。如果是这样的话,这便属于目标道德信念部分地从其他道德信念推理而来的情况。

## 五、结论

以上论证表明，弱道德实在论者无法合理地拒斥道德知识的解释条件[$E_0$]，因此，他们的理论难以容纳道德知识。当然，即使道德知识的存在要求道德事实在非道德领域发挥其解释力，但道德事实是否真的能扮演这样的解释角色就要另当别论了。有些哲学家否认道德解释的可行性[①]，另一些哲学家则试图捍卫道德事实的解释效力[②]。这一论辩仍在持续，值得更多的讨论，但我在此无法继续。在本章中，我论证的是一个更谦逊的论点：如果你已经是一个道德实在论者，那么，你不应该接受弱道德实在论。既然不能成为一个弱道德实在论者，那么就让我们做一个强道德实在论者吧！

---

① Robert Audi，*Moral Knowledge and Ethical Character*；David Enoch，*Taking Morality Seriously: A Defense of Robust Realism*；Allan Gibbard，*Thinking How to Live*；Gilbert Harman，*The Nature of Morality: An Introduction to Ethics*；Crispin Wright，*Truth and Objectivity*.

② John Bengson，"Grasping the Third Realm"；Terrence Cuneo，"Moral Facts as Configuring Causes"；Peter Railton，"Moral Realism"；Nicholas Sturgeon，"Moral Explanation"；Ralph Wedgwood，*The Nature of Normativity*.

第二章

# 道德功能主义与道德非自然主义

## 一、引言

自 20 世纪后半叶开始，功能主义（functionalism）成为心灵哲学领域占据支配地位的理论。心灵哲学中的功能主义是这样一种学说：某物之所以被归入一个特定类型的心理状态，并不取决于它自身的内在特征，而仅仅取决于它发挥功能的方式，或者它所扮演的角色。具体来讲，功能主义认为，心理状态在输入和输出（包括感官刺激、行为以及其他的心理状态）之间扮演了因果媒介的角色，其本质就通过这一功能角色得以阐明。以疼痛为例：疼痛典型地由身体损伤或者生理紊乱（比如割伤、烧伤、挤压）所引起；疼痛令人反感，通常会引发我们想让它消失的负面态度；疼痛一般会让人无法集中注意力，剧烈的疼痛还有可能引起身体抽搐或者呻吟……我们可以把疼痛所连接的这些输入和输出称为“疼痛的功能角色”，而任何满足了“疼痛角色”的心理状态都应该被视为疼痛之一例。

近来，受到心灵哲学中的功能主义的启发，一批自然主义的道德实在论者(naturalistic moral realists)将功能主义引入元伦理学之中,用以刻画道德属性的本质[①]。道德功能主义将道德属性理解为某种仅仅通过其功能角色就可以阐明的功能属性。以道德上的正确(rightness)为例:道德上的正确一般会关系到人们福祉的提升;道德上的正确通常甚至内在地就可以激发行动,也就是说,当一个人把某个行为判断为正确的时候,他通常会有一个动机去采取那个行为;道德上的正确还具有指导人类行动的规范作用,亦即,一个行为的正确性会提供给人们重要的,甚至是压倒性的规范理由去做那个行为……因此,我们可以借助这一功能角色来界定何为道德上的正确[②]。

在本章中,我将提出一种特殊的道德功能主义版本。这一版本具

---

① Richard Boyd, "How to Be a Moral Realist," in G. Sayre-McCord (ed.) *Essays in Moral Realism*, Ithaca: Cornell University Press, 1988, pp. 181 - 228 and "Finite Beings, Finite Goods: The Semantics, Metaphysics and Ethics of Naturalist Consequentialism (Part II)," *Philosophy and Phenomenological Research* 67 (2003): 24 - 47; David Brink, "Moral Realism and Skeptical Arguments from Disagreement and Queerness," *Australasian Journal of Philosophy* 62(1984): 111 - 125 and *Moral Realism and the Foundations of Ethics*, Cambridge: Cambridge University Press, 1989; Frank Jackson & Phillip Pettit, "Moral Functionalism and Moral Motivation," *Philosophical Quarterly* 178(1995): 20 - 40; Peter Railton, "Moral Realism," *Philosophical Review* 95 (1986): 163 - 207, "Naturalism and Prescriptivity," *Social Philosophy and Policy* 7(1989): 151 - 174, and "Noncognitivism about Rationality: Benefits, Costs, and an Alternative," *Philosophical Issues* 4(1993): 36 - 51; Michael Smith, *The Moral Problem*, Oxford: Basil Blackwell, 1994, and "Moral Realism," in H. LaFollette and I. Persson (ed) *The Blackwell Guide to Ethical Theory*, 2nd Edition, Oxford: Wiley-Blackwell, 2013, pp. 15 - 42; Michael Smith, David Lewis and Mark Johnston, "Dispositional Theories of Value," *Proceedings of the Aristotelian Society*, *Supplementary Volumes* 63(1989): 89 - 174.

② 关于道德的功能主义甚至要比关于心灵的功能主义更加合理。某些心理状态,比如疼痛,本质上包含感受质(qualia)这种内在特征,因而无法通过功能角色得到充分的刻画。可能存在功能上不同于我们的生物,仍然能感受到疼痛,也可能存在功能上和我们相同的生物,但感受不到疼痛。相比之下,道德属性,比如正确,似乎并不拥有什么内在的特征而不能通过它与其他属性的关系来加以刻画。

有如下特征：第一，它是一种整体论的(holistic)道德功能主义，根据这种功能主义版本，如果不引入其他的道德或者规范属性，道德属性的功能角色就无法被准确把握；第二，它是一种直觉的(intuitional)道德功能主义，因为用以刻画功能角色的道德理论是先验综合的；第三，它是一种二阶的(second-order)道德功能主义，将道德属性理解为拥有某些一阶自然属性的二阶属性——这些一阶自然属性扮演特定的功能角色。既然我的道德功能主义版本是整体论的、直觉的和二阶的，我就把它简称为"HIS道德功能主义"。

本章的主要目的是要表明，HIS道德功能主义比其他的道德功能主义版本更优越。此外，通过对于道德自然主义和道德非自然主义之间的合理区分，我将论证，HIS道德功能主义应该被视为一种道德非自然主义。从这两个论点可以推出，如果你接受道德功能主义，最终你就应该接受道德非自然主义。考虑到文献中关于道德属性的功能主义理论基本都属于自然主义[①]，这是一个颇令人意外的结论。

另一方面，值得一提的是，功能主义版本的道德非自然主义还优于其他版本的道德非自然主义。例如，由于HIS道德功能主义将道德属性理解为"拥有某些扮演了如此这般功能角色的一阶自然属性"这个二阶属性，它可以比其他版本的道德非自然主义更好地解释"道德—自然"之间的随附关系(supervenience)。不仅如此，HIS道德功能主义还可以帮助确证道德属性的解释效力，因为功能性解释可以发挥独特的解释作用，且已经被诸多科学门类所广泛采纳。

---

① 韦奇伍德(Ralph Wedgwood)是一个值得注意的例外。参见Wedgwood, *The Nature of Normativity*, Oxford: Oxford University Press, 2007。

## 二、整体论的道德功能主义

道德功能主义将道德属性视为一种功能属性，其本质通过具体的功能角色而得以阐明。在这一节，我要来处理这样一个问题：道德属性的诸多功能角色是整体式的还是原子式的(atomistic)？也就是说，道德属性的功能角色是否必须包含其他的道德属性才能被刻画清楚？值得一提的是，我是在一个宽泛的意义上使用“功能属性”(functional properties)这个词的：如果某个属性是通过它与其他状态的某种关系(而不是通过任何内在的特征)而被界定出来的，那么它便可以被视为一个功能属性。虽然某些哲学家(尤其是在心灵哲学领域工作的哲学家)在一种更窄的意义上使用“功能属性”这个概念，认为功能属性依其定义就有一种整体论的特征，但在我所使用的意义上，功能属性在概念上包括原子式的功能属性，这种功能属性的功能角色并不包含同一领域的其他属性①。

有些哲学家论证说，道德属性应该在一个包含了其他道德属性的整体论的网络中被刻画，而不应该以一种原子论的或者非整体论的方式刻画。比如，弗兰克·杰克逊(Frank Jackson)和菲利普·佩蒂特(Philip Pettit)就说道：

> 我们认为，对于评价性的词汇提供一种原子论的还原这个想法毫无合理性可言，很多当代的哲学家也都不会觉得这个想法有

---

① 类似的用法请参见 Sydney Shoemaker, “Some Varieties of Functionalism,” in his *Identity, Cause, and Mind*, Cambridge: Cambridge University Press, 1984, pp.261－286。

什么吸引力。多数看法认为，道德语词是被包含在一个涉及内容的关联网络之中的，包含与其他道德语词或者评价性语词的关联。每一个道德语词的使用都预设了一个大的关联网络，在其中，它与其他评价性的以及描述性的语词相互联系。因此，简单的原子论定义不可能提供对于道德语词的合适理解[①]。

理查德·博伊德(Richard Boyd)的观点也与此类似：

以幸福(well-being)为例。对于“幸福”一词的合适定义不仅需要诉诸幸福主体的心理特征，也需要诉诸幸福和其他道德相关现象(比如良善、公平、同情、正义，等等)的关系[②]。

让我举一个例子来说明为什么道德属性的功能角色应该是整体式的，而非原子式的。请考虑一种特殊的原子式道德功能主义版本，这一版本把“道德上正确”理解为“在一个拥有充分信息且具备健全理智的人那里引起赞同的情感”[③]。然而，假如一个知情且理性的人怀有偏见、没有同情心，抑或傲慢无礼，他有可能并不会赞同道德上正确的行为。也许我们应该说，一个行动在道德上是正确的，当且仅当这个行动会在知情的、理智的，并且有德性的人那里引起赞同的情感。因此，为了准确地刻画道德上的正确，我们需要借助其他的伦理属性。

① Jackson & Pettit, “Moral Functionalism and Moral Motivation,” p.22.

② Boyd, “Finite Beings, Finite Goods: The Semantics, Metaphysics and Ethics of Naturalist Consequentialism, (Part II),” p.28.

③ Smith, “Moral Realism”; Smith, Lewis & Johnston, “Dispositional Theories of Value”.

对于原子式道德功能主义的批评与心灵哲学领域中的“吉奇-奇泽姆”(Geach-Chisholm)反驳相呼应，后者针对的是关于心理状态的行为主义理论。在心灵哲学中，也存在整体论的功能主义与原子论的功能主义之间的争论。原子论的功能主义(比如行为主义)断定，仅仅通过心理状态与非心理状态(比如行为和大脑状态)之间的关系就可以把心理状态解释清楚，而整体论的功能主义则认为，心理状态的功能角色应该包含其他的心理状态。一般认为，原子论的功能主义对于心理状态的刻画并不成功。根据行为主义的说法，比如，“苏菲害怕蛇”和诸如“如果附近有蛇，苏菲就会跑开”这样的陈述的意思相同。但如果苏菲并不相信附近有蛇，即使她害怕蛇，她也不会跑开。因此，对于害怕的功能主义解释必须涉及其他的心理状态，比如关于危险和伤害的信念。这就可以看出来，心理状态的功能角色应该是整体式的。

相比原子论的道德功能主义，整体论的道德功能主义能更好地容纳道德领域的独特性。原子论的道德功能主义试图仅仅借助非规范的自然属性(比如“将整体幸福最大化”或者“在知情且理性的人那里引起赞同的情感”)就抓住道德属性的本质。如果这是对的，道德属性便可以被还原为或者等同于自然属性。然而，很多哲学家都已经指出，自然属性和规范属性实在太不一样了，这使得任何对于规范属性的自然主义解释都不可能是合理的[①]。此外，同一性要求外延必然相同。但是，规范伦理理论的探索已然揭示，想要找到一种自然属性和“道德上正确”(或者“错误”)必然拥有相同的外延，这是极为困难的，甚至根本不

① David Enoch, *Taking Morality Seriously: A Defense of Robust Realism*, Oxford: Oxford University Press, 2011; Derek Parfit, *On What Matters*, Oxford: Oxford University Press, 2011; T. M. Scanlon, *Being Realistic about Reasons*, Oxford: Oxford University Press, 2014.

可能。相比而言，整体论的道德功能主义本身并没有承诺道德和自然之间的还原，因为它在刻画道德属性的功能角色时会涉及其他的道德属性。这样，道德所具有的规范性在这一框架下便会得以保存，而且，整体论的道德功能主义也不会要求"道德—自然"必然拥有相同的外延[①]。

如果(某种属性的)功能角色只能诉诸与其处于同一形而上学领域的其他属性才能被刻画清楚，那么这里似乎就存在一种循环(circularity)。但仔细一看我们就会发现，这并不是循环，而是整体论(holism)。为了避免循环，功能主义者普遍采用一种被称为"拉姆齐-刘易斯方法"(Ramsey-Lewis method)的逻辑工具来处理网络化定义。拉姆齐-刘易斯方法最早被引入科学哲学中，是为了用纯粹的观察词汇(observational terms)来定义理论词汇(theoretical terms)[②]，后来，为了将心理属性功能化，一些哲学家把拉姆齐-刘易斯方法引入心灵哲学[③]。类似地，我们可以使用拉姆齐-刘易斯方法来定义道德属性[④]。首先，让我们来考虑一个关于"道德上正确"的理论 T：

---

① 和原子论的功能主义不同，整体论的功能主义本身并不会蕴含道德与自然之间的还原论。但这不意味着整体论的功能主义蕴含道德—自然的反还原论。假如道德属性被理解为一阶功能属性，并且假如只有一个实现者(realizer)扮演了相关的功能角色，那么，道德属性将被还原为自然属性，即使我们预设整体论版本的道德功能主义。

② David Lewis, "How to Define Theoretical Terms?" *Journal of Philosophy* 67 (1970): 427 - 446.

③ Ned Block, "Advertisement for a Semantics for Psychology," *Midwest Studies in Philosophy* 10 (1986): 615 - 678; David Lewis, "Psychophysical and Theoretical Identification," *Australasian Journal of Philosophy* 50 (1972): 249 - 258.

④ Frank Jackson, *From Metaphysics to Ethics: A Defence of Conceptual Analysis*, Oxford: Clarendon Press, 1998; Peter Railton, "Noncognitivism about Rationality: Benefits, Costs, and an Alternative".

(T) **道德上正确的**行为倾向于促进人类社会的繁荣;对资源的**公平**分配是道德上正确的;**有德性的**人倾向于做出**道德上正确的**行为;在描述上完全一致的两个行为在**道德正确性**上也不会有差别。(此处,加了粗体的表达用来指称道德属性)。

出于讨论的目的,假设 T 准确而全面地刻画了"道德上正确"这个概念(当然,理想的道德理论应该比 T 复杂得多)。接着,我们可以通过存在量词将之推广到每一个道德表达,从而得到另一个道德理论 $T_R$:

($T_R$) 存在这样的三个道德属性 $M_1$、$M_2$、$M_3$,拥有属性 $M_1$ 的行为倾向于促进人类社会的繁荣;拥有属性 $M_2$ 的资源分配方式将拥有属性 $M_1$;拥有属性 $M_3$ 的人倾向于做出拥有属性 $M_1$ 的行为;在描述上完全一致的两个行为在属性 $M_1$ 方面也不会有差别。

让我们把 $T_R$ 缩写为"$\exists$ $M_1$, $M_2$, $M_3$[$T(M_1, M_2, M_3)$]"。最终,我们得到关于道德上正确的功能定义:

$x$ 是道德上正确的 = $\exists M_1, M_2, M_3[T(M_1, M_2, M_3)$ & $x$ 例示了 $M_1]$①

由于"道德上正确"是由纯粹的描述词汇所定义的,并不包含任何道德

① 对于心理状态的类似定义,请参见 Jaegwon Kim, *Philosophy of Mind*, Boulder: Westview Press, 1996. 这个定义中立于一阶功能主义和二阶功能主义之间的分歧。我会在第四节讨论那个分歧。

或者规范语词，所以这样的一个定义并不陷入循环。借助拉姆齐-刘易斯方法，我们可以在整体论的功能网络里一次性地将所有的道德属性都刻画出来。

顺便提醒一下，（功能定义所涉及的）功能网络应该足够广阔。科学词汇，比如“质量”“能量”以及“力”，是在一个整体性的庞大网络之中相互定义的，此网络包含了诸多基础性的实体和属性。正因为此，科学才能推进我们对世界的整体理解①。但如果网络范围太小，定义就不会提供足够的信息，而且缺乏理论意义。例如，根据感受性理论（sensibility theory），说“$x$ 是好的”便是说“在正常条件下，对 $x$ 产生一种赞同的情感是恰当的”，而说“某种情感是恰当的”便是说“它在如此这般的条件下这一情感的对象是好的事物”②。这个定义所涉及的网络范围就太小了，无法对相关主题提供有趣而重要的理解。

## 三、直觉的道德功能主义

在上一节，我为整体论的道德功能主义版本提供了辩护。但刻画了道德属性之功能角色的道德理论是什么性质的知识？关于“道德上正确”的理论 T 是对“道德上正确”的一种概念约定还是综合（synthetic）说明？T 可以通过先验的方式被知晓，还是依赖于经验研究？

在文献中存在两个彼此对立的道德功能主义阵营：分析的道德功

---

① Crispin Wright, *Truth and Objectivity*, Cambridge: Harvard University Press, 1994.

② John McDowell, "Value and Secondary Qualities," in S. Darwall, A. Gibbard, and P. Railton (ed.) *Moral Discourse and Practice*, Oxford: Oxford University Press, 1997, pp.201－214; David Wiggins, "A Sensible Subjectivism," in *Moral Discourse and Practice*, pp.227－246.

能主义[1]与经验的道德功能主义[2]。分析的功能主义认为，仅仅通过概念分析，我们就可以把握道德属性的功能角色。比如，杰克逊和佩蒂特提出，我们应该借助概念真理来将“公平”(fairness)这一道德属性功能化：

> 之前提到的那些关于公平的常识是先验真理的备选：任何知道如何使用“公平”一词的人都可以看出来它们能成立……那些先验为真的概念真理会告诉我们公平(这一属性)得以例示的条件[3]。

相比之下，经验的道德功能主义坚持，道德属性的功能角色只可以通过经验的方式被发现。如博伊德所言：

> 相关的功能角色的性质无法以先验的方式得到充分说明，不仅如此，“是否存在某些属性扮演了相关的角色”，或者“哪些属性实现了相关的功能”这样的问题也都不是先验问题。因此，自然主义的指称观念和心理功能主义关于心理语词的指称理论一样，都拒绝对于相关语词的分析定义[4]。

这两种道德功能主义之间的争论，很大程度上是由心灵哲学中分析的

---

① Jackson, *From Metaphysics to Ethics: A Defence of Conceptual Analysis*; Jackson & Pettit, “Moral Functionalism and Moral Motivation”; Smith, *The Moral Problem* and “Moral Realism”.

② Boyd, “How to Be a Moral Realist” and “Finite Beings, Finite Goods: The Semantics, Metaphysics and Ethics of Naturalist Consequentialism (Part II)”; Railton, “Moral Realism” and “Naturalism and Prescriptivity”.

③ Jackson & Pettit, “Moral Functionalism and Moral Motivation,” p.23.

④ Boyd, “Finite Beings, Finite Goods: The Semantics, Metaphysics and Ethics of Naturalist Consequentialism (Part II),” p.26.

功能主义与经验的功能主义之间的分歧所激发的。分析的心理功能主义主张，仅仅通过对于心理词汇的概念分析就可以把握心理状态的功能角色，而经验的心理功能主义则认为，我们必须诉诸经验研究才能发现心理属性所扮演的功能角色[①]。

然而，在心灵和道德之间存在一个值得注意的差异。让我们再以疼痛为例。疼痛一般由身体损伤或者生理紊乱所引起；疼痛令人反感，典型地会引发负面的态度；疼痛会让人无法集中注意力，剧烈的疼痛还有可能引起抽搐或者呻吟……关于疼痛的功能理论要么是一系列的概念真理，要么是一个经验理论，没有第三种可能。但是，道德的情况与此不同。在道德领域，分析的功能主义和经验的功能主义并没有穷尽所有的可能性。用以刻画道德属性之功能角色的道德理论可能既不是分析的，也不是经验的：它可以是先验综合的。先验综合的道德知识是可能的，这一看法在很多哲学家看来都很合理，甚至很明显，但几乎没有人会认为某个心理理论是先验综合的。简便起见，我此后将把“功能主义的道德理论是先验综合的”这一观点称为“直觉的道德功能主义”。

和经验的道德功能主义者一样，我认为仅仅凭借概念分析无法把握道德属性（这里指的是道德属性的功能角色）的真实本质。其中一个原因就是分析悖论（paradox of analysis）的存在，即任何概念分析都很难既正确又提供新的信息。如果一个概念分析是正确的（比如，“单身汉是尚未结婚的成年男人”），它只揭示了我们本来就知道的，甚至琐碎的信息，并没有提供任何新的内容。如果一个概念分析提供了有趣的

---

① Ned Block, “Troubles with Functionalism,” in N. Block (ed.) *Readings in the Philosophy of Psychology*, Vol. 1, Cambridge: Harvard University Press, 1980, pp.268 - 305.

新信息(比如大卫·刘易斯运用反事实依赖对因果关系的分析),它很可能不是一个成功的概念分析(这要么是错误的分析,要么是伪装成分析的综合理论)。

此外,分析的道德功能主义还会面临摩尔(G. E. Moore)的开放问题论证(open question argument)的挑战。摩尔认为,道德语词无法定义为自然语词,也就是说,道德语词与自然语词的意思是不一样的。这是因为,"用自然概念描述的某个行为是否是正确的"这个问题,即使对于准确掌握相关语词意义的说话者来说都是开放问题[①]。例如,一个道德词汇的合格使用者可能相信,某个行为例示了某个功能属性,而这一功能属性又被一个复杂的拉姆齐表达式(Ramsey-expression)所阐明。但即使在充分分析相关语词的意义之后,他仍可以怀疑那个行为在道德上是否正确。

毋庸多说,直觉的道德功能主义并不会遭遇分析的道德功能主义所遭遇到的那些问题。由于直觉的道德功能主义所引用的道德理论是综合的而非分析的,它就既可以为道德属性的理解提供重要的新信息,又可以避免开放问题论证的挑战[②]。

另一方面,直觉的道德功能主义又拥有一些经验的道德功能主义所没有的理论优势。道德辩护似乎最终取决于先验的直觉和反思,而不是经验探究[③]。多数人在形成其基本道德信念的过程中并没有进行

① Moore, *Principia Ethica*, Cambridge: Cambridge University Press, 1903.

② Terrence Cuneo and Russ Shafer-Landau, "The Moral Fixed Points: New Direction for Moral Nonnaturalism," *Philosophical Studies* 171 (2014): 399 - 443.

③ Robert Audi, *Moral Perception*, Princeton: Princeton University Press, 2013; Cuneo & Shafer-Landau, "The Moral Fixed Points: New Direction for Moral Nonnaturalism"; Enoch, *Taking Morality Seriously: A Defense of Robust Realism*; William FitzPatrick, "Robust Ethical Realism, Non-Naturalism (转下页)

什么经验探究。假设某人通过直觉和反思之后相信，为了取乐而杀害无辜的人是错的。但他完全不知道这一信念基于何种经验证据。我们能否由此推论“他不知道杀人取乐是错的”？当然不能①。

不仅如此，相比经验的道德功能主义，直觉的道德功能主义可以更好地处理著名的道德孪生地球（Moral Twin Earth）的挑战。特伦斯·霍根（Terrence Hogan）和马克·蒂蒙斯（Mark Timmons）构造了一个反对道德自然主义的思想实验，其攻击目标也包括自然主义的道德功能主义②。道德孪生地球在大多数方面都与地球一样，孪生地球上的人和地球人的行为方式类似，他们使用的语言也和汉语非常相似。和地球人一样，孪生地球人也会使用他们的道德词汇针对某些行为、某些人以及某些品格表达正面或者负面的态度。比如，他们使用“道德上正确”这一孪生道德语词来推荐某些行为。而且，孪生地球人也认为

---

（接上页）and Normativity," in R. Shafer-Landau (ed.) *Oxford Studies in Metaethics*, vol. 3, Oxford: Oxford University Press, 2008, pp. 159 - 205; Parfit, *On What Matters*; T. M. Scanlon, *Being Realistic about Reasons*; Shafer-Landau, *Moral Realism: A Defense*, Oxford: Oxford University Press, 2003.

① 参见 Lei Zhong, "The Hard Problem for Soft Moral Realism," *Journal of Philosophy* 116(2019): 555 - 576。值得注意的是，道德理论的先验性并不蕴含道德非自然主义。下文我会讨论到，假如一阶的道德功能主义是对的，即使刻画功能角色的道德理论是先验的，道德属性也会被还原为扮演了相关功能角色的自然属性。参见 Jackson, *From Metaphysics to Ethics: A Defence of Conceptual Analysis*; Jackson & Pettit, "Moral Functionalism and Moral Motivation"; Smith, *The Moral Problem* and "Moral Realism"。

② Terrence Horgan and Mark Timmons, "New Wave Moral Realism Meets Moral Twin Earth," *Journal of Philosophical Research* 16 (1991): 447 - 465, "Copping Out on Moral Twin Earth," *Synthese* 124(2000): 139 - 152, and "Analytical Moral Functionalism Meets Moral Twin Earth," in I. Ravenscroft (ed.) *Minds, Ethics, and Conditionals: Themes from the philosophy of Frank Jackson*, Oxford: Oxford University Press, 2009, pp.221 - 236. 类似的思想实验参见 R. M. Hare, *The Language of Morals*, Oxford: Clarendon Press, 1952; Smith, *The Moral Problem*。

关于道德上正确的考虑是可普遍化的，并且应该压倒其他的考量。然而，假设两个星球上的道德属性所拥有的功能角色由两种不同的规范伦理理论来刻画：在地球上，道德属性的功能网络被道德理论 T 所刻画，而在孪生地球上，孪生道德属性的功能网络被孪生道德理论 $T^*$ 所刻画（$T \neq T^*$）。因此可以推知，被地球上的语词"道德上正确"所指称的属性不同于孪生地球上的相应语词所指称的属性。所以，当一个地球人说"牺牲一个人而救五个人在道德上是正确的"而一个孪生地球人说"那样做在道德上是不正确的"时，他们实际上是在鸡同鸭讲，并没有真正的道德分歧。但这和我们的直觉是冲突的。直觉上，我们认为他们之间确实有真正的道德冲突①。因此，道德功能主义是错的。

然而，我想要强调，道德孪生地球仅对经验的道德功能主义构成挑战，而无法威胁到直觉的道德功能主义。假如道德理论 T 是一个经验理论，即使它事实上是正确的，我们也无法通过先验的方式将它错误的可能性排除②。换言之，"T 为假"符合一种（理想的）认知可能性(epistemic possibility)，亦即，一种不同的道德理论 $T^*$ 可能为真③。既然如此，虽然 T 和 $T^*$ 是两个不同的理论，但它们都是真正的道德理论。因此，T 和 $T^*$ 所关涉的是同一领域的属性！这可以解释为什么我们的直觉会认为，分别接受 T 和 $T^*$ 的地球人和孪生地球人之间存在真正的道德分歧。但根据功能主义，那些属性的本质被它们的功能角

① Horgan & Timmons, "Copping Out on Moral Twin Earth".

② David Chalmers, *The Conscious Mind*, New York: Oxford University Press, 1996 and "The Two-Dimensional Argument against Materialism," in his *The Character of Consciousness*, New York: Oxford University Press, 2010, pp.141 - 205.

③ 如果一个理想的思考者无法通过先验的方式排除 P 这一可能性，那么 P 便具备理想的认知可能性。参见 Chalmers, "The Two-Dimensional Argument against Materialism"。

色充分地决定，而它们的功能角色又被相关的理论所刻画。由于两种不同的理论阐释两类不同的属性，两个分别接受 T 和 T* 的人群也就没有道德分歧了。由此可见，经验的道德功能主义难以自洽[①]。

但如果道德理论 T 是先验的，那么，“T 为假”便是认知上不可能的(epistemically impossible)，也就是说，道德属性的功能角色不可能由另外一个不同的理论刻画。既然 T* 不同于 T，那么 T* 刻画的就是一类非道德属性。因此，在分别接受 T 和 T* 的人群之间就不存在道德分歧。所以，在直觉的道德功能主义的框架下，道德分歧的问题就被化解了。不像经验的道德功能主义，直觉的道德功能主义并不存在任何内部的张力。

应该注意到的是，理想的道德理论 T 应该只抓住道德的最根本、最普遍的特征[②]。假如在某个可能的情境中，某个所谓的“道德”理论并没有抓住道德属性的功能角色，比如，在某个情境中人们普遍认为“道德上正确的”行为与幸福的提升无关，或者人们在做了他们认为“道德上错误的”事情之后并不会感到内疚，那么，我们便有理由不把这些语词所指称的属性视为真正的道德属性。

## 四、二阶的道德功能主义

根据功能主义理论，说一个行为在道德上是正确的，就是说这个行为例示了某个属性，而这个属性的本质通过如此这般的功能角色被把

---

① 有些哲学家基于类似的理由批评经验的心理功能主义版本。参见 Block，“Troubles with Functionalism”；Shoemaker，“Some Varieties of Functionalism”。

② 类似的看法参见 Railton，“Noncognitivism about Rationality：Benefits，Costs，and an Alternative”。

握。然而，这里有一个进一步的问题需要澄清："道德上正确"是一个一阶属性，还是二阶属性？亦即，"道德上正确"是事实上扮演了相关功能角色的一阶自然属性，还是这些一阶自然属性所实现的二阶属性[①]？

在讨论这个议题之前，让我们先来考虑一下关于心理功能主义的一个类似问题。再以疼痛为例，根据心灵哲学中的功能主义，说一个有机体处于疼痛之中，就是说它处于这么一种内在的状态，这种状态典型地由身体损伤所引起，并且这种状态会典型地引起抽搐、呻吟或者某些负面态度。但是，在功能主义者中间存在一个分歧。有些功能主义者认为，疼痛是事实上扮演了疼痛的功能角色的一阶状态[②]（比如，C 神经激发），而另一些功能主义者则坚持，疼痛是"处于扮演了疼痛角色的某种状态之中"这一二阶属性[③]。我把前一种观点称为"一阶功能主义"（或者"实现者功能主义"），把后一种观点称为"二阶功能主义"（或者"角色功能主义"）。

二阶功能主义比一阶功能主义更加合理，因为前者可以容纳两个被广泛接受的论点：①（大多数）心理词汇都是严格指示词（rigid designators）；② 心理属性可以被物理属性多重实现（multiply realizability）。假设一阶功能主义是对的，那么，疼痛就是实际上扮演

① 二阶属性之所以为二阶属性，在于它们是通过对一阶属性的量化（quantification）而产生出来的。例如，原色（primary color）便是红、蓝、绿这三个一阶属性的二阶属性。参见 Kim, *Mind in a Physical World*, Cambridge: MIT Press, 1998, p.20。

② D. M. Armstrong, *A Materialist Theory of Mind*, London: Routledge & Kegan Paul, 1968; Lewis, "Psychophysical and Theoretical Identification".

③ Jerry Fodor, "Explanations in Psychology," in M. Black (ed.) *Philosophy in America*, London: Routledge & Kegan Paul, 1965, pp. 161 - 179; Hillary Putnam, "The Nature of Mental States," in his *Philosophical Papers*, vol.2, Cambridge: Cambridge University Press, 1975, pp.429 - 440; Kim, *Mind in a Physical World*.

了疼痛角色的一阶物理状态。如果“疼痛”是一个严格指示词，那么，“疼痛”这个词就会在不同的可能世界中指称相同的物理状态。然而，这似乎与多重可实现的论点相矛盾。如果我们接受生物的多样性，那么，不太可能所有具有意识或者经验能力的生物必须拥有相同的物理状态才获得同一种心理能力[①]。此外，即使在现实世界中疼痛被单一地实现，但在其他的可能世界中，疼痛完全有可能被不同的物理状态所实现。因此，说“疼痛”严格地指称了某一个一阶物理状态是不合理的。但如果我们把疼痛理解为一种二阶状态，其本质由相关的功能角色所决定，那么，无论这一二阶属性被不同的一阶物理属性多重实现与否，“疼痛” 这个词在不同的可能世界中都会严格地指示同一属性。

某些一阶功能主义者可能指出，“疼痛”是一个非严格指示词（non-rigid designator），其用法和索引词（indexical）类似，用来指称不同物种（甚至不同个体）的不同物理状态，而那些状态扮演了相同的功能角色。也就是说，

疼痛 ＝ 在相关种群 P 中扮演了功能角色 R 的状态[②]。

一阶功能主义者还经常依赖“疼痛”（pain）和“处于疼痛状态”（being in pain）之间的区分。根据这一区分，“处于疼痛状态”是用来指称二阶关系属性的严格指示词，而“疼痛”则是一个非严格指示词，用来指称在相关种群中实际扮演了功能角色的多元的一阶物理状态[③]。英语的日常

---

① Putnam, “The Nature of Mental States”.

② David Lewis, “Mad Pain and Martian Pain,” in N. Block (ed.) *Readings in the Philosophy of Psychology*, pp. 216 - 222; Michael Tye, “Functionalism and Type Physicalism,” *Philosophical Studies* 44(1983): 161 - 174.

③ Tye, “Functionalism and Type Physicalism”.

使用似乎能够支持把“疼痛”和“处于疼痛状态”区别开来。“is in pain”这一谓语的语法结构很自然地告诉我们，它表达了一种关系属性，表示与疼痛的状态“处于”某种关系“之中”。因此，“is in pain”这一谓语无法表达“pain”这个词所指称的那个东西，因为后者就是疼痛状态本身。

然而，这一回应有如下几个问题。第一，我们不清楚，在语言上作出的“疼痛”和“处于疼痛状态”的区分是否能反映真正的形而上学区分。当我们说“I'm in pain”的时候，我们实际上只是在说“I hurt”或者“I'm pained”(我疼)。“Being in pain” 其实就表示“hurting”或者“being pained”。这一点在其他的语言中看得更加清楚。比如，中文根本就不存在“疼痛”与“处于疼痛状态”的区分。中文使用者用非关系性短语“我疼”(I'm pained)来表达英文“I'm in pain”的意思。值得注意的是，英文中的一些心理语词也有类似的用法。比如，人们说“I'm sad”或者“I'm pleased”，而不说“I'm in sadness”或者“I'm in pleasure”。因此，在疼痛和处于疼痛状态之间是否存在真正的形而上学区分，这一点是很可疑的。

第二，即使“疼痛”和“处于疼痛状态”之间的语言区分真的反映了一种形而上学区分，这也不足以为旨在将心理属性等同于其物理实现者(realizer)的一阶功能主义辩护。一个属性是一阶属性还是二阶属性，取决于具体情境。即使相对于“处于疼痛状态”这一属性，疼痛是一个一阶属性，但疼痛相对于其物理实现者(比如，C 神经激发)仍然是一个二阶属性。疼痛和处于疼痛状态之间的区分无法证明，疼痛就是实际上扮演了功能角色的(一阶)物理属性。

第三，即使“疼痛”指称物理状态，这也无法证明一阶功能主义就是对的。一阶功能主义如果是一个有趣的立场的话，它就应该主张每个心理属性都是一阶功能属性。毕竟，一阶功能主义是由还原性物理主义所驱动的，其目的便是通过提供对于心理状态的功能刻画而将心理属性还原为物理属性。我们已经看到，一阶功能主义者承认，“处于疼痛状态”是一个严格指示词，指称“处于某种扮演了相关功能角色的状态”这一二阶属性。但我们有理由认为，这一二阶属性也是一个心理属性，因为它使得人类的疼痛、蝙蝠的疼痛以及火星人的疼痛（等等）成为同一类心理状态[①]。既然某些心理属性是二阶属性，那么一阶功能主义就是错的。

现在让我们回到道德功能主义。上面列举的支持二阶心理功能主义的一般理由也都适用于道德领域。二阶道德功能主义比一阶道德功能主义更合理，因为二阶的版本可以同时容纳多重可实现性和严格指示。一方面，人们普遍接受，道德属性被自然属性所多重实现。使得一个行动在道德上是正确的或者错误的自然因素是不确定的，甚至是无穷无尽的。另一方面，我们有很强的直觉认为，道德词汇是严格指示词。比如，“道德上错误”这个词应该在所有可能世界都指称相同的属性[②]。

但假如道德上的错误被理解为一阶的实现者，那么，由于多重可实现性这一事实，“道德上错误”这个词在不同的可能世界中便会指称不同的属性。正如霍根和蒂蒙斯所言：

> 某个假定能决定指称的关系 *R* 可能事实上无法确立道德语

---

① 有人可能回应说，事实上并不存在疼痛这样的心理状态本身（simpliciter），存在的只是人类的疼痛、蝙蝠的疼痛、火星人的疼痛，等等（参见 Lewis, “Mad Pain and Martian Pain”）。但如果是这样的话，我们将会失去一个支持功能主义的主要动机：不同生物只要处于同一功能状态，它们便确实处于同一心理状态。参见 Janet Levin, “Functionalism,” in E. N. Zalta (ed.) *Stanford Encyclopedia of Philosophy*, 2018。

② 与“pain”和“being in pain”之间的语言区分不同，道德语言并不支持“wrongness”和“being in wrongness”这样的区分。

> 词和自然属性之间的指称关系，因为有太多合适的自然属性可以满足 $R$ 的条件。例如，也许 $R$ 的条件被一系列的自然属性（比如功能属性）所满足，这些自然属性被某个后果主义道德理论［T］所界定。但与此同时，$R$ 的诸多条件也被另一套自然属性（比如功能属性）所满足，这些自然属性被某个道义论道德理论［$T^*$］所界定[①]。

这里，霍根和蒂蒙斯所讨论的道德功能主义似乎局限于一阶道德功能主义。这也是为什么他们认为道德功能主义会遭遇不确定问题（the problem of indeterminacy）的原因。然而，我已经论证过，道德属性最好被理解为二阶属性。如果道德语词表达二阶功能概念，那么，道德词汇所指的对象便会由理想的、普适的道德理论 T 完全决定，而 T 刻画了道德领域的功能网络。即使有不同的一阶属性扮演相同的功能角色，作为二阶属性的道德属性在不同的可能情境中仍然保持不变。既然 $T^*$ 是一个不同于 T 的道德理论，那么 $T^*$ 所刻画的属性就不可能是由 T 理论中道德词汇所指的那些对象。因此，关于不确定的批评是不适用的。这是二阶道德功能主义版本对比一阶版本的一个重要优势。

在本节的结尾，让我简要地讨论一下所谓的“析取策略”（disjunctive move），它是还原论者对于多重可实现挑战的一种回应。有哲学家可能认为，即使道德语词指称二阶的角色属性，这些角色属性也可以被进一步还原为一阶的实现者属性，前提是前者和后者的外延必然相同[②]。

---

① Horgan & Timmons, “Copping Out on Moral Twin Earth,” p.140.

② 心灵哲学领域也有哲学家采用相似的策略为还原性物理主义辩护。参见 Ned Blocker and Robert Stalnaker, “Conceptual Analysis, Dualism, and the Explanatory Gap,” *Philosophical Review* 108(1999): 1-46。

那些哲学家充分意识到，由于多重可实现的存在，道德属性不会和任何一个一阶自然属性必然拥有相同的外延。但他们主张，道德属性和诸多一阶属性的析取（disjunction）必然拥有相同的外延，因而道德属性等同于那些一阶自然属性的析取[①]。

可是，这一策略是不成功的。首先，诸多自然属性的析取似乎不是真正的属性，更加不是真正的自然属性。真正的属性必须是可投射的（projectible），受法则支配，并且拥有解释效力。但那些不确定的，甚至无穷的析取"属性"并不满足这些要求[②]。

第二，外延必然相同是否蕴含同一性，这一点是高度存疑的。例如，"圆的方"这一属性和"圆的三角"这一属性必然拥有相同的外延，但它们是相同的属性吗？很可能不是。根据扎尔塔（Edward Zalta）关于属性同一性的编码（encoding）理论，这两个属性是不同的属性，因为它们不是由相同的抽象对象所编码的[③]。

不仅如此，我们还可以构造一个归谬论证来反对"必然相同的外延蕴含同一性"这个观点（这个论证最初来自谢弗兰道）[④]。我们可以合理地假设外延必然相同和同一性是两个不同的属性。即使是那些相信外延必然相同蕴含同一性的哲学家，也不认为"外延必然相同"和"相等同"是同一种关系属性。他们只认为外延必然相同是同一性的

---

① Jackson, *From Metaphysics to Ethics: A Defence of Conceptual Analysis*.

② Jerry Fodor, "Special Sciences (Or: The Disunity of Science as a Working Hypothesis)," *Synthese* 28 (1974): 97 - 115, and "Special Sciences: Still Autonomous after All These Years," *Philosophical Perspectives* 11 (1997): 149 - 163; David Owens, "Disjunctive Laws?" *Analysis* 49 (1989): 197 - 202; Derk Pereboom and Hilary Kornblith, "The Metaphysics of Irreducibility," *Philosophical Studies* 63 (1991): 125 - 145.

③ Edward N. Zalta, *Abstract Objects: An Introduction to Axiomatic Metaphysics*, Dordrecht: Reidel, 1983.

④ Shafer-Landau, *Moral Realism: A Defense*, p.91.

一个充分条件，也就是说，必然地，如果属性 $x$ 与属性 $y$ 的外延必然相同，那么，$x$ 与 $y$ 相同。然而，如果必然相同的外延蕴含同一性（很显然，同一性蕴含必然相同的外延），那么，“外延必然相同”这一属性和“相等同”这一属性的外延必然相同。由此可以推知，这两种关系属性事实上是同一种属性。但这和我们一开始的合理假设（即“外延必然相同不同于同一性”）是冲突的。因此，外延必然相同并不蕴含同一性。

## 五、从道德功能主义到道德非自然主义

在本章的一开始我已经提到，HIS 道德功能主义应该被视为道德非自然主义的一个版本。但道德自然主义和道德非自然主义之间的区别何在？如何定义自然属性？在这一节，我将提出道德自然主义的三种表述方式：形而上学的方式、语义学的方式以及认识论的方式。继而我将论证，我们应该接受第三种表述方式。让我们先来讨论道德自然主义的第一种表述方式，这一表述借助了因果力的概念：

（$D_1$）道德属性是自然属性，这是由于它们具有因果效力①。

然而，如果我们用因果效力来定义自然属性，那么，道德自然主义就会与其他的元伦理学立场混淆不清。通常被视为非自然的对象（例如数

① Nicholas Sturgeon, “Ethical Naturalism,” in D. Copp (ed.) *The Oxford Handbook of Ethical Theory*, Oxford: Oxford University Press, 2006, pp.91 - 121.

字和共相)是否能扮演因果—解释角色,这仍然是一个开放问题[①]。此外,超自然的对象(比如上帝、天使和魔鬼)如果真的存在的话,也会拥有因果效力。无论是否真的存在拥有因果力的非自然对象,对于自然/非自然的定义都应该在概念上容纳这一可能性。

接下来讨论道德自然主义的第二种表述方式:

> ($D_2$)道德属性是自然属性,因为它们是由非规范的语词所指称的[②]。

这种表述方式同样不能令人满意。第一,它无法容纳非还原性的道德自然主义,这种立场认为,虽然道德属性本身是自然属性,但是它们并不等同于其他由非规范语词所指称的自然属性——也就是说,指称道德属性的唯一方式便是使用道德语词或者规范语词[③]。第二,和$D_1$相似,$D_2$也没能把道德自然主义和道德非自然主义区分开来。有些实体(比如天使和数字)通常被视为非自然对象,但它们由非规范的语词所指称。

对于HIS道德功能主义来说,我们可以通过复杂的拉姆齐表达式来指称道德属性,而拉姆齐表达式并不包含任何道德或者规范语词。因此,根

---

① John Bengson, "Grasping the Third Realm," in T. Gendler and J. Hawthorne (ed.) *Oxford Studies in Epistemology*, vol. 5, Oxford: Oxford University Press, 2015, pp. 1 - 38; T. Cuneo, "Moral Facts as Configuring Causes," *Pacific Philosophical Quarterly* 87(2006): 141 - 162 and "The Evolutionary Challenge to Knowing Moral Reasons," in D. Star (ed.) *The Oxford Handbook of Reasons and Normativity*, Oxford: Oxford University Press, 2018, pp.964 - 986; Aidan Lyon, "Mathematical Explanations of Empirical Facts, and Mathematical Realism," *Australasian Journal of Philosophy* 90(2012): 559 - 578; Wedgwood, *The Nature of Normativity*.

② Jackson, *From Metaphysics to Ethics: A Defence of Conceptual Analysis*.

③ Sturgeon, "Ethical Naturalism".

据 $D_2$，道德属性将被还原为自然属性。但这也太容易了！一个单纯的逻辑手段如何能够决定还原性的形而上学议题？为了更清楚地看到这一点，让我们先来讨论一下心灵哲学中的一个类似议题。虽然对于整体论的功能主义来说，心理属性可以被不包含心理词汇的拉姆齐表达式所指称，但没有人会出于这个原因而认为，心理属性可以还原为物理属性。还原性的物理主义者需要另寻其他的路径来建立"心理—物理"之间的同一性。

或者换一种方式表述这一论点。一般认为，功能属性的多重可实现性对还原性物理主义构成了初步的挑战(无论这一挑战能否最终成功)。但假如拉姆齐-刘易斯方法蕴含了心理属性的可还原性，那么，还原性的物理主义者根本就不需要担心多重可实现性了。然而，目前所有还原性的物理主义者都认为他们需要解决多重可实现性的问题，并且提出了各种论证，试图表明多重可实现性与还原性物理主义是相容的[①]。因此，心理(或者道德)属性是否可以被非心理的(或者非道德的)语词表示，这与它们是否可以被还原为非心理(或者非道德)属性无关。

让我们转向道德自然主义的第三种表述方式，即认识论的方式：

($D_3$) 道德属性是自然属性，这是由于它们可被经验认知[②]。

---

① 例如，某些还原性的物理主义者论证说，由于不存在独立于物种的心理状态，多重可实现的现象并不会威胁到物理状态和心理状态的同一性。有些还原性的物理主义者指出，即使心理属性由物理属性多重实现，心理属性和物理属性的析取必然拥有相同的外延，因此可以还原为物理属性。我在前文中已经讨论过这两个策略了。

② David Copp, "Why Naturalism?" *Ethical Theory and Moral Practice* 6(2003): 179 - 200; Cuneo, "The Evolutionary Challenge to Knowing Moral Reasons"; Jaegwon Kim, "The American Origins of Philosophical Naturalism," *Journal of Philosophical Research*, 28(2003): 83 - 98; Hilary Kornblith, "Naturalism: Both Metaphysical and Epistemological," *Midwest Studies in Philosophy* 19 (1994): 39 - 52; Railton, "Naturalism and Prescriptivity"; Shafer-Landau, *Moral Realism: A Defense*; Wedgwood, *The Nature of Normativity*.

$D_3$可以容纳道德自然主义的多种典型版本，比如将“道德上的正确”理解为“使整体的效益最大化”这一属性的（元伦理学）效益主义，以及将道德上的正确视为“在一个充分知情且理性的人那里引起赞同的情感”这一属性的反应依赖理论。这些属性都是自然属性，因为它们是可被经验认知的（而不是因为它们被非规范的语词所指称，也不是因为它们具有因果解释力）。此外，与 $D_2$ 不同，$D_3$ 可以容纳非还原性的道德自然主义。只要道德属性是可被经验认知的，即使它们不同于任何其他可被非规范语词指称的自然属性，它们也是一种自然属性。根据 $D_3$ 的解释，数学对象和超自然对象之所以被普遍认为属于非自然的实体，这是因为它们是独立于经验探究的。

根据 $D_3$ 这一表述方式，即使 HIS 道德功能主义所理解的道德属性由非规范语词所表示，也可能具有因果效力，但 HIS 道德功能主义并不属于道德自然主义。有三条可能的路径可以从道德功能主义通往道德自然主义。第一，我们可以借助原子论的功能主义来建立道德自然主义。如果道德属性的功能角色不需要涉及其他的道德属性便可以得到刻画，那么，道德属性便可以还原为二阶的自然属性（比如“在一个知情且理性的人那里引起赞同的情感”这一属性）。第二，道德自然主义可以通过一阶功能主义建立起来。如果道德语词指称那些扮演了相关功能角色的一阶自然属性，这便建立了“道德—自然”之间的同一性。即使前两种方式都不成功，还有第三条路径。考虑下面这种情况：道德功能主义是整体论的和二阶的，却是后天的（a posteriori），也就是说，用以刻画功能角色的道德理论是一个经验理论。这一版本的道德功能主义实际上属于非还原性的道德自然主义，因为它认为，虽然道德属性不可以还原为其他自然属性，但它们本身是可经验认知的自然属性①。

① Boyd, “How to Be a Moral Realist”.

然而,对于 HIS 道德功能主义来说,这三条路径都行不通。因为道德属性的功能角色是整体论式的,道德属性无法还原为任何自然的功能角色;因为道德属性是二阶功能属性,它们无法还原为任何自然的功能实现者;因为用以阐明道德属性的功能理论是先验的,这便排除了非还原性的道德自然主义。分开来看,HIS 道德功能主义所具有的这三个特征,每一个都构成了非自然主义版本的道德功能主义的必要条件,而这三个特征合起来又构成了非自然主义版本的道德功能主义的充分条件。

## 六、结论

让我对本章的讨论略作总结。第二到第四节,我论证了 HIS 道德功能主义是最合理的道德功能主义版本。在第五节,我尝试表明,HIS 道德功能主义是某种形式的道德非自然主义。因此,我们得到了一个有趣甚至会令人意外的结论:功能主义竟然支持关于道德的非自然主义(而不是自然主义)。另一方面,道德非自然主义的功能主义版本要优于其他版本的道德非自然主义。比如,它可以说明“道德—自然”之间的随附关系,也可以容纳道德事实的解释效力。所以,如果你接受道德功能主义,你就应该接受道德非自然主义;如果你是一个道德非自然主义者,你最好做一个道德功能主义者。

第二部分

# 道德知识与道德解释

第三章

# 道德解释的整合主义进路

## 一、引言

当代元伦理学中最著名的争论之一聚焦于道德解释，此争论在我所谓的“道德解释论者”（moral explanationist）和“道德反解释论者”（moral anti-explanationist）之间展开，前者主张道德事实或者道德属性具有解释效力①，后者则否认道德的解释效力②。

---

① Nicholas Sturgeon, “Moral Explanation,” in D. Copp and D. Zimmerman (ed.) *Morality, Reasons, and Truth: New Essays on the Foundations of Ethics*, Totowa: Rowman and Allanheld, 1985, pp. 49 – 78; Sturgeon, “Thomson against Moral Explanations,” *Philosophy and Phenomenological Research* 58 (1998): 199 – 206; Peter Railton, “Moral Realism,” *Philosophical Review* 95 (1986): 163 – 207; Railton, “Moral Explanation and Moral Objectivity,” *Philosophy and Phenomenological Research* 58 (1998): 175 – 182; Richard Boyd, “How to Be a Moral Realist,” in G. Sayre-McCord (ed.) *Essays in Moral Realism*, Ithaca: Cornell University Press, 1988, pp.181 – 228; Geoffrey Sayre-McCord, “Moral Theory and Explanatory Impotence,” in *Essays in Moral Realism*, pp.256 – 281; David Brink, *Moral Realism and the Foundations of Ethics*, Cambridge: Cambridge University Press, 1989.

② Gilbert Harman, *The Nature of Morality: An Introduction to Ethics*, New York: Oxford University Press, 1977; Harman, “Moral Explanations （转下页）

哲学家之所以近年来对这一争论重新产生了兴趣，是因为道德解释问题对当代道德实在论提出了诸多严峻挑战。其中的一些挑战是在形而上学层面提出的：如果被认定存在的道德属性无法扮演任何解释的角色，那么它们如何能够拥有合法的形而上学地位？另一些挑战是在语义学层面提出的：如果所谓的道德属性在解释我们道德语言的使用时是无效的，那么我们的道德词汇如何能够指称这些属性呢？还有一些挑战是在认识论层面提出的：如果道德事实与我们如何获得道德信念和道德感受的解释不相关，那么，我们的道德信念如何能够得到辩护，我们如何能够拥有道德知识[①]？作为一个重视道德解释问题的道德实在论者，我将在本章中为道德的解释效力辩护。

一开始，我们必须问：为什么反解释论者认为道德属性没有解释效力？一些反解释论者可能会说，规范性就其本质而言就没有因果-解释(causal-explanatory)力。然而，这仅仅是重申了道德反解释论者的立场。此外，大多数道德解释论者都是伦理自然主义者，他们把道德属

(接上页) of Natural Facts—Can Moral Claims Be Tested against Moral Reality?" *Southern Journal of Philosophy* 24(1986): 57 - 68; Simon Blackburn, "Just Causes," *Philosophical Studies* 61 (1991): 3 - 17; Robert Audi, *Moral Knowledge and Ethical Character*, Oxford: Oxford University Press, 1997; Judith Thomson, "Reply to Critics," *Philosophy and Phenomenological Research* 58 (1998): 215 - 222; Brian Leiter, "Moral facts and Best Explanations," *Social Philosophy and Policy* 18 (2001): 79 - 101; Allan Gibbard, *Thinking How to Live*, Cambridge: Harvard University Press, 2003.

① 值得注意的是，伦理学家对于道德解释效力的缺乏会有什么后果并没有一致的看法。以认识论层面的挑战为例，自然主义的伦理实在论者把解释的相关性视为道德知识的必要条件，在他们看来，如果道德事实没有解释力，那么持有任何道德信念都是不合理的。与之相对，非自然主义者把道德知识理解为先验知识，他们坚持认为即使道德属性在解释上是无效的，我们仍然可以具有道德知识。我并不打算在这里讨论这个问题，在本章中，我只关注道德事实是否有解释力这一问题本身。

性视作自然属性[①]，所以，为什么道德属性不能像其他自然属性一样拥有解释效力[②]？

由于道德属性往往随附于或者被非规范属性所实现，一些反解释论者可能认为，道德属性所扮演的解释角色会被非规范的实现者（realizer）所排斥或者取代。例如，良好的教养之所以是好的，是因为某些非规范特征使得这种教养是好的；不正义的社会之所以是不正义的，是因为某些非规范属性实现了这个社会的不正义。在任何存在所谓道德解释的情况下，真正起到解释作用的似乎只是道德属性所随附于其上的非规范属性[③]。

然而，道德解释论者会很快指出，这条论证思路证明过度了（prove too much）。有很多其他的高阶属性（比如生物属性、社会属性以及心理属性）也随附于或者被低阶属性所实现，但并不能因此认为那些高阶属性本身没有解释效力。如果一个反对道德解释的论证一旦普遍化便会威胁到其他种类的高阶属性的解释力，那么它就有可能变成一个驳斥道德反解释论的归谬论证[④]。

---

① 很难给"自然"下一个所有人都能接受的定义。这里我采用一种流行的用法，根据这一用法，说"$x$ 是自然的"就是说"$x$ 可被经验认知"。参见 Peter Railton, "Naturalism and Prescriptivity," *Social Philosophy and Policy* 7(1989): 151 – 174; Hilary Kornblith, "Naturalism: Both Metaphysical and Epistemological," *Midwest Studies in Philosophy* 19(1994): 39 – 52; David Copp, "Why Naturalism?" *Ethical Theory and Moral Practice* 6(2003): 179 – 200; Jaegwon Kim, "The American Origins of Philosophical Naturalism," *Journal of Philosophical Research* 28(2003): 83 – 98。

② 道德反解释论者当然可以坚持认为，因其本性之故，规范属性不可能是自然属性。但这本身是个大问题，并且这种立场有预设结论（beg the question）之嫌。因此，无论道德属性是不是自然属性，反解释论者最好寻找其他的方式来否定道德解释的合法性。

③ Simon Blackburn, "Just Causes"; Judith Thomson, "Reply to Critics".

④ Nicholas Sturgeon, "Thomson against Moral Explanations"; Don Loeb, "Moral Explanations of Moral Beliefs," *Philosophy and Phenomenological Research* 70(2005): 193 – 208.

但我想在这里强调的是，道德属性和其他种类的高阶属性之间有两个解释性差异并没有引起道德解释论者的足够重视。第一，道德属性不仅在形而上学上依赖于非规范属性，而且“在认识论上也依赖于”(epistemically depend)非规范属性[①]。反解释论者由此认为道德事实的解释力可被其他事实取代。第二，道德解释似乎总是以我们的道德信念、态度以及道德感受等作为中介。因此，反道德解释论者可以论证，所谓的道德解释不过是一种隐藏的心理解释[②]。而这些反对道德解释的论证似乎并没有对许多其他类型的高阶解释构成挑战。

我将在本章中论证，这两个所谓的解释性差异最终也不会对道德解释构成严重的挑战。为了表明这一点，我将引入并且简要地讨论关于解释的整合主义理论(unificationism)。根据这一理论，尽管道德解释和其他种类的高阶解释之间有两个所谓的解释性差异，道德属性仍然可以具有解释力。值得一提的是，我的看法属于非还原性的道德自然主义[③]。一方面，我把伦理属性理解为自然属性，其本质是可被经验认知的。另一方面，我认为道德属性被诸多非规范性属性所多重实

---

① 在这里，“认识论上的依赖”是一个专门术语。说道德属性在认识论上依赖于非规范属性，就是说关于道德属性的知识来源于关于非规范属性的知识。参见 Robert Audi, *Moral Knowledge and Ethical Character*; Nick Zangwill, “Moral Epistemology and the Because Constraint,” in J. Dreier (ed.) *Contemporary Debates in Moral Theory*, Oxford: Blackwell, 2005, pp.263 - 281。

② Gilbert Harman, “Moral Explanations of Natural Facts—Can Moral Claims Be Tested against Moral Reality?”; Simon Blackburn, “Just Causes”.

③ 还原性的道德自然主义认为，道德属性等同于或者可以还原为非规范属性，而所谓非规范属性就是那些非规范的学科(比如社会学、经济学、心理学和生物学)所研究的属性。相较之下，非还原性的道德自然主义认为，道德属性是自然的、可被经验认知的属性，但不同于或者无法还原为非规范属性。参见 David Brink, *Moral Realism and the Foundations of Ethics*; Nicholas Sturgeon, “Ethical Naturalism,” in D. Copp (ed.) *The Oxford Handbook of Ethical Theory*, Oxford: Oxford University Press, 2006, pp.91 - 121。

现(multiply realized),因而不可还原为非规范性属性[1]。总而言之,我将试图论证,即使道德属性或者道德事实无法还原为(或者不等同于)非规范属性,但由于其所扮演的独特的整合角色,它们也可以具有解释效力[2]。篇幅所限,在这里我只能简要地提供一个对于道德解释的辩护,还有很多其他的工作留待他日再做。在接下来的部分,我会指出,道德事实在哪些方面可以扮演合法的、不可替代的解释角色。

## 二、两个解释性差异

要讨论道德解释和其他种类的高阶解释的第一个解释性差异,不妨从一个道德解释的经典例子开始,即某个社会的不正义解释了为什么在那个社会发生叛乱[3]。但我们为什么会相信那个社会是不正义的呢？这一定是因为我们已经相信,那个社会中存在这样或者那样的非规范特征使得它“不正义”,比如种族歧视、公民缺乏自由、专断

---

① 根据我的用法,如果 a 可还原为 b,那么 a 必然等同于 b。因此,多重可实现性(multiple realizability)是非还原性(irreducibility)的一个充分(或许不必要)条件。

② 对于道德解释问题,还有另外一种流行的解决方案,即还原性的道德自然主义的解决方案。还原性的道德自然主义者主张,如果道德属性可以还原为非规范性属性,比如心理属性、社会属性或者生物属性,那么它们理所当然地具有解释效力。参见 Harman,“Moral Explanations of Natural Facts—Can Moral Claims Be Tested against Moral Reality?”; Brian Leiter,“Moral facts and Best Explanations”。就本章的目的而言,我无法对还原性的道德自然主义方案进行细致的评价,但我认为这套方案无法令人满意。很难相信道德属性最终只是纯粹的描述属性,许多哲学家对这种还原的可能性持怀疑态度,我倾向于认同他们的态度。

③ 这是一个非常粗糙的解释,我们当然可以给出一个诉诸不正义的更为复杂的解释,但这不会影响我的主要论点。

统治等等[1]。换句话说，不正义在认识论上依赖于那些非规范的基础属性。

当我们对一个行为作出道德判断的时候，我们的判断通常基于我们对该行为所拥有的非规范属性的信念。亦即，如果我判断一个行为是M，那么我便承诺了，这个行为之所以是M，因为它是N（其中，M是一个道德谓词，N是一个非规范谓词）。这似乎是一个概念真理(conceptual truth)。所以，既然道德属性在认知上依赖于非规范属性，反解释论者便会坚持认为，引用"不正义"所产生的所谓解释效力完全来自"不正义"所随附于其上的非规范属性，也就是说，是那些非规范的基础属性真正帮助我们理解了为什么叛乱会发生。正如罗伯特·奥迪所言：

> 每当我们在解释上援引某个道德属性时，它总是部分地基于或者至少是依据了这样一个信念或假设：一种或多种自然属性实际上起着解释的作用。因此，确定无疑的是，我们经常不自觉地依赖那些其他的（非规范）属性进行解释，并且可以论证的是，是它们而不是任何道德属性实际上完成了解释的工作……我们对于道德属性何以起到解释作用的理解，似乎完全是从相关基础属性所起到的解释作用中衍生出来的[2]。

但是，其他高阶属性似乎在认识论上并不依赖于它们所随附于其上的基础属性。例如，人体的疼痛由C神经激发所实现，或者，温度由分子

① 这里，"歧视""自由""专制"这些词属于纯粹的描述性语词，用以指称某些非规范状态或属性。

② Audi, *Moral Knowledge and Ethical Character*, pp.118－119.

平均动能所实现。但我们不需要了解任何关于他人(或者自己)神经状态的信息,就可以知道他们处于疼痛之中,我们也不需要知道任何关于水分子平均动能的信息,就可以知道壶里的水已经达到了100摄氏度。我们似乎可以从"这些高阶属性在认识论上独立于它们的低阶基础属性"这一事实推论,这些高阶属性的解释效力并没有完全被低阶属性的解释力所取代。例如,在援引水的温度来解释为什么水会使杯子裂开时,无论是有意识还是无意识,我们都不会依赖水分子的平均动能来解释。也就是说,温度的解释作用似乎并没有被分子平均动能的解释作用所穷尽。

因此,反解释论者可以宣称,无论在形而上学上还是在认识论上,道德属性都依赖于非规范属性,这是道德的一个独有的特征,而这一点可以解释为什么其他高阶属性具有解释效力,而道德属性没有[①]。

现在让我们来讨论第二个解释性差异。反道德解释论者宣称,所谓的道德解释总是以人们的道德信念、态度或者感受等等(为求行文简洁,下文将只提到"道德信念")为媒介。因此,他们认为,假如这些所谓的道德解释真的能够提供有用信息的话,那只是因为这些解释间接地指明了人们所持有的道德信念。例如,在诉诸不正义来解释叛乱时,反解释论者会说,实际上起解释作用的只是人们对于不正义的信念,亦即,真正解释叛乱的是"人们相信自己所在的社会是不正义的"这一社会心理事实,而不是"那个社会是不正义的"这一道德事实。在这里,

---

① 虽然奥迪强调道德属性对于非规范属性在认识论上的依赖,但他可能实际上想说:由于道德属性在形而上学上和认识论上都依赖于非规范属性,所以道德属性的解释作用源自非规范属性的解释作用。不难发现,仅仅依靠认识论上的依赖性并不能推出解释上无效的结论。例如,虽然我们对于温度的知识是基于对温度计读数的认识,但是温度的解释作用似乎并没有被温度计的解释作用所排除。但这对于奥迪来说并不能构成一个反例,因为温度在形而上学上不依赖于温度计的读数。

“不正义”这个道德术语看起来只是以某种隐晦的方式出现：它的出现仅仅在于提供了人们的道德信念的内容，而没有描述任何发生在这个世界之中的事态。如布莱克本(Simon Blackburn)所言：

> 某个把不正义作为革命原因的人可能说的只是人们对不正义的感知，或者说的是“人们认为自己是不正义的受害者”这一信念。这种解释效果并不令人惊讶。这是对叛乱案例的一种合理建构：至少，除了通过人群对于不正义的意识(这种心理解释)之外，我想不到不正义带来叛乱的其他解释机制①。

诚然，其他高阶属性的解释作用有时也会以人们对这些属性的信念为中介。例如，我感到疼痛，而且我相信消除疼痛的最好方法是去看医生。因此，我去了医院。在这个例子中，对我之所以去医院的解释是以我对于疼痛的信念为中介的。但应该注意的是，疼痛的解释作用并不总是借助关于疼痛的信念来实现。比如，许多人在疼痛时都会流汗。对于他们流汗的解释似乎并不以他们对于疼痛的信念为中介。

因此，反解释论者认为，既然道德解释总是以道德信念为中介，我们便有充分的理由相信，道德属性所具有的所谓解释力可以被道德信念的解释力完全排除。这一次，与道德属性的解释力相竞争的不是道德属性的非规范实现者，而是关于道德属性的心理状态。所以，所谓的道德解释可以被还原为某种心理解释。

在接下来的第三节，我先把道德解释和其他种类的高阶解释之间的两个解释性差异暂时放在一边，转而讨论对于解释的一种整合主义

① Blackburn, “Just Causes,” pp.11 - 12.

理论。在第四和第五节，我将回到这两个解释性差异，并试图表明，它们并没有对道德的解释效力造成真正的威胁，因为道德属性可以在解释中发挥独特的整合作用。

## 三、一种温和版本的整合主义

关于解释的整合主义理论，其基本思想是：一个好的解释通常会提供对于一系列不同现象的统一说明。整合主义之所以具有吸引力，至少有两个原因。第一，整合主义的模型可以容纳某些特定类型的解释，比如数学解释和气象学解释，而这些解释类型很难相容于其他解释理论（比如机械因果模型）。例如，数学实体之所以在解释上是有效的，原因并不在于它们的因果效力，而在于它们所扮演的整合角色。第二，整合主义的模型有希望澄清解释和理解之间的联系。成功的整合，例如牛顿力学对于陆地运动和天体运动的整合，以及麦克斯韦物理学对于电与磁的整合，展示了先前被认为是不相关的现象之间的联系。在这个意义上，起到整合作用的解释将会促进我们对于世界的理解。

最成功的整合主义解释理论是由菲利普·基切尔（Philip Kitcher）发展出来的。在这里，我将会提出一种比基切尔的强整合主义更为谦和的整合主义版本。让我们先来讨论基切尔的理论。根据他的看法，诸如牛顿力学或达尔文进化论这样的科学理论之所以具有解释力，在于这样一个事实：它们使用相对较少的解释模式（explanatory pattern）推导出了和解释了大量的现象。基切尔写道：

> 科学一次又一次地使用相同的推导模式，通过向我们展示如何得出对于许多现象的描述，从而促进了我们对于自然的理解，并

> 且在展示这一点的过程中，科学教我们如何减少我们不得不接受的终极（或者基本）事实的数量[①]。

基切尔的指导思想是：所谓解释，就是通过使用尽可能少的“论证模式”（argument patterns）或者解释模式来得出对于很多不同现象的描述[②]。在基切尔看来，使用的模式越少，得到的不同结论的范围越大，我们的解释就越具有整合力。基切尔引入了“解释储备”（explanatory store）这一概念来给合法的解释模式提供一种说明。解释储备被定义为一组论证模式，它最大限度地整合了科学共同体所认可的一系列陈述。根据基切尔的看法，当且仅当一种特定的解释模式属于解释储备时，它才可算作是有效的或合法的解释模式[③]。

我支持的整合主义版本比基切尔的理论更谦逊，可能也更合理。基切尔的整合主义有两个突出的特点：它既是全局性的（global）整合，又是硬性的（hard）整合。与此相对，我提倡一种局部性的（local）、软性的（soft）整合主义版本。让我们首先来看一下全局性的整合主义和局部性的整合主义之间的区别。全局性的整合主义认为，如果一种解释

---

① Philip Kitcher, “Explanatory Unification and the Causal Structure of the World,” in P. Kitcher & W. Salmon (ed.) *Scientific Explanation*, Minneapolis: University of Minnesota Press, 1989, p.432。

② 在基切尔的理论中，论证模式是一个有序的三元组，由一个概要论证（schematic argument）、一组填充指令（filling instruction）和一个关于概要论证的分类法（classification）组成。概要论证是一系列的概要语句。所谓概要语句指的是通过用虚拟字母取代句子中的一些而不是全部非逻辑词汇而得到的一种表达。填充指令则是对于如何取代概要语句中的虚拟字母的指示，对于每个虚拟字母，都有一个指示告诉我们应该如何替换它。关于概要论证的分类法由一组陈述句组成，这些陈述句描述了概要论证中哪些句子是前提，哪些是结论，以及使用了哪些推理规则。参见 Philip Kitcher, “Explanatory Unification and the Causal Structure of the World,” p.432。

③ Philip Kitcher, “Explanatory Unification and the Causal Structure of the World”.

模式与其他解释模式一起，最好地整合了人类的全部知识(或者所有有理由接受的信念)，那么它就发挥了真正的整合作用。局部性的整合主义则认为，如果对于某一类现象，一种解释模式提供了一种比所有其他解释模式都更具有整合力的解释，那么它就起到了真正的整合作用。

全局性的整合主义有两个问题。第一，它要么是不合理的，要么是无用的，因为它(不切实际地)要求我们有能力在人类整体知识中对比相互竞争的不同解释系统，以便选择出真正具有整合力的解释。第二，对于解释理解而言，全局性整合似乎是不相关的或者不必要的，局部性整合可能是更好的选择。例如，假设生物学在解释生物现象方面比其他任何学科都更具有整合力，那么我们可以合理地认为，生物学贡献了一种独特的解释信息，并且促进了我们对于生物现象的理解。至于生物学解释是否能够被囊括到最大限度上整合了人类全部知识的解释模式之中，这又有什么关系呢？只要我能证明道德属性在解释某类现象时比非规范属性具有更大的整合力，那么道德的解释力便可以得到辩护。

让我们也区分一下硬性的整合主义和软性的整合主义。根据我的用法，硬性的整合主义是这样一种观点：整合力是唯一的解释优点(explanatory virtue)，并且构成了解释效力的必要且充分条件。换句话说，当且仅当一种解释模式能够起到真正的整合作用时，它才能提供合法的或者有效的解释。与此相对，软性的整合主义认为，整合是解释效力的充分非必要条件，也就是说，只要一种解释模式能起到真正的整合作用，那么它就能提供合法的解释。

我有两个理由支持软性的整合主义(而非硬性的整合主义)。第一，我相信，关于解释优点的多元论比一元论更有道理。解释多元论主张，存在多种不可比较[①]的解释优点，比如整合力、简单性以及深度。高阶解释和低阶解释经常会展现出不同的解释优点：低阶解释在更深的形而上学层面上提供了关于现象为什么会发生的更多细节，而高阶解释在说明现象为什么会发生时则表现得更具有整合力。根据解释多元论，这两种解释都是有效的解释，并且不需要互相竞争，没有哪一种比另一种更好。我很怀疑我们可以给解释的深度和整合力（这两种解释优点）进行一个高低排列，这就如同价值多元论者无法给幸福和智慧这两种价值排出一个优劣次序一样。虽然我不会在这里对这一直觉进行论证，但我要指出，其他哲学家已经给出了令人信服的辩护[②]。

第二，出于为道德解释辩护的目的，我不需要持一种硬性的整合主义立场。只要软性的整合主义是对的，我的目的就达到了。只要我能证明道德事实在道德解释中扮演着独特的整合角色，我就能够表明，一些诉诸道德事实的解释可以和任何其他不需要道德事实的解释一样有效。如此一来，道德事实的解释效力便得到了辩护。

## 四、整合主义的第一个回应

在第二节中，我讨论了在道德解释和其他种类的高阶解释之间的

---

① 我想指出，“不可比较”（incomparable）这个词是在一个特定的意义上使用的，即：A 与 B 是不可比较的，当且仅当 A 既不比 B 更好也不比 B 更差。一些哲学家在一种更强的意义上使用“不可比较”这个词，即：A 和 B 是不可比较的，当且仅当 A 不比 B 更好也不比 B 更差，并且，A 和 B 也不是一样好。但根据我的用法，不可比较可以容纳这样一种可能性：虽然 A 和 B 无法比较，但却一样好。

② Peter Railton, “Probability, Explanation, and Information,” *Synthese* 48 (1981): 233 - 256; Frank Jackson and Philip Pettit, “In Defence of Explanatory Ecumenism,” *Economics and Philosophy* 8(1992): 1 - 21; Elliott Sober, “The Multiple Realizability Argument against Reductionism,” *Philosophy of Science* 66(1999): 542 - 564.

两个所谓解释性差异。现在我要试图表明,即使存在那两个解释性差异,道德属性由于其独特的整合作用在解释上仍然是有效的。让我们先来考虑第一个解释性差异。道德属性不仅在形而上学上,而且在认识论上也依赖于其所随附的非规范基础属性,据此,反解释论者认为,道德属性的所谓解释效力实际上来自基础属性的解释效力,而且非规范的基础属性可以独立地提供对于相关现象的解释。反解释论者会问:通过在解释中诉诸道德事实,我们能在认知上有什么收获呢?

反解释论者的论证似乎依赖于这样一个原则:"如果 $a$ 在认识论上依赖于它的基础属性 $b$,那么 $a$ 的解释效力便会被 $b$ 的解释效力完全排斥掉。"作为道德解释论者,我们当然可以直接否定这个原则,但这不是一个有趣的回应。解释论者需要表明,道德属性的解释作用在哪些方面超越了其非规范的实现者。接下来,我将论证,多重实现的道德属性可以在解释中扮演独特的整合角色,即使它们在认识论上依赖于它们的非规范实现者。

当然,整合现象的一种重要方式便是还原(reduction)。例如,物理学通过将宏观物理事实或属性还原为微观物理事实或属性,来提供对于不同现象的具有整合力的解释。或者,我们可以讨论一下迈克尔·弗里德曼(Michael Friedman)曾经举过的关于气体动力学理论的例子。这一理论揭示了气体分子的行为表现符合力学定律这一事实,并借此解释了与气体行为有关的现象,比如,气体近似地遵循波义耳-查理定律(Boyle-Charles law),并且遵循格雷姆扩散定律(Graham's law of diffusion)。因此,动力学理论产生了一种显著的整合效果:之前是两个相互独立的基本事实,即"气体遵循波义耳-查理定律"以及"气体遵循格雷姆定律",而现在只有一个(更基本的)事实,即"气体分子遵循力学定律”①。

然而，我想要在这里强调的是，虽然还原是整合的一种重要的形式，但它不是唯一的。如果某些高阶属性由诸多低阶属性所多重实现，那么，这些高阶属性在解释上就会比其（所随附的）基础属性有更大的整合作用。举个例子。假设不同生物的疼痛是由不同的神经或者物理状态所实现的。比如，狗的疼痛是由物理状态 $P_1$ 来实现的，蝙蝠的疼痛是由物理状态 $P_2$ 来实现的，人类的疼痛是由 $P_3$ 来实现的。并且假设当这些生物处于疼痛状态时，它们都会呻吟。想象一只狗因为疼痛而呻吟。如果有人问“为什么那只狗会呻吟”，我们可以借助心理属性，即疼痛来解释，也可以借助更为基础的物理属性 $P_1$ 来解释。于是，我们就有 A1 和 A2 两种论证模式：

A1

(1) 对于 C 种类的个体，当它们感到疼痛时，它们会做 W；

(2) *m* 是 C 类型中的一个个体，并且它感到了疼痛；

(3) 因此，*m* 做了 W。

A2

(4) 对于 D 种类的个体，当它们处于 $P_1$ 物理状态时会做 W；

(5) *m* 是 D 种类的一个个体，且处于 $P_1$ 的状态下；

(6) 因此，*m* 做了 W。

这里，D 是 C 的一个子集(subset)。在解释生物呻吟的行为时，第一种论证模式(A1)似乎比第二种论证模式(A2)更具有整合力。因为，

① Michael Friedman, “Explanation and Scientific Understanding,” *Journal of Philosophy* 7(1974): 5 - 19.

我们可以用第一种模式来解释为什么处于 $P_2$ 而不是 $P_1$ 状态下的蝙蝠也会呻吟，而第二种模式则无法解释。现在，我们可以清楚地看到，包含了可被多重实现的属性的解释是如何展现出整合力这一特征的。

这一点对于道德解释同样适用。以“不正义”这一道德属性为例。似乎很多不同的东西都可以使得一个社会不正义，比如种族歧视，缺乏公民自由，或者专断统治，并且假设不同形式的不正义都倾向于引发叛乱。假定有这么两个社会：在其中一个社会中，种族歧视很盛行；而在另一个社会则缺乏公民自由。假设在这两个社会中都有叛乱发生。如果有人问“为什么这两个社会发生叛乱”，我们可以说“它们都是不正义的”，从而给出一种具有整合力的解释。但如果我们不借助“不正义”这一道德属性，而是诉诸实现了不正义的基础属性来进行解释，那么，我们就采取了两种缺乏整合力的解释模式，一种借助种族歧视来解释，而另一种则借助公民自由的缺乏。

这些例子很好地说明了整合力是如何与解释的相关性和理解相联系的。首先，真正具有整合力的解释揭示了相关的解释性联系（而不仅仅是因果规律性），从而促进了我们的理解。例如，无论哪种特定的神经状态实现了疼痛，生物在感到疼痛时都会呻吟，因此，与特定的神经状态相比，处于疼痛状态与呻吟在解释上更相关。同样，无论哪种特定的社会/政治状态实现了不正义，当一个社会是不正义的时候，它就倾向于发生叛乱，所以，不正义比特定的非规范状态与叛乱的发生在解释上更相关。如果只看到特定的神经状态和呻吟（或特定的非规范状态和叛乱）之间的常规因果关系，就会错失解释的要点，亦即，是疼痛使生物呻吟（或者，是不正义引发了叛乱）。

其次，具有整合力的解释通常向我们提供了关于为什么被解释现象会发生的某种模态（modal）信息。例如，即使一个社会处于另一种相似却不同的社会/政治状态之中，只要那种状态同样可以实现非正义这一道德属性，那么这个社会中也会发生叛乱。也就是说，诉诸高阶属性（即不正义）的解释对于叛乱的发生提供了一些模态信息。具有整合力的解释有助于展示，现实世界是如何基于诸多可能世界中的相同模式而运行的，亦即，整合力揭示了“如果情况不同会怎样”（what-if-things-had-been-different）这一解释面相[①]。

总而言之，道德属性可以在解释中起到独特的整合作用，而诉诸道德属性的论证模式可以提供合法的解释，并且能够促进我们的整体理解。因此，尽管道德属性在认识论上依赖于其所随附的基础属性，但道德属性的解释效力超越了其非规范实现者的解释力。

## 五、整合主义的第二个回应

现在让我们讨论道德解释和其他种类的高阶解释之间的第二个解释性差异。反解释论者坚持主张，道德解释总是以人们的道德信念为中介。因此可以认为，道德属性的解释作用会完全被道德信念的解释作用取代，也就是说，所谓的道德解释仅仅是心理学解释的一种隐晦的形式。根据这一观点，无论不正义的解释力是否被其非规范实现者的解释力排斥，它都可能被人们关于不正义的信念的解释力排斥。尽管在解释叛乱为什么会发生时，不正义比其实现者扮演了更具整合力的

① 正如杰克森（Frank Jackson）和佩蒂特所指出的，有两种非常不同的解释信息。一种可以帮助我们区分开现实世界的样子和这一世界可能成为的其他样子；一种可以帮助我们将现实世界和其他可能世界联系起来，亦即，展示了现实世界是如何按照在很多可能世界中所发现的运行模式运行的。第一种信息被称为模态对照（modally contrastive）信息，第二种信息则是模态比较（modally comparative）信息。参见 Jackson and Pettit，“In Defence of Explanatory Ecumenism”。

角色，但是，不公正的解释作用似乎并不比人们对于不正义的信念更好。关于不正义的信念在解释叛乱时似乎起到了相同范围的整合作用：当人们观察到任何能够实现不正义的基础属性时，他们自觉或不自觉地将之判断为不正义，继而采取相应的行动。那么，道德解释论者如何能够搬出整合主义来为不正义的解释效力辩护呢？

反对第二个解释性差异的直接方法是指出，道德解释并不总是以人们的道德信念为中介。采纳这一思路来为道德解释辩护的著名代表便是彼得·雷尔顿（Peter Railton），他写道：

> 包含社会理性评估的解释不能被包含道德信念的解释所取代。例如，不满之所以出现是因为一个社会偏离了社会理性，而不是因为人们相信这是事实[①]。
>
> 社会秩序的不正义可能在人们对它产生任何清晰的意识之前就导致了社会的疏离和功能失调。在任何对于父母的道德批判在孩子的心中出现之前，父母的不诚实已经对孩子自我意识的牢固性造成损害……[②]

尽管如此，反解释论者可能会说，这里的关键问题不在于道德解释是否总是以道德信念为中介；而在于，在道德信念起到中介作用的情况下，道德属性是否仍然具有解释效力。对人类行为的其他高阶解释有时也会以信念或者其他具有意向性的状态为中介，但在这些例子中，高阶属性似乎仍然具有解释力。我感到疼痛可以解释我为什么去医院，尽管这个解释肯定以我对于疼痛的信念为中介。假如在所有的信念的

---

① Peter Railton, "Moral Realism," p.192.

② Railton, "Subject-ive and Objective," *Ratio* 8(1996): 259 - 276.

事例中，道德属性在解释上都是无效的，那么，在道德解释和其他高阶解释之间仍然存在着解释性差异[①]。更重要的是，如果在信念的事例中，道德属性的解释力被道德信念的解释力所排除，那么，这一（解释上的）失败会让我们对于一般而言的道德解释力产生怀疑，亦即，在非信念的事例中，道德的所谓解释效力也是可疑的。

对于这一挑战，我将提供两点基于整合主义的回应，一个较短，一个较长。第一，既然我们已经同意，某些道德解释不以道德信念为中介，那么整合主义的策略便可以被引入来捍卫一般而言的道德解释。因为一种诉诸道德属性 $M$ 的论证模式既可以在信念的语境中，又可以在非信念的语境（即不以关于 $M$ 的信念为中介的语境）中推导出相关现象，所以诉诸 $M$ 的论证模式比诉诸关于 $M$ 的信念的论证模式具有更大的整合力。从而，$M$ 的解释效力并没有被关于 $M$ 的信念的解释效力所排除。

第二，道德解释论者可以论证说，道德属性在解释我们的道德信念时扮演了合法角色，也就是说，道德属性会以某种方式出现在道德信念的发生学（etiology）中。在疼痛的例子中，虽然对我行为的解释以我关于疼痛的信念为中介，但"我处于疼痛状态"这一事实仍然起着某种解释的作用。原因可能是，疼痛与我对疼痛的信念在解释上是相关的，也就是说，"我处于疼痛状态"这一事实有助于解释我为什么有关于疼痛的信念。同样地，如果我们能够证明，道德属性与解释我们的道德信念为什么会发生相关，那么，即使是在以道德信念为中介的事例中，道德的解释效力也得到了辩护。

让我们考虑一下规范变化（normative change）的现象。人们的道

---

① Nick Zangwill, "Moral Epistemology and the Because Constraint".

德信念在历史长河中发生了巨大的变化。以关于正义的信念为例，古代人的正义观与当代人的正义观有很大的不同。将奴隶制、独裁、酷刑、给同性恋定罪、禁止宗教自由视为符合正义的(或者至少是道德上可允许的)，这在前现代社会并不罕见。与此相对，现代社会对于正义持有非常不同的道德信念，例如，当代人普遍认为国家应该从教会中分离出来，应该尊重人权、支持宪政民主、平等对待公民，等等。

值得注意的是，这种正义观念的变化不是发生在少数国家的局部现象，而是整个世界的普遍趋势。很难相信人们正义观念的趋同(convergence)仅仅是一个巧合。相反，这一现象需要一个能让人满意的解释。有人可能会说，我们可以借助一种所谓"社会选择"(social selection)的理论，来解释为什么现代社会关于正义的信念会出现一种趋同的普遍趋势。根据这种解释，以前人们视为正义的非规范的社会/政治条件往往会阻碍社会的稳定和繁荣，而现在我们视为正义的非规范的社会/政治条件则有助于促进稳定和繁荣。由于社会选择的缘故，现代的正义观念存活了下来，并在全世界范围内扩张。简言之，社会选择理论诉诸非规范的条件或者属性来解释社会的稳定和繁荣，从而解释正义观的变化。反解释论者可以论证说，我们可以解释现代正义观的普及，而不需要承认正义本身在其中扮演了任何角色。

然而，我想说的是，如果我们更仔细地思考一下这个问题，我们便会发现，整合主义策略可以用来辩护正义在解释稳定和繁荣方面的作用(因而也可以用来辩护正义在解释正义观念的变化中的作用)。我的基本观点是这样的。首先，道德解释论者可以提供一个关于正义的规范性伦理理论，根据这一理论，正义往往会促进社会的稳定和繁荣。例如，一个正义的社会通常会平等对待其成员，以公平的方式分配资源，在基本的限度内包容各种生活方式，等等。因此，正义的社会倾向于稳定繁荣。其次，关于正义的规范理论可以表明，在诸多（真实或者可能）的社会中，正义可以由不同的非规范属性所多重实现。例如，不同类型的正义社会可能会强调不同的分配物（currency），比如能力、幸福和基本益品。即使是采纳相同的分配物的社会，也可以采用不同的分配模式来实现正义。

让我们把那些实现了正义的诸多社会/政治状态称为 $N_1$，$N_2$，$N_3$，…. 如果我们用正义来解释现代社会的稳定和繁荣，从而解释正义观的变化，那么我们就可以提供一种独特的具有整合力的解释。但如果我们只是用那些非规范属性来完成解释工作，那么，我们要么会提供一种诉诸具体的正义实现者 $N_1$，$N_2$，或者 $N_3$ 等的不具有整合力的解释，要么给出一种诉诸析取属性"$N_1 \vee N_2 \vee N_3 \cdots$"的怪异解释①。只要某个社会例示（instantiate）了正义，它便会趋向于稳定和繁荣，无论哪种具体的社会/政治特征实现了正义。因此，正义贡献了一种独特的解

① 有人可能会说，虽然一个多重可实现属性的整合能力超出了它的任何一个实现者的整合能力，但是它的诸多实现者的析取将展现出相同范围的整合能力。然而，这种析取的做法存在两个问题。第一，好的解释是那些诉诸真正的属性的解释。许多哲学家担心，析取属性本身并不是真正的属性。第二，无论析取属性本身是否是真正的属性，仅仅诉诸这种析取属性的解释无法令人满意。像疼痛这样的多重可实现属性可以把握析取属性所未能把握的"模式"，也就是说，一个多重可实现属性提供了析取属性无法提供的重要信息。例如，当我们观察到一只狗处于 $P_1$ 状态时、一只蝙蝠处于 $P_2$ 状态时、一个人处于 $P_3$ 状态时都会呻吟，我们就要问：$P_1$，$P_2$，$P_3$ 等有什么共同之处，使得处于不同物理状态的不同生物表现出相同的行为？一方面，如果回答"这些物理状态都是析取属性 $P_1 \vee P_2 \vee P_3 \cdots$ 的析取项"，这个答案并不有趣。另一方面，如果回答"它们都是痛苦这一心理状态的实现者"，这个答案提供了一个合理的解释（并且这一解释最终是一种心理的解释，而不是纯粹的物理解释）。参见 Jerry Fodor，"Special Sciences (Or: Disunity of Science as a Working Hypothesis)，" *Synthese* 28(1974)：97 - 115；Fodor，"Special Sciences：Still Autonomous after All These Years，" *Philosophical Perspectives* 11(1997)：149 - 163；Derk Pereboom and Hilary Kornblith，"The Metaphysics of Irreducibility，" *Philosophical Studies* 63 (1991)：125 - 145；Elliott Sober，"The Multiple Realizability Argument against Reductionism"。

释信息，促进了我们的全面理解。既然正义在解释上与我们关于正义的信念是相关的，那么，正义的解释角色便不会被正义信念的解释角色所排除。推而广之，道德属性在信念语境中的解释效力便可以得到辩护。

有人可能会问："你如何知道这样或那样的社会/政治条件是正义的?""你的这一信念真的合理吗?"对此的简单回答是："道德信念是否合理"这个问题在"假定存在的道德事实是否具有解释效力"这个问题被回答之前无法回答，就像"我们对于微观物理实体的信念是否合理"这个问题在"假定存在的微观物理事实是否具有解释力"这个问题被回答之前无法回答一样。要求道德解释论者首先证明道德信念是合理的，这并不公平。也就是说，道德信念只有在道德解释得到辩护之后才能被证明是合理的。

如果有人已经假定，相信道德事实存在并不合理，那么显而易见，他也会认为，相信道德事实具有解释力是不合理的。但这对于道德解释来说并不是一个有趣的反驳。而且，很多反解释论者恰恰是试图通过拒斥道德解释来否定道德知识的存在。如果他们先假定我们没有道德知识（或者没有合理的道德信念），然后再反对道德解释，那么他们似乎便是在预设结论（beg the question）。

## 六、结论

正如我在本章中所论证的那样，尽管在道德解释和其他种类的高阶解释之间存在两个所谓解释性差异，但道德属性可以凭借其独特的整合作用而具有真正的解释力（即使它们无法被还原为非规范属性）。但我并不认为，从任何绝对的意义上，高阶解释比低阶解释更好。根据我所接受的解释多元论，存在多种不可比较的解释优点，比如整合力和深度，表现出不同优点的不同解释没有谁比谁更好（例如，我可以同意，“社会选择”理论和道德解释论者的理论可以同样好地解释正义观念的变化）。具有整合力的高阶解释和富有深度的低阶解释应该相互配合，共同促进我们的全面理解。而道德的解释效力便会在这样一个大同世界中获得认可。

第四章

# 道德还原论的解释困境

## 一、引言

道德还原论(moral reductionism)认为,道德属性等同于纯粹描述的、非规范的属性(我把它们简称为"描述属性")。考虑到大多数道德还原论者都是道德自然主义者,本章所讨论的"道德还原论"仅仅指称自然主义的道德还原论①。这一观点在当代元伦理学中产生了非常大的影响。道德还原论背后的理论动机非常明确:如果道德属性结果被证明是描述属性,那么,围绕着道德属性的那些恼人的形而上学以及认识论问题就会烟

---

① Richard Brandt, *A Theory of the Good and the Right*, Oxford: Clarendon Press, 1979; David Copp, *Morality, Normativity, and Society*, New York: Oxford University Press, 1995; Roderick Firth, "Ethical Absolutism and the Ideal Observer," *Philosophy and Phenomenological Research* 12(1952): 317-345; Gilbert Harman, "Moral Relativism," in G. Harman and J. Thomson (ed.) *Moral Relativism and Moral Objectivity*, Oxford: Blackwell, 1996, pp.3-64; Frank Jackson, *From Metaphysics to Ethics: A Defence of Conceptual Analysis*, Oxford: Clarendon Press, 1998; Frank Jackson and Phillip Pettit, "Moral Functionalism and Moral Motivation," *Philosophical Quarterly* 178(1995): 20-40; Peter Railton, "Moral Realism," *Philosophical Review* 95(1986): 163-207.

消云散,也就是说,道德属性和道德认知便会变得不再"古怪"(queer)。

例如,一般认为,道德还原论可以很容易地解决道德解释问题(the problem of moral explanation),似乎至少在这方面,还原论比反还原论更有优势。当代的道德怀疑论者认为,假定道德属性的存在是不合理的,因为它们无法在对于任何描述性现象的最佳解释中起到作用。但这对于道德还原论来说似乎并不是问题,因为被理解为描述属性的道德属性可以具有解释效力。大多数伦理学家(甚至包括反还原论者)都同意,道德解释问题对于道德还原论根本不构成挑战,而对于反道德还原论来说,它至少表面上是一个问题。

然而,我怀疑道德还原论这一路径所遭遇到的麻烦被忽略或者无视了。在这一章中,我想论证一个可能会令人惊讶的观点,即道德解释问题对道德还原论构成了一个严峻的挑战。本章的结构将安排如下:在第二节,我将简要讨论道德怀疑论的所谓"无解释"(no-explanation)论证,并介绍还原论者对于这一论证的回应。在第三节和第四节,我将论证,道德还原论无助于拯救道德解释,因为还原论的方案要么是循环论证,要么是冗余的(otiose)。多数反对者都是通过直接拒绝关于道德属性的还原论来批评还原论的方案,但是我将另辟蹊径,选择从还原论内部批评其解决方案,而并不质疑道德还原论本身的合理性。在第五节,我将尝试对道德还原论提出一个"解释性挑战"(explanatory challenge)。通过讨论诸如整合力(unification)、深度(depth)和简洁(simplicity)等典型的解释优点,我将论证,道德属性可能贡献的唯一解释优点是整合力,而提供道德整合的唯一途径是接受多重可实现性(multiple realizability)(因而也是非同一性)这一假设。如果这是对的,那么道德还原论就有危险了,因为道德解释的正当性是建立道德还原论的必要条件。

需要注意的是,在这一章中,我把我的批评对象局限于综合的

(synthetic)道德还原论。分析的和综合的道德还原论之间的区分众所周知。分析的道德还原论认为，道德(属性)与描述(属性)之间的同一性只需通过概念分析或者先验推理的方式来发现，而综合的道德还原论则认为，道德(属性)与描述(属性)之间的同一性仅可以通过经验研究的方式来获知[①]。由于人们高度怀疑只需通过概念分析就可以得知“道德—描述”的同一性，因此，分析的道德还原论在20世纪后期开始衰落。有多种哲学考量导致了分析的道德还原论的没落，比如摩尔的开放问题论证(open question argument)，克里普克-普特南(Kripke-Putnam)的因果指称理论(causal theory of reference)，以及方法论的自然主义(methodological naturalism)[②]。鉴于分析的道德还原论是一种不合理的观点，我的反对意见只适用于综合的道德还原论，但如果成功的话，我的批评仍然会对一般的道德还原论造成严重的打击。

## 二、道德怀疑论的无解释论证

在这一节，我想简要地讨论一下颇具影响力的道德怀疑论者的“无解释论证”。此论证可以简述如下：

---

① 根据这一区分，弗兰克·杰克逊(Frank Jackson)的分析的道德功能主义(analytic moral functionalism)属于综合的道德还原论。杰克逊的立场是一阶的(first-order)道德功能主义，认为道德属性可以还原为一阶描述属性。在杰克逊看来，虽然我们诉诸概念分析来找出道德属性的功能角色，但我们需要依赖经验研究来发现具体是什么描述属性实现了那些功能。参见 Jackson, *From Metaphysics to Ethics: A Defence of Conceptual Analysis*；Jackson and Pettit, “Moral Functionalism and Moral Motivation”。

② 参见 David Brink, “Realism, Naturalism, and Moral Semantics,” *Social Philosophy and Policy* 18(2001)：154－176；Terry Horgan and Mark Timmons, “New Wave Moral Realism Meets Moral Twin Earth,” *Journal of Philosophical Research* 16(1991)：447－465；Railton, “Naturalism and Prescriptivity”。

(1) 只有当道德属性在对某些描述现象的最佳解释中占据一席之地，假定道德属性的存在(在认识论的意义上)才是合理的("道德属性的解释条件")；

(2) 道德属性在对任何描述现象的最佳解释中都不占据一席之地("道德属性的无解释力")；

(3) 因此，假定任何道德属性的存在都是不合理的。

道德自然主义者(包括还原性的和非还原性的道德自然主义者)[①]将道德属性理解为自然属性，因此普遍接受第一个前提，即道德属性的解释条件[②]。

当然，道德非自然主义者会否认(1)。根据道德非自然主义，道德

① 非还原性的道德自然主义认为，道德属性是自然属性(即可被经验认知的属性)，但无法还原为任何描述属性。非还原性的道德自然主义是一种关于道德的反还原论，正如"虽然心理属性是自然属性，但它们仍然无法还原为非心理的或者物理的属性"这一观点是关于心灵的反还原论一样。道德属性是否是自然属性(在"可被经验认知"的意义上)，这是个知识论的问题，而道德属性是否可以还原为描述属性，则是一个本体论问题。关于非还原性的道德自然主义，参见 Richard Boyd, "How to Be a Moral Realist," in G. Sayre-McCord (ed.) *Essays in Moral Realism*, Ithaca: Cornell University Press, 1988, pp.181 - 228; David Brink, *Moral Realism and the Foundations of Ethics*, Cambridge: Cambridge University Press, 1989; Geoffrey Sayre-McCord, "Moral Theory and Explanatory Impotence," in *Essays in Moral Realism*, pp.256 - 281; Nicholas Sturgeon, "Moral Explanation," in D. Copp and D. Zimmerman (ed.) *Morality, Reasons, and Truth: New Essays on the Foundations of Ethics*, Totowa: Rowman and Allanheld, 1985, pp.49 - 78; Sturgeon, "Moral Naturalism," in D. Copp (ed.) *The Oxford Handbook of Ethical Theory*, Oxford: Oxford University Press, 2006, pp.91 - 121。

② 这里值得注意的是，道德属性的解释条件只是道德属性存在之合法性的一个必要条件，而许多哲学家并不认为最佳解释推理是自然属性存在之合法性的充分条件。参见 Peter Railton, "Explanation and Metaphysical Controversy," in P. Kitcher and W. C. Salmon (ed.) *Scientific Explanation*, Minneapolis: University of Minnesota Press, pp.220 - 252; Brian Leiter, "Moral facts and Best Explanations," *Social Philosophy and Policy* 18(2001): 79 - 101。

属性是自成一体的(sui generis)非自然属性,并且道德知识是先验的[①]。在他们看来,即使道德属性在解释自然现象中不起任何作用,我们仍然可以获得关于道德属性的知识,这就好像即使数学实体不解释任何自然现象,我们也可以具备数学知识。我不打算在这里详细讨论道德自然主义和非自然主义之间的争论。本章的目的是讨论(自然主义的)道德还原论是否可以拯救道德解释,所以基于此目的,我将假定道德属性(如果有的话)是自然属性。

既然道德属性的解释条件是对的,那么为了反驳无解释论证,道德自然主义者就要拒绝前提(2),即道德属性的无解释力。许多道德哲学家都相信,道德属性在对于任何描述现象的最佳解释中都没有一席之地[②]。一些人认为道德属性没有解释效力是因为它们没有因果力。一些人认为道德属性无助于解释描述性的现象,因为描述属性和道德属性之间没有真正的法则联系。

对前提(2)的一个比较流行的回答是道德还原论者提出来的。道德还原论认为,道德属性可以被还原为描述属性,如心理属性、社会学属性以及生物学属性。对于道德解释的还原论解决方案类似于对于心灵因果性的还原论方案。如果心理属性可以还原为物理属性,那么心灵就可以具有因果效力。同理,如果道德属性等同于某些描述属性,那

---

① G. E. Moore, *Principia Ethica*, Cambridge: Cambridge University Press, 1903; Robert Audi, *Moral Knowledge and Ethical Character*, Oxford: Oxford University Press, 1997; Russ Shafer-Landau, *Moral Realism: A Defense*, Oxford: Oxford University Press, 2003; William FitzPatrick, "Robust Ethical Realism, Non-Naturalism and Normativity," in R. Shafer-Landau (ed.) *Oxford Studies in Metaethics*, vol.3, Oxford: Oxford University Press, 2008, pp.159 - 205.

② Gilbert Harman, *The Nature of Morality: An Introduction to Ethics*, New York: Oxford University Press, 1977; Simon Blackburn, "Just Causes," *Philosophical Studies* 61(1991): 3 - 17.

么道德属性也可以具有解释力[1]。在接下来的两节中,我将评估还原论者的解决方案,并尝试证明这一方案并不成功。

## 三、循环的还原论方案

现在让我们来讨论还原论者对于无解释论证的解决方案。道德还原论有不同的具体版本。例如,根据(元伦理学中的)效益主义,"在道德上是正确的"这一属性等同于"整体幸福最大化"这一属性,而根据理想观察者理论,"在道德上是正确的"就是"在理想观察者那里引起认同的情感"这一属性。多数还原论方案的反对者可能很快就会指出,任何一种版本的道德还原论都是站不住脚的,因为(比如)它不能很好地容纳道德的规范性。但在这里,我不会采取这种外部批评的路径。相反,我将尝试指出还原论方案内部的一些问题,而不是直接质疑道德还原论本身的合理性。

还原论的解决方案借助道德与描述之间的同一性来拯救道德解释。但这种"借助"可以有两种理解方式:第一,还原论者首先为道德属性与描述属性之间的同一性作了独立的辩护,然后用这个同一性论点捍卫道德属性的解释效力;第二,还原论者将"道德—描述"同一性这一论点作为有助于捍卫道德解释的一种假说,并试图同时为道德属性的解释效力和"道德—描述"的同一性辩护。在这一节,我将对第一种方式进行评估,并将论证,以此种方式理解的还原论方案中存在一种恶

---

① Gilbert Harman, "Moral Explanations of Natural Facts—Can Moral Claims Be Tested against Moral Reality?" *Southern Journal of Philosophy* 24(1986): 57-68; Railton, "Moral Realism" and "Naturalism and Prescriptivity"; Copp, *Morality, Normativity, and Society*.

性循环。在下一节，我将讨论第二种选择，并指出，如果以第二种方式理解还原论的方案，那么，同一性假说在解释上便是冗余的。

让我们先来考虑还原论者的第一种选择。当然，如果还原论者真的能够基于某些独立的理由确立起道德属性和某些具有解释力的描述属性之间的同一性，那么，这将是为道德属性的解释效力进行辩护的最简单方法。但我们必须问道德还原论者：你怎么一开始就知道或者有理由相信道德属性与某些描述属性是相同的？似乎只存在两种方式建立起还原的关系：还原论者要么通过分析道德语词和描述语词的含义（即分析的道德还原论路径），要么通过诉诸后验的经验研究（即综合的道德还原论路径）来建立"道德—描述"的同一性。如前所述，当代道德还原论者普遍拒绝分析的还原论路径。因此，本书将把重心放在综合的还原论路径之上。即使道德语词和描述性语词没有相同的含义，但它们仍然可能指称相同的属性。虽然我们无法仅通过概念分析或者先验推理来建立"道德—描述"的同一性，但如果这种同一性真的存在的话，我们可以诉诸后验的研究和推理来发现它①。

发现 A 与 B 之间的综合或者后验同一性的一种典型的方式似乎是：假定 A 与 B 相同是提供（对于某些现象的）最佳解释的推论。具体来说，假定 A 与 B 相同可以最好地解释 A 与 B 总是一同出现（co-occurrence）或者总是一同被例示（co-instantiation）这种现象。让我们考虑殊相（token）的综合同一性的例子，如"超人＝克拉克·肯特"。露易丝·莱恩知道办公室里有个叫克拉克·肯特的同事，她也知道在这座城市里有一个拥有超能力的英雄，即超人。然后她发现超人和克拉克总是一起出现。最后，通过（下意识地）诉诸最佳解释推理这一原则，

① Railton, "Moral Realism"; Boyd, "How to Be a Moral Realist"; Sturgeon, "Moral Naturalism".

露易丝得出结论：克拉克就是超人。让我们再来考虑一个共相(type)的综合同一性的例子："人类的疼痛＝C神经激发"。首先，我们观察到某人处于疼痛的状态中。接着，我们观察到这个人的大脑中有C神经处于激发的状态。然后，我们发现疼痛和C神经激发总是同时出现。最后，我们推断，对于这一现象最佳解释是：人类的疼痛就是C神经激发。这里需要注意的是，为了建立起两种存在物的综合同一性，我们首先需要对它们的出现或例示拥有知识。

同样地，为了建立"道德—描述"的综合同一性，还原论者必须首先表明，道德属性被如此这般的对象(如行为、政策、性格等)所例示，并且这些对象也例示了作为道德属性实现者的描述属性。例如，为了证明"道德上的错误"就是"损害整体幸福"这一属性，还原论者需要表明，"道德上的错误"是由如此这般的行为(如杀人、说谎等)所例示的，并且，这些行为总是损害了整体幸福。也就是说，还原论者必须首先表明，道德属性是存在的，因为，不用说，如果一个属性被例示了，它就是存在的。但是在还原论者的解决方案中存在一个恶性循环：

(1) 为了证明道德属性在解释上是有效的，还原论者求助于这样一个命题：道德属性与某些具有解释力的描述属性是等同的；

(2) 为了(以一种后天的方式)证明道德属性与描述属性是等同的，她需要证明道德属性的存在[①]；

(3) 但为了证明道德属性是存在的，她需要证明道德属性在

① 有人可能指出这样一种可能性：我们无须首先确证道德属性的存在就可以确证"道德—描述"的(综合)同一性。基于综合同一性的典型案例，我认为这是很不合理的(即使逻辑上可能)。我会在下一节讨论这一可能性。

解释上是有效的[1]；

(4) 因此，为了证明道德属性在解释上是有效的，还原论者必须证明道德属性在解释上是有效的。

有人可能会说，当我在讨论对综合同一性的辩护时，我只考虑了建立个例之间同一性的方式，比如水和 $H_2O$ 的同一性，或者“道德上的错误”和“损害整体幸福”之间的同一性。当然，为了建立个例之间的同一性，我们必须证明，假设这种同一性能够最好地解释两个对象的一同出现（或者两种属性的一同例示）。然而，即使我们不知道哪些特定的道德属性与哪些特定的描述属性相关联，但我们还是有一些普遍的理由去相信道德属性终究是可以还原为描述属性的。例如，在心理领域，我们可能不知道某些具体的心理属性与哪些物体属性相关联，但我们可能有一些一般性的理论依据来接受“心理—物理”同一性。一个典型的依据是关于简单性（simplicity）的考量。还原性的物理主义者认为，接受“心理—物理”之间的同一性会简化我们的“本体论储备”（ontological repertory）。如斯玛特（J. J. C. Smart）所言：

> 为什么我希望拒绝这种（不可还原性）？主要是因为奥卡姆剃刀……就科学而言，世界上似乎只存在越来越复杂的物理成分的诸种排列。只有一个地方例外，那就是意识。也就是说，要完整地描述一个人身上发生了什么，你不仅要提到在他的组织、腺体、神经系统等等中所进行的物理过程，还要提到他的意识状态：他的

---

① 如果某人否认道德属性的解释效力是合理地假定其存在的一个必要条件，那么，对于她来说便没有循环。但正如前面说到的，道德还原论者接受道德属性的解释条件。所以，这个选项对于道德还原论者并不适用。

> 视觉、听觉、触觉经验，他的疼痛……有人认为，所有的事情都可以用物理学来解释而感觉经验除外，坦率地讲，这一观点在我看来是难以置信的[①]。

类似地，道德还原论者可能争辩说，接受"道德—描述"的同一性（同样）会简化我们的本体论。如果真的是这样的话，那么，我们可以确立起"道德—描述"的同一性，而不需要（个别地）解释它们之间一同例示的关系——这种解释将导致恶性循环。

然而，这一回应并不能奏效。因为我们不清楚的是，为什么简单性这一考量会支持道德还原论而不是道德取消论（moral eliminativism）——后者认为道德属性根本不存在。只有已经假定了道德属性的存在，关于简单性的考虑才会导致道德还原论而不是道德取消论[②]。可是，一旦还原论者在当前的语境中假定道德属性的存在，恶性循环便会再一次出现。为了拯救道德解释，还原论者需要建立起"道德—描述"的同一性。但是为了建立"道德—描述"的同一性，还原论者需要假定道德属性的存在，而这一假定首先需要辩护道德的解释力[③]。

当然，分析的还原论方案不会蕴含这样的恶性循环。根据分析的还原论路径，我们首先要通过分析道德语词和描述术语的意义来建立

---

① J. J. C. Smart, "Sensations and Brain Processes," in D. Chalmers (ed.) *Philosophy of Mind: Classical and Contemporary Readings*, Oxford: Oxford University Press, 2002, p.61.

② 多数心灵哲学家都（正确地）相信，心理属性是存在的。而这一点可以解释为什么关于简洁的考量普遍被视为对还原性物理主义（而非取消论的物理主义）构成初步的支持。

③ 假如我们不依赖两种实体的同一性来确证它们的解释效力及其存在的话——比如，我们独立于水与 $H_2O$ 的同一性来确证它们的存在——那么便不会有恶性循环出现。相较之下，道德还原论者在这里则面对循环的问题，因为她借助"道德—描述"的同一性来为道德属性的解释力辩护。

“道德—描述”的同一性。然后，只要那些相关的描述属性在解释上是有效的，我们就可以表明道德属性具有解释力。由于建立“道德—描述”同一性的分析并不首先要求道德属性具有解释效力，所以并不会出现恶性循环。但既然分析的道德还原论是不合理的，道德还原论者便不能采取这一摆脱循环的选项。

有趣的是，当还原性的物理主义者诉诸“心理—物理”的同一性来拯救心灵的因果效力时，并不蕴含循环。这可能是因为，对于心灵因果性的确证并不构成心理属性存在的一个必要条件（因而也不构成“心理—物理”同一性的必要条件）。否则，也会出现恶性循环[①]。

## 四、冗余的还原论方案

正如我所指出的，还原主义的解决方案似乎蕴含了一个恶性循环：为了确证道德属性的解释效力，还原主义者借助“道德属性等同于描述属性”这一论点；但为了（以后天的方式）证明道德属性与描述属性之间的同一性，还原论者需要表明道德属性是存在的，而这就首先需要确证道德解释。

道德还原论者可能会回应说，我们不必为了辩护其中一个论点而为另一个论点提出独立的辩护。也就是说，我们可以同时既确证道德属性的解释效力，又辩护“道德—描述”的同一性。根据这种路径，“道德—描述”的同一性可以作为有助于捍卫道德解释的一个假说来起作用。现在，用道德属性来解释某些描述现象的整个理论由两部分构成：

---

① 这里我想指出，即使我们不知道心理属性是否具有因果效力，在认识论上，接受心理属性的存在仍然是合理的。这一点和“自然属性的因果效力构成了其存在的必要条件”这个形而上学命题是相容的。

一部分是“道德—描述”同一性假说，另一部分则是某个规范伦理理论（甚至是我们最好的伦理理论）。如果这个解释理论比不假定道德属性存在的其他竞争理论更好地解释了所给定的现象，那么，还原论者便可能同时完成这两项任务（即捍卫道德的解释力和辩护“道德—描述”的同一性）。然而，我接下来就将论证，“道德—描述”同一性的假说在解释上是冗余的，因此，还原论者的解决方案是失败的。

首先，我们应该考虑一下，“道德—描述”同一性这一假说可能贡献怎样的解释优点（explanatory virtue）。解释优点通常包括整合力（unification）、深度（depth）、简单性（simplicity）、融贯性（coherence）和预测力（predicative power）。我显然无法讨论所有的解释优点。在这一章中，我将聚焦于两种典型的解释优点：整合力和深度（尽管偶尔也会提到其他的解释优点，比如简单性）。我希望，对于这两种典型的解释优点的讨论足以阐明还原论的解决方案是冗余的。

整合力与解释的范围相关，而深度则关乎解释的层次①。通过比较对于同一现象的高阶（higher-order）和低阶（lower-order）解释，我们可以更好地理解这两种解释优点。高阶解释和低阶解释通常表

① 对于某些哲学家来说，所谓解释，就是对一系列不同的现象提供一个统一的说明。参见 Philip Kitcher, “Explanatory Unification and the Causal Structure of the World,” in P. Kitcher & W. Salmon (ed.) *Scientific Explanation*, Minneapolis: University of Minnesota Press, 1989。而对于另一些哲学家来说，解释就是在一种更深的层次上提供细节和机制。参见 Jon Elster, *Explaining Technical Change*, Cambridge: Cambridge University Press, 1983。而我接受解释的多元论（explanatory pluralism），认为不同的解释优点具有同等的重要性。虽然我不会在这里为这一立场提供论证，但我要指出，其他的哲学家已经为解释的多元论提出了令人信服的辩护。参见 Peter Railton, “Probability, Explanation, and Information,” *Synthese* 48(1981): 233–256; Frank Jackson and Phillip Pettit, “In Defence of Explanatory Ecumenism,” *Economics and Philosophy* 8(1992): 1–21; Elliott Sober, “The Multiple Realizability Argument against Reductionism,” *Philosophy of Science* 66(1999): 542–564。

现出不同的解释优点：低阶解释在更深的形而上学层面提供了关于现象为什么会发生的更多细节①，而高阶解释在解释现象的发生时则典型地表现出一种整合的特征②。举例来说，假设不同生物的疼痛是由不同的神经或者物理状态来实现的。例如，狗的疼痛由物理状态 $P_1$所实现，蝙蝠的疼痛由 $P_2$实现，人类的疼痛由 $P_3$实现，而火星人的疼痛是由 $P_4$实现的，并且我们假设这些生物在处于疼痛状态时通常都会呻吟。这里有一条狗，疼得呻吟。我们可以诉诸疼痛这一多重可实现的属性来解释这一现象，也可以借助底层的神经属性 $P_1$来解释。虽然诉诸疼痛的高阶心理解释更具整合力，因为它可以解释为什么蝙蝠或人类在相似的处境中也会呻吟，但低阶的神经解释，则通过告诉我们心理解释运行的具体神经机制而提供了更为深层的解释。

整合力和深度以不同的方式与解释理解(explanatory understanding)密切相关。首先，高阶的整合解释不涉及深层次的具体细节，并因此提升了我们的整体理解③，而低阶的深层解释提供了具体的细节和机制

① 一些哲学家认为，在遇到实际或者反事实的干预时，立足于更深的形而上学层次的解释更为稳定(参见 James Woodward, *Making Things Happen*, Oxford: Oxford University Press, 2003)，另一些哲学家则否认这一点(参见 Alan Garfinkel, *Forms of Explanation*, New Haven: Yale University Press, 1981; Brink, *Moral Realism and the Foundations of Ethics*; Frank Jackson and Phillip Pettit, "Program Explanation," *Analysis* 50(1990): 107－117)。在本书中，我所采用的深度概念尽可能地对于这些争论保持中立。

② 鉴于本书的目的，我只关注高阶解释和低阶解释之间的对比。但需要指出，不仅处于不同形而上学层次的解释有不同的整合力，处于同一形而上学层次的解释也可以拥有不同的整合力。比如，对于某个现象的均衡解释(equilibrium explanation)通常要比对于同一现象的因果解释(causal explanation)更具整合力，虽然这两种解释可以处在同一形而上学层次。参见 Elliott Sober, "Equilibrium Explanation," *Philosophical Studies* 43(1983): 201－210。

③ Hilary Putnam, "Reduction and the Nature of Psychology," *Cognition* 2(1973): 131－146; Railton, "Probability, Explanation, and Information"; Jackson and Pettit, "Program Explanation" and "In Defence of Explanatory Ecumenism"; Sober, "The Multiple Realizability Argument against Reductionism".

从而揭示其内部运作的奥秘①。其次，深度和整合力与不同种类的解释信息相关②。一个深层次的解释所提供的信息，往往可以帮助我们把现实世界同世界的其他可能运行方式（即其他可能世界）区别开来。相比之下，一个具有整合力的解释所提供的信息通常可以帮助我们将现实世界与其他可能世界关联起来，也就是说，这种解释展示了现实世界是如何基于诸多可能世界中的相同模式而运行的③。

现在考虑两种相互竞争的解释理论：$T_M$和$T_D$。$T_M$借助道德属性来解释某个描述现象，而$T_D$只借助描述属性来解释同一现象，而道德属性据说可以被还原为那些描述属性。假设道德自然主义是正确的，亦即，我们对于道德领域的知识最终是基于我们对于描述领域的知识，那么，在认识论上，认为在描述领域之外还存在道德领域的理论就不如只接受描述领域存在的理论简洁。也就是说，$T_D$所提供的解释要比$T_M$更简洁。因此，要为道德解释进行辩护，就必须证明，$T_M$所提供的解释在其他方面优于$T_D$，比如在整合力和深度方面。如果其他方面都一样的话，既然$T_D$比$T_M$更简洁，我们就应该选择$T_D$，而不是$T_M$。然而，同一性的假说似乎对$T_M$的解释力毫无帮助。第一，同一性假说是否有助于$T_M$在解释深度上胜过$T_D$？显然没有。假定道德属性与描述属性的同一性并不能使诉诸道德属性的解释比诉诸描述属性的解释更为深入——两者处于相同的解释层次。

---

① Wesley Salmon, *Scientific Explanation and the Causal Structure of the World*, Princeton: Princeton University Press, 1984 and *Causality and Explanation*, New York: Oxford University Press, 1998; Woodward, *Making Things Happen*.

② Jackson and Pettit, "In Defence of Explanatory Ecumenism".

③ 这两种解释信息分别称为"模态对照信息"(modally contrastive information)和"模态比较信息"(modally comparative information)。（详见本书第三章第四节）

第二，在整合力方面，同一性假说能否帮助 $T_M$战胜 $T_D$？答案也是否定的。如果道德属性被认为与描述属性相同，那么，任何诉诸道德属性可以解释的东西也会被描述属性所解释。也就是说，道德属性在解释中不会比描述属性起到更大的整合作用。

"道德—描述"同一性假说难道就没有带来任何解释上的好处吗？可能真没有。很难看出同一性假设如何能帮助 $T_M$得到更为融贯的经验支持，或者更具有预测力等等。现在我们可以有把握地得出结论："道德—描述"同一性这一假说对道德属性的解释力毫无贡献。当然，假如我们（无论诉诸怎样的理由）独立地为"道德—描述"的同一性提出了辩护，我们就可以很容易地辩护道德解释。但正如我在上一节中所论证的，这一路径包含一种恶性循环。

## 五、道德还原论的解释性挑战

在之前的两节中，我已经论证过，我们不能依赖道德还原论来为道德解释辩护，因为还原论的辩护方案要么是循环的，要么是冗余的。因此，道德还原论在拯救道德解释方面并不比道德反还原论更有优势。但值得注意的是，到目前为止，我只是指出了还原论在拯救道德解释时所遭遇到的问题，而不是道德还原论本身的问题。有人可能会说，即使我们不能诉诸道德还原论来为道德解释辩护，但这并不意味着道德还原论本身就是不合理的，我们仍然有可能证明道德还原论是对的。例如，我们并不依赖"水—$H_2O$"的同一性来为它们的存在以及解释效力辩护，但我们仍然可以以某种方式建立水和 $H_2O$ 之间的同一性。与此类似，假如我们找到了独立的理由来为道德属性的解释效力辩护，从而证明了道德属性的存在，那么，根据我们对于道德属性和描述属性的知识，我们可能最终会证明“道德—描述”的同一性。

在这一节，我想推进我的论证。我将试图证明道德还原论是站不住脚的，原因恰恰在于，一个对于道德解释的成功辩护要求“道德—描述”的非同一性。我们知道，只有当道德属性真正存在时，道德还原论才可能是正确的；而只有当我们辩护了道德解释，我们才能证明道德属性的存在。因此，只有我们辩护了道德解释，我们才能确立道德还原论。然而，如果一个对于道德解释的成功辩护要求道德属性并不等同于描述属性，那么，试图确立道德还原论便是不合理的。

我已经提到，有两种典型的方法来确证某种对象的解释效力。一种方法是尝试证明，预设了它的存在的假说比不预设其存在的假说提供了更深层次的解释。另一种方法则是表明预设了其存在的假说比其他与之竞争的假说提供了更具整合力的解释。显然，比起实现了它们的描述属性，道德属性并不能提供更深层次的解释[①]。道德属性所能贡献的唯一解释优点似乎就是整合力。在接下来的部分，我想简要地论证，只有道德属性被描述属性多重实现，道德属性才能比其描述实现者提供更具整合力的解释。

在讨论道德解释之前，让我们考虑一个与之相近的社会解释的例子。现在很少有社会科学哲学家接受方法论的个人主义学说（methodological individualism），根据这一学说，诉诸社会范畴和结构的解释应该被诉诸个人心理和行为的解释彻底取代[②]。相反，学者

① 此外，也很难看出来道德属性如何能够提供比它们的描述实现者更为融贯或者更具预测力的解释。

② Jackson and Pettit, “In Defence of Explanatory Ecumenism”; R. K. Sawyer, “Nonreductive Individualism, Part 1: Supervenience and Wild Disjunction,” *Philosophy of Social Sciences* 32(2002): 537 - 559; Caterina Marchionni, “Explanatory Pluralism and Complementarity: Form Autonomy to Integration,” *Philosophy of Social Sciences* 32(2008): 314 - 333.

们普遍认为，社会要素及其结构具有不可替代的解释力。当然，因为“社会—结构”属性被“心理—行为”属性所实现，“社会—结构”属性无法提供比“心理—行为”属性更深层次的解释；但是，前者却可以比后者发挥更具整合力的解释作用。

一般认为，“社会—结构”属性可以由“心理—行为”层面上的不同形态所实现[①]。正如我在疼痛的例子中提到的，多重可实现和解释的整合力之间存在紧密的联系。在解释社会现象时，相比只诉诸个人“心理—行为”属性的解释，诉诸那些可被多重实现的“社会—结构”因素的解释具有更大的整合力[②]。让我们来考虑一些“社会—结构”解释的典型例子。比如，就业人数的增加解释了通胀率的上升，一个国家经济能力的衰退解释了其军事和政治影响力的下降[③]。诸如此类的解释似乎广泛适用于不同的国家和文化，而不论什么样的“心理—行为”属性的具体形态实现了那些“社会—结构”属性。

道德解释也是如此。考虑一种道德属性，比如不正义。使得一个社会是不正义的原因可以是多种多样的，比如种族隔离、奴隶制、宗教不宽容，等等。假设不同形式的不正义都会引发叛乱。这里有两个社会，其中一个社会盛行种族隔离，而另一个社会则缺乏宗教自由。假设每个社会都发生了一次叛乱。如果有人问：“为什么这两个社会都会发生叛乱?”我们可以给出一个具有整合力的解释，说“因为他们都是不正义的”。但如果我们不借助不正义这一道德属性，而是诉诸实现了不正

---

① Sawyer, “Nonreductive Individualism, Part 1: Supervenience and Wild Disjunction”.

② 方法论的集体主义(methodological collectivism)本身并不蕴含本体论的集体主义(ontological collectivism)，前者认为“社会—结构”现象具有解释力，而后者认为“社会—结构”现象存在。但在我看来，方法论的集体主义有力地表明，在“心理—行为”现象所构成的领域之外还存在“社会—结构”的领域。

③ Jackson and Pettit, “In Defence of Explanatory Ecumenism”.

义的描述属性来解释，那么我们将会得到两个不太具有整合力的解释——这两个解释一个诉诸种族隔离，一个诉诸宗教不宽容。

具有整合力的高阶解释通过抽象掉不必要的细节，揭示了相关现象的联系和模式，从而促进了我们的整体理解①。只要一个社会是不正义的，它就倾向于出现叛乱，无论是哪一种具体的社会/政治状态实现了那个社会的不正义。因此，可被多重实现的道德属性由于其整合力可以发挥独特的解释作用，即使道德属性并不能提供比其描述实现者更深层次的解释。

我欣然承认，我只给出了一种辩护道德解释的框架，还有许多额外的工作需要在其他方面进行②。例如，我需要区分真实的整合解释和肤浅的整合解释，然后论证，可被多重实现的道德属性可以提供真正的整合解释③。我还需要论证，对于某些现象的真正的整合解释，至少与对该现象的深层次解释一样好。但在这一章中，我的目的并不是为道德解释进行一种整合主义的辩护。我只是想阐明为什么对于道德解释的辩护必须以反还原论为前提。如果确证道德属性存在的唯一方法是拯救道德解释，并且如果拯救道德解释的唯一方法是接受道德属性的多重可现实性（并因此拒斥同一性），那么，我们就可以合理地

---

① Railton, "Probability, Explanation, and Information"; Kitcher, "Explanatory Unification and the Causal Structure of the World"; Jackson and Pettit, "Program Explanation" and "In Defence of Explanatory Ecumenism"; Sober, "The Multiple Realizability Argument against Reductionism".

② 关于道德属性如何能够扮演具有整合力的、"编程式的"（programming）解释角色更为充分的讨论，参见 Zhong, "A Unificationist Vindication of Moral Explanation," *Philosophical Forum* 42(2011): 131 - 146; Terrence Cuneo, "Moral Facts as Configuring Causes," *Pacific Philosophical Quarterly* 87(2006): 141 - 162; Mark Nelson, "Moral Realism and Program Explanation," *Australian Journal of Philosophy* 84(2006): 417 - 428。

③ 一种思路是，真正的整合解释可以通过"反事实依赖"（counterfactual dependence）的测试，而肤浅的整合解释则不能。

推论：确证道德属性存在的唯一方法是接受道德属性与描述属性之间的非同一性。如果这是对的，那么道德还原论就注定要失败，而不论道德属性的存在是否真的能够得到确证。道德还原论的困境可以表述如下：

(1) 道德属性的存在要么可以确证，要么不能确证；

(2) 如果道德属性得到确证，那么，不可还原的道德属性便得到了确证，也就是说，道德还原论是错的；

(3) 如果道德属性得不到确证，那么承诺道德属性存在的道德还原论也是错的；

(4) 因此，道德还原论是错的。

## 六、结论

根据本章的讨论，我们无法诉诸(综合的)道德还原论来拯救道德解释，因为还原论的解决方案要么是循环的，要么是冗余的。更糟糕的是，道德解释的确证似乎需要“道德—描述”的不可还原，而为道德解释辩护是任何版本的道德自然主义(包括道德还原论)的核心任务。如果我的看法是正确的，那么道德解释问题就对道德还原论提出了严峻的挑战。在本章的最后，我想指出，我对(综合的)道德还原论的反驳不会证明过度(prove too much)，也就是说，它不会被推广到威胁其他领域的还原论(比如还原性物理主义)。

让我们考虑一下我们如何确立“宏观—微观”之间的(综合)同一性。以水和 $H_2O$ 的同一性为例，我们知道水是存在的，我们也发现了 $H_2O$ 的存在。最后，我们借助最佳解释推理建立了“水—$H_2O$”的同一性。但是我们是如何知道水存在或者 $H_2O$ 存在的呢？我已经论证过，在道德的事例中，我们需要接受多重可实现性（也就是非同一性）来为道德属性的解释力及其存在进行辩护。但这里我想指出，我们并不需要预设多重可实现性来为水或者 $H_2O$ 的存在辩护。

首先考虑对微观物理现象的确证。显然，我们不能直接观察微观物理世界。如果说，我们接受"在可观察的宏观世界之外还有微观物理现象的存在"是合理的，那一定是因为微观物理现象在宏观现象之外发挥着某种独特的解释作用。虽然哲学家对于微观物理对象是否比宏观物理对象更具整合力尚存争议[①]，但很容易看出，微观现象比宏观现象提供了更深层的解释。显然，我们至少可以通过其解释深度来确证微观物理对象的解释效力，而不需要诉诸"宏观—微观"之间的非同一性。

接下来，让我们讨论一下对于可观察的宏观物理对象（比如水）的确证。我曾论证过，道德属性可以贡献的超越描述属性的唯一解释优点便是整合力，而道德具有这种整合力的前提是道德属性可以由描述属性多重实现。有人可能会指出，同样地，确证宏观物理对象的解释力及其存在的唯一方法就是假定"宏观—微观"之间的多重可实现性。由此可以得出结论：任何宏观物理对象原则上不可能被还原为微观物理对象。但这显然是荒谬的！

然而，为了避免那种荒谬，有两种可能的回应，旨在指出"道德—描述"关系与"宏观—微观"关系之间的差异。第一，一些哲学家坚持认为，解释条件可能只适用于不可观察的对象（比如道德属性和微观物理属性），而不适用于像水这样的可观察对象。也许，我们对于可观察对

① 即使微观物理属性比宏观物理属性扮演了更具整合力的解释角色，也很难看出来我们如何能借助"微观—宏观"的非同一性来确立微观属性的整合力。

象的知觉信念是自我辩护的(self-justified)①。或者，他们可能被知觉经验所直接证成，而无须诉诸任何诸如最佳解释推理这样的理论原则②。如果我们不需要通过为宏观现象的解释效力辩护就能证明它们的存在，那么我们就不必为了辩护宏观现象的整合作用而预设多重可实现性。

第二，即使解释条件也适用于宏观物理现象，“道德—描述”关系与“宏观—微观”关系之间可能存在另一种差异。应该注意到的是，我们关于微观物理学领域的知识来自可观察的宏观领域的知识。所以，只有我们可以合理地假定我们的感觉机制大体上是可靠的(换言之，只有我们可以合理地假定某些可观察的宏观对象是存在的)，我们才能合理地接受微观物理世界的存在。而这意味着，只接受宏观领域的存在，要比接受在宏观领域之外还存在微观领域更简洁。所以，在解释某些现象时，比如在解释对于宏观物体的感觉经验时，诉诸宏观属性的解释要比诉诸微观属性的解释更简洁。也就是说，整合力并不是宏观物理属性所能贡献的唯一解释优点。因此，辩护宏观物理实在的解释效力并不要求接受多重可实现性(因而也就不要求接受非同一性)。但不同于“宏观—微观”的关系，我们对描述领域的知识并不依赖我们对道德领域的认识(恰恰相反，很多人认为道德领域在认识论上依赖于描述领域；尤其是，如果你接受道德自然主义，你更会这么认为)。因此，我们无法诉诸简单性来为道德属性的解释效力辩护。

---

① John McDowell, *Mind and World*, Cambridge: Harvard University Press, 1994; Alvin Plantinga, *Warranted Christian Belief*, Oxford: Oxford University Press, 2000.

② Bill Brewer, *Perception and Reason*, Oxford: Clarendon Press, 1999; Michael Huemer, *Skepticism and the Veil of Perception*, Lanham: Rowman and Littlefield, 2001.

在我们确证了宏观物理现象和微观物理现象的存在之后，我们关于宏观和微观对象的知识可能最终使我们能够辩护还原论或者反还原论。但是，即使某个宏观属性最终被证明不可被还原为任何微观属性，但对于它们的解释力及其存在的确证并不需要假定二者是不同的。因此，虽然对于道德解释的确证需要预设“道德—描述”之间的不可还原，但确证宏观物理属性和微观物理属性的解释效力与“宏观—微观”等同这一可能性是相容的。

第三部分

# 规范性与排斥问题

第五章

# 语义规范性与语义因果性

## 一、引言

多数哲学家都是语义实在论者，他们相信语义属性（比如意义、指称和表征）和语义事实（例如，"'狗'这个词指称狗"这一事实，以及"我心中的长城的图像是关于长城的"这一事实）是存在的[①]。但语义实在论者对于语义属性和事实的本质则存在分歧。近些年来兴起了一种名为语义规范主义（semantic normativism）的立场，这一立场主张，语义属性和语义概念实际上是某种类型的规范属性和规范概念[②]。现在，

① 笔者是在一个宽泛的意义上使用"语义"这个词的，既包括语词意义，又包括心理内容。

② Robert Brandom, *Making It Explicit*, Cambridge: Harvard University Press, 1994; Donald Davison, "Mental Events," in his *Essays on Actions and Events*, Oxford: Clarendon Press, 1980, pp.207 - 225 and "Radical Interpretation," in his *Inquiries into Truth and Interpretation*, Oxford: Clarendon Press, 1984, pp.125 - 139; Alan Gibbard, "Meaning and Normativity," *Philosophical Issues* 5(1994): 95 - 115, "Thoughts and Norms," *Philosophical Issues* 13(2003): 83 - 98 and *Meaning and Normativity*, Oxford: Oxford University （转下页）

“意义具有规范性”(meaning is normative)这一口号已经在哲学圈里广为流传。如艾伦·吉巴德(Allan Gibbard)所言：

> “心理内容具有规范性”这一论点是这个意思：当我将心理内容归于某人的时候——比如，当我说“埃比尼泽思忖着他把钥匙丢了”时——我在以某种方式谈论应当(oughts)①。

拉尔夫·韦奇伍德(Ralph Wedgwood)也认为：

> 我提出，我们应该把“意向性就是规范性”(intentional is normative)这个判断诠释为“当我们在解释意向性状态的性质或者本质时，我们必须提到规范的属性或者关系”……根据我在这里所要发展的“意向性就是规范性”的特殊版本，每一个概念的性质由两种原则所赋予，第一种原则界定了包含此概念的诸信念何时才是正确的，第二种原则则是关于此概念如何使用的基本理性原则②。

---

(接上页)Press, 2012; Mark Lance and John Hawthorne, *The Grammar of Meaning*, Cambridge: Cambridge University Press, 1997; Michael Morris, *The Good and the True*, Oxford: Clarendon Press, 1992; Ralph Wedgwood, "Normativism Defended," in B. P. McLaughlin and J. Cohen (ed.) *Contemporary Debates in the Philosophy of Mind*, Oxford: Blackwell, 2007, pp.85 - 101, *The Nature of Normativity*, Oxford: Oxford University Press 2007, and "The Normativity of the Intentional," in B. P. McLaughlin and A. Beckermann (ed.) *The Oxford Handbook of the Philosophy of Mind*, Oxford: Clarendon Press, 2009, pp.421 - 436; Daniel Whiting, "The Normativity of Meaning Defended," *Analysis* 67(2007): 133 - 140.

① Allan Gibbard, "Thoughts and Norms," p.85.

② Ralph Wedgwood, *The Nature of Normativity*, pp.159 - 161.正如 *Philosophy and Phenomenological Research* 的一位匿名审稿人所指出的那样，韦奇伍德不仅对于意向性内容采取一种规范主义的进路，并且他对于意向性态度也持有一种规范主义的立场。

我们可以用一种更加形式化的方式来刻画语义规范主义：

> [语义规范主义] 对于任何一个言说者 $S$ 而言，在任意时间 $t$，说语词“w”在 $t$ 时刻对于 $S$ 的意思是 $w$，就是说，$S$(至少在一定程度上)应当把“w”用在 $x$ 上当且仅当 $x$ 在 $t$ 时刻是 $w$①。

例如，根据规范主义理论，说“狗”的意思是狗，就是说一个人应该只用这个词来指称狗；说“+”表示加，就是说如果我被问到“$x + y$ 的值是多少”，我就应该回答 $x$ 与 $y$ 的和。

我们应该把语义规范主义与关于意义规范性的一个较弱的立场区分开来，这个立场便是“语义内在主义”(semantic internalism)。根据语义内在主义，在语义属性与应当之间存在一种必然的内在联系(而无论语义属性本身是否具有规范性)。语义内在主义可以表述如下：

> [语义内在主义] 对于任何一个言说者 $S$ 而言，在任意时间 $t$，如果语词“w”在 $t$ 时刻对于 $S$ 的意思是 $w$，那么，$S$(至少在一定程度上)应当把“w”用在 $x$ 上当且仅当 $x$ 在 $t$ 时刻是 $w$ ②。

---

① 参见 Kathrin Glüer and Åsa Wikforss, “The Normativity of Meaning and Content,” in E. N. Zalta (ed.) *Stanford Encyclopedia of Philosophy*, 2010。简洁起见，我在这里只关注“应当”这一规范属性。应该注意到的是，对应不同的规范属性，可以有其他不同版本的语义规范主义。例如，有人可能提出一种聚焦于“正确”(correctness)的规范主义理论：说单词“w”在 $t$ 时刻对于 $S$ 的意思是 $w$，就是说，当且仅当 $x$ 在 $t$ 时刻是 $w$ 时，$S$ 把“w”应用到对象 $x$ 上是正确的。

② 参见 Kathrin Glüer and Åsa Wikforss, “The Normativity of Meaning and Content”。对于语义内在主义可能有两种解读：一种是广域(wide-scope)解读，一种是狭域(narrow-scope)解读。不过对于本书的目的而言，两种解读之间的区分并不重要。

在语言哲学领域，语义内在主义似乎被广泛接受。如果说“意义具有规范性”这一口号表达了语义规范主义的主张，那么，语义内在主义就应该由“意义蕴涵应当”（means implies ought）这一口号来刻画[①]。语义规范主义显然蕴含语义内在主义，但反之则不然。换句话说，一个人可以接受语义内在主义，但同时反对语义规范主义。

作为拒斥“语义自然化”思潮的产物，语义规范主义通常属于语义非自然主义（semantic non-naturalism）的阵营。由于多数语义规范主义者都相信，语义属性是具有规范性的非自然属性，所以本书暂且不考虑以下这一可能观点：虽然语义属性是规范属性，但其仍然是一种自然属性[②]。为了更好地理解语义规范主义的动机，我们先来看一下其主要对手，即语义自然主义（semantic naturalism）所遭遇到的困难。语义自然主义将语义属性理解为自然属性[③]，这一立场有多个不同的版本：有些理论用行为倾向来解释意义[④]，有些理论将意义等同于因果关系[⑤]，有些理论则把意义理解为生物功能[⑥]……比如，根据语义倾向主义（semantic dispositionalism）的看法，用“+”表示加，就等同于，如果被问到“$x + y$ 的值是多少”，就倾向于回答 $x$ 与 $y$ 的和[⑦]。

---

① Alan Gibbard, “Meaning and Normativity”.

② 值得注意的是，吉巴德接受一种并不常见的语义规范主义版本，根据他的看法，虽然语义概念是非自然概念，但语义属性是自然属性。参见 Allan Gibbard, *Meaning and Normativity*, p.12。

③ 这里我们无须精确地定义“自然”（natural）一词。一般来说，如果某物具有因果效力、可被经验认知等等，那么它就是自然的。

④ Saul Kripke, *Wittgenstein on Rules and Private Language*, Cambridge: Harvard University Press, 1982.

⑤ Jerry Fodor, *Psychosemantics*, Cambridge: MIT Press, 1987.

⑥ Ruth Millikan, *Language, Thought, and Other Biological Categories*, Cambridge: MIT Press, 1984; Fred Dretske, *Naturalizing the Mind*, Cambridge: MIT Press, 1995.

⑦ 在解释诸如加法这样的抽象概念的使用时，语义倾向主义可能比其他种类的语义自然主义更有优势。

事实上，几乎所有的语义自然主义者都是语义还原论者（semantic reductionist），因为他们都试图将语义属性还原为非语义的（non-semantic）自然属性（或者更准确地说，是还原为用非语义的概念所表征的自然属性），比如行为、生物、因果以及物理属性[①]。杰瑞·福多（Jerry Fodor）这样来推荐语义还原论：

> 我认为，物理主义者迟早都会完整地收录所有不可还原的终极属性。等到他们完成的那一天，像自旋、量子引力和电荷这样的东西也许都会出现在他们的收录清单上。但意向性肯定不会，因为它并不是那么基础的东西……如果语义属性和意向属性是事物的真实属性，那一定是因为它们可以还原为其他既非意向性又非语义的属性。如果意向性真的存在，那它只能是其他的东西[②]。

然而，还原论者面临一个严重的问题，即一个基于规范性的反驳（我更喜欢将之称为"内在主义的反驳"）。换句话说，语义还原论似乎很难解释意义与应当之间的内在联系。让我们来看一下克里普克（Saul Kripke）对语义倾向主义的批评：

> 假设我确实用"+"表示加法。那么，这一假设和"当被问道'68 + 57'时我会如何作答"这个问题之间是什么关系？倾向主义者对这一关系给出了描述性的说明：如果"+"的意思是加，那么，

---

① 在我看来，至今似乎没有人提出过非还原性语义自然主义，认为语义属性本身是自然属性，但不同于任何其他的自然属性（亦即，非语义的自然属性）。在本章的末尾我会回到这个议题。

② Jerry Fodor, *Psychosemantics*, p.97.

> 我将会回答"125"。但这并不能恰当地刻画那种关系，因为它是规范性的，而不是描述性的。关键并不在于，如果我用"+"表示加，那么，我将会回答"125"，而在于，如果我意欲保持之前对于"+"的用法，我应该回答"125"①。

内在主义反驳似乎可以推广到任何版本的语义还原论。例如，根据福多的意向性还原理论，"S 用'w'表示 *w*"应该被理解为"*w* 因果地导致 S 以相关的方式使用'w'"②。但为什么可以从"*w* 导致你以相关的方式使用'w'"这一事实推论出"你应当把'w'用在并且只用在 *w* 之上"呢？在非语义的自然属性和（与语义相关的）应当之间似乎并不存在必然的内在联系。如果真是这样，语义属性便无法被还原为或者等同于自然属性。针对语义还原论的内在主义反驳和元伦理学中反对道德还原论的内在主义论证类似。根据史蒂芬·达尔沃（Stephen Darwall）所谓的"道德/理由内在主义"（morality/reasons internalism），在道德属性与行动理由之间存在必然的内在联系③，但在纯粹的描述属性和行动理由之间却没有这样的内在联系。因此，我们似乎可以推出，道德属性不能等同于任何描述属性。

鉴于语义自然主义所遭遇的内在主义问题，一些哲学家转而支持语义规范主义。我前面提到，语义规范主义蕴含语义内在主义。如果语义属性本身就是规范属性，很容易就能解释为什么意义和应当之间

---

① Saul Kripke, *Wittgenstein on Rules and Private Language*, p.37.

② Jerry Fodor, *Psychosemantics*.

③ Stephen Darwall, "Reasons, Motives, and the Demands of Morality," in S. Darwall, A. Gibbard and P. Railton (ed.) *Moral Discourse and Practice: Some Philosophical Approaches*, Oxford: Oxford University Press, 1997, pp.305－312; Russ Shafer-Landau, *Moral Realism: A Defense*, Oxford: Oxford University Press, 2003.

存在内在的联系。

在本章中，我尝试发展出针对语义规范主义的排斥问题(exclusion problem)。这一问题说的是：假如语义属性是规范属性，那么，语义属性的因果效力便会被自然属性的因果效力所取代。本章的结构将被安排如下。在第二节，借鉴心灵哲学中的排斥论证，我会提出语义学中的排斥论证。在第三节，我将论证，借助系统性的过度决定(systematic overdetermination)来解决排斥问题是不合理的。在第四节，我将讨论针对排斥问题的另一种颇具影响力的解决方案，即所谓"自主性路径"(the autonomy approach)。我将指出，这个方案在解决两种排斥问题时，其合理性是不一样的：非还原性的物理主义者可以借助自主性路径解决(或者化解)"心理—物理"的排斥问题；但如果语义属性被理解为规范属性，运用类似的自主性方案来解决语义学中的排斥问题便是不合理的。也就是说，对于语义规范主义来说，排斥问题是一个尤为棘手的问题。在本章的末尾，我会简要地提出第三种立场，即"非还原性的语义自然主义"(non-reductive semantic naturalism)。在我看来，这个立场在解释语义属性的规范性和因果性方面，似乎优于语义规范主义以及语义还原论。

## 二、语义领域的排斥问题

虽然语义规范主义在解释语义与应当的内在联系时有理论优势，但选择语义规范主义会带来一个更大的代价，即它无法容纳"语义属性具有因果效力"这一事实。如下所示，这一挑战可以被表述为一个反对语义规范主义的"因果论证"(C1)：

(P1) 语义属性是真实存在的属性，因而具有因果效力；

(P2) 但如果语义属性是规范属性，那么语义属性将不会具备因果效力；

(P3) 所以，语义属性不是规范属性。

这里我不会挑战(P1)。很多哲学家都相信，因果效力是本体论地位的一个必要条件，也就是说，只有某物具有因果效力，它才真实存在[①]。我会把讨论的重点放在(P2)。语义规范主义的反对者们很少讨论(P2)为什么是对的，亦即，为什么语义规范主义与语义因果性不相容。有些人可能仅仅依赖其直觉，认为规范属性因其本性之故就不具有因果效力。例如保罗·博格西安(Paul Boghossian)说："假如我们认为内容属性(content properties)会被应当所穷尽，那么我们便不能认为它们扮演了任何因果角色。"[②]但这是有争议的，很多其他哲学家并没有这种直觉[③]。比如，尼古拉斯·斯特金(Nicholas Sturgeon)就认为，伦理属性作为一种规范属性，具有因果效力：

多数人都相信我们曾经从他人的善良中受益，也曾经被他人的道德错误所伤害。在伦理属性可以发挥因果作用这方面，哲学

---

① Sydney Shoemaker, "Causality and Properties," in his *Identity, Cause, and Mind*, Cambridge: Cambridge University Press, 1984, pp.206 - 233 and "Causal and Metaphysical Necessity," *Pacific Philosophical Quarterly* 79 (1998): 59 - 77.

② Paul Boghossian, "The Normativity of Content," *Philosophical Issues* 13 (2003), p.33.

③ Louise Antony, "Anomalous Monism and the Problem of Explanatory Force," *Philosophical Review* 98(1989): 153 - 187; Bill Brewer, "Mental Causation," *Proceedings of the Aristotelian Society, Supplementary Volumes* 69(1995): 237 - 253; Nicholas Sturgeon, "Ethical Naturalism," in D. Copp (ed.) *The Oxford Handbook of Ethical Theory*, Oxford: Oxford University Press, 2006, pp.91 - 121; Ralph Wedgwood, *The Nature of Normativity*.

> 思考中的一个悠久传统与我们的常识达成了共识。在柏拉图的《理想国》中,苏格拉底就“是否做一个正直的人会使人生变得更好或者更糟”这个议题与色拉叙马库斯、格劳孔以及阿德曼托斯展开辩论。这些人对此有不同的答案,但没有人会怀疑正义(尽管他们对于何为正义莫衷一是)可能带来这样或者那样的效果[①]。

此外,拉尔夫·韦奇伍德如此论证理性(rationality)的因果效力:

> 根据我提出的理论,在理性推理中,某人先在的诸多心理状态引发其形成新的信念或者意图,正是因为那些心理状态将新的信念或者意图理性化。在这个意义上,我的理论蕴含如下的结论:只要某些心理状态通过理性化而形成了(新的)信念或者意图,那么“一个人处于那些心理状态”这个事实便是一个具有因果效力的事实,也就是说,正是这一事实导致了一个人形成相关的信念或者意图。宽泛地说,这一事实是一个关于某人心理状态的规范事实[②]。

直觉相互冲突之处,便是寻找哲学论证之时。接下来,我尝试提出一个支持(P2)的因果排斥论证,这个论证的灵感来自心灵哲学中关于排斥问题的讨论[③]。

---

① Nicholas Sturgeon, “Ethical Naturalism”, p.100.

② Ralph Wedgwood, *The Nature of Normativity*, p.192.

③ Jaegwon Kim, *Mind in a Physical World*, Cambridge: MIT Press, 1998 and *Physicalism, or Something Near Enough*, Princeton: Princeton University Press, 2005; Lei Zhong, “Can Counterfactuals Solve the Exclusion Problem?” *Philosophy and Phenomenological Research* 83(2011): 129 - 147, and “Sophisticated Exclusion and Sophisticated Causation,” *Journal of Philosophy* 111(2014): 341 - 360.

心灵哲学中的排斥论证旨在表明，如果心理属性不是物理属性，那么心理属性便不具有因果效力①。既然我们都认为心理属性确实具有因果效力，那么，排斥问题便可以作为一个归谬论证来反对非还原性物理主义。“心理—物理”排斥论证可以表述如下，(E1)：

1. [随附性] 心理属性随附于(supervene upon)物理属性。

2. [非同一性] 心理属性不同于物理属性。

3. [物理的因果完备性] 如果某种物理属性之一例有一个发生在 $t$ 时刻的原因，那么它便有一个在 $t$ 时刻发生的(充足的)物理原因②。

4. [非过度决定性] 不会普遍出现这种情况：随附关系中的上层属性和下层属性是同一结果的两个不同的原因③。

5. 因此，心理属性不具备产生物理属性的因果效力。

现在，让我来构造一个和心灵哲学中的排斥论证相似的“规范—自然”

① 排斥问题通常被表述为关于心理属性的因果效力的问题。在这里，我关于因果性的讨论仅限于属性的因果性。“由于属性 A 和属性 B 的缘故，一个例示了 A 的事件引起了另一个例示了 B 的事件”简称为“属性 A 引起了属性 B”。

② 这里的“物理属性”通常被理解为基础的(fundamental)物理属性，是(完备的)物理学的研究对象。参见 Jaegwon Kim, *Mind in a Physical World* and *Physicalism, or Something Near Enough*; Karen Bennett, “Why the Exclusion Problem Seems Intractable and How, Just Maybe, to Trace It,” *Noûs* 37 (2003): 471 - 497。

③ 此种因果非过度决定原理的表述与其他版本稍微有些不同，但它以一种更直接的方式抓住了因果非过度决定原理的要点。参见 Christian List and Peter Menzies, “Nonreductive Physicalism and the Limits of the Exclusion Principle,” *Journal of Philosophy* 106 (2009): 475 - 502; Peter Menzies, “Mental Causation in a Physical World,” in S. C. Gibb, E. J. Lowe and R. D. Ingthorsson (ed.) *Mental Causation and Ontology*, Oxford: Oxford University Press, 2013, pp.58 - 87。

(normative-natural)排斥论证(E2):

1*.[随附性]规范属性随附于自然属性。

2*.[非同一性]规范属性不同于自然属性。

3*.[自然的因果完备性]如果某种自然属性之一例有一个发生在 $t$ 时刻的原因,那么它便有一个在 $t$ 时刻发生的(充足的)自然原因。

4*.[非过度决定性]不会普遍出现这种情况:随附关系中的上层属性和下层属性是同一结果的两个不同的原因。

5*.因此,规范属性不具备产生自然属性的因果效力。

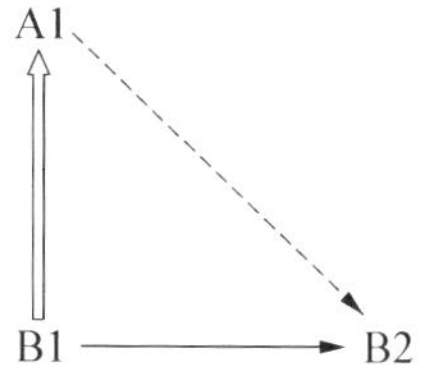


**图 5-1 "规范—自然"的因果排斥**

如图 5-1 所示,A1 是一个规范属性,在这里随附于一个自然属性 B1,而 B1 是引起另一个自然属性 B2 出现的原因。那么,从以上前提可以推知,A1 不是引起 B2 出现的原因。所有的前提似乎都是合理的。[非同一件]这个前提是论证本身所要求的预设,[随附性]这个前提则是当代元语义学中的标准论点,既被语义规范主义者接受,也被语义自然主义者接受①。比如,假设有两个人都说出了"水"这个词。假如两人在所有物理属性上完全一样,并且外在的自然事实也都全部相同(例如,两个人所指的液体拥有相同的

① 当然,还是有人拒斥语义随附性这一观点。参见 Stephen Kearns and Ofra Magidor, "Semantic Sovereignty," *Philosophy and Phenomenological Research* 85(2012): 322-350。我会在下一节继续讨论这个问题。我将指出,即使否认语义的随附性,也无法帮助语义规范主义者拯救语义因果性。

化学结构),那么,我们似乎可以合理地推出,其中一人说出的“水”字和另外一人口中的“水”字拥有相同的语义属性。同样,[自然的因果完备性]这个前提看起来也很合理。对于任何自然结果来说(比如地震、革命、基因变异、车祸,等等),总有一个纯粹的自然原因充分地导致了那个结果的发生。很难相信,纯粹自然现象的因果历史需要某些非自然现象的介入才可完备。自然的因果完备性这一论点甚至比物理的因果完备性更加合理。虽然某些哲学家可能否定物理的因果完备性,比如突现论者(emergentists)和互动论者(interactionists)相信,某些物理结果是由更高阶的(higher-level)属性和状态所引起的,但他们仍乐于接受自然世界是因果闭合的。

此外,我在下一节将会论证,我们有很好的理由接受[非过度决定性],而不能为了解决排斥问题就要求处于随附关系中的低阶属性和高阶属性成为同一结果两个不同原因。因此,我们可以基于这些前提推知,规范属性在引起自然属性(比如身体行为和语言行为)方面并没有因果效力。假如语义属性是规范属性的话,那么,语义属性的所谓因果力将会被自然属性的因果力所排斥。

## 三、过度决定的古怪之处

有人可能会通过否定[非过度决定性]这一前提而解决排斥问题。比如,韦奇伍德似乎便是采取此一路径:

> 为了捍卫“道德事实以及规范事实可以具有因果效力”这一论断,我们无须找到这样的例子:在其中,那些事实提供了唯一的最佳因果解释。我们只需要找到一些例子:在其中,那些事实提供

了正确的因果解释，而是否存在另一个同样好的因果解释则无关紧要[①]。

让我们来看一下韦奇伍德举的一个例子[这个例子最早来自朱迪斯·汤姆森(Judith Thomson)]。唐纳德在会议正在进行时发出嘘声，其他的会议听众因此对他很恼火。假设他的嘘声实现了"他行为粗鲁"这一规范事实。根据韦奇伍德的看法，唐纳德的嘘声以及他的粗鲁同时构成听众恼火的两个不同原因[②]。

在这一节，我想要论证，采取过度决定性这一路径并不合理。我在一个宽泛的意义上使用"因果的过度决定"(causal overdetermination)一词，亦即，说"属性A和属性B因果地过度决定了E的发生"，就是说"A和B是E的两个(不同的)原因"[③]。

先来讨论一个因果过度决定的经典例子，亦即，政治家被两个刺客同时射杀。假设即使其中一个射击没有打中，另外一个也会杀死那个可怜的政治家。如果是这样的话，那两次射击因果地过度决定了政治家之死。在这个例子中，我们需要注意，同一结果的两个不同的充足原因在形而上学的意义上是彼此独立的[④]。

---

① Ralph Wedgwood, *The Nature of Normativity*, p.196.

② 也许我们需要把因果性(causation)和因果解释(causal explanation)这两个概念区分开来。有些哲学家认为，即使两个对象在不同且都正确的因果解释中分别扮演一定的角色，可能只有其中一个才是相关结果的原因。参见 Frank Jackson and Phillip Pettit, "Program Explanation," *Analysis* 50(1990): 107 - 117 and "In Defence of Explanatory Ecumenism," *Economics and Philosophy* 8(1992): 1 - 21; Jaegwon Kim, *Mind in a Physical World*。本书无须理会这一问题。

③ 我所谓的"属性A和属性B是E的两个原因"是如下这个完整说法的简略表述：有两个不同且都是充足的原因同时导致了E的发生，其中一个原因中包含属性A而不包含属性B，另一个包含属性B而不包含属性A。

④ Karen Bennett, "Why the Exclusion Problem Seems Intractable and How, Just Maybe, to Trace It".

然而，我已经提到，人们通常都认为规范属性随附于自然属性。所以，我们无法借助独立性的过度决定模式来拯救语义解释。至于依赖性的因果过度决定（dependent causal overdetermination），已经有人提出过一些有力的反驳①。这里我来简要地介绍其中一个致命的反驳，这个反驳诉诸了“实现的敏感性”（realization-sensitivity）这一概念。说“$c$ 和 $e$ 之间假设存在的因果联系是实现敏感的”，就是说“如果实现了 $c$ 的基础属性发生了哪怕一点儿变化，那么 $c$ 和 $e$ 之间的联系便不复存在”。与之相对，如果实现了 $c$ 的基础属性在经历了微小的变化之后 $c$ 和 $e$ 之间的联系仍然存在，那么，$c$ 和 $e$ 之间的因果联系便是非实现敏感的②。回到图 5－1。A1 和 B2 之间的联系要么是实现敏感的，要么不是。假如具有实现敏感性，那么，在符合如下条件的最近的可能世界里 B2 便不会发生，即在这个世界中，A1 不是由 B1 所实现而是由一种与之相似的属性 $B1^*$ 所实现。在这种情况下，处于随附关系中的下层属性 B1 似乎就比上层属性 A1 更适合成为 B2 的原因。假如 A1 和 B2 之间的联系不敏感于实现关系，那么，在 A1 由 $B1^*$ 所实现的最近的可能世界里，B2 仍然会发生。那么，是 A1 而不是 B1 应该被视为 B2 的原因。两种情况下，依赖性的因果过度决定都是不合理的（即使不是完全不可能的）。

既然依赖性的过度决定很可疑，那么主张这类过度决定的学者便

① Trenton Merricks, *Objects and Persons*, Oxford: Clarendon Press, 2001; Jaewon Kim, *Physicalism, or Something Near Enough*; Peter Menzies, “Mental Causation in a Physical World”; Lei Zhong, “Sophisticated Exclusion and Sophisticated Causation”.

② “实现关系的敏感性”的其他类似表述，参见 James Woodward, “Mental Causation and Neural Mechanisms,” in J. Hohwy and J. Kallestrup (ed.) *Being Reduced: New Essays on Reduction, Explanation, and Causation*, Oxford: Oxford University Press, 2008, pp.218－262; Christian List and Peter Menzies, “Nonreductive Physicalism and the Limits of the Exclusion Principle”。

有举证的责任。但据我所知，除了仅仅提出依赖性过度决定这一可能性之外，目前并没有令人信服的支持其存在的论证。因此，为了解决排斥问题而假定依赖性过度决定的存在便显得很牵强。

我注意到，有一些哲学家否认语义的随附性[①]，转而主张一种名为"语义主权"(Semantic Sovereignty)的学说。根据这种学说，语义事实是独立存在的根本事实，它们不随附于任何其他事实(比如自然事实)。换言之，即使两个可能世界中的自然属性完全相同，在语义属性方面两者仍可能是不同的。语义规范主义可以采纳语义主权这一立场，如此一来，作为一种独特的规范属性，语义属性便不再随附于自然属性，而不论其他类型的规范属性(比如道德属性)与自然属性之间是否存在随附关系。假如语义属性在形而上学上独立于自然属性，那么相互独立的过度决定模式便可以适用于语义因果性。也就是说，语义属性 A 和自然属性 B 分别通过各自的因果路径产生了同一结果，而两者在形而上学上彼此独立却同时被同一个体所例示。

然而，即使我们认为语义随附性是错误的，这一拯救语义因果性的尝试也不会成功，容我略作解释。鉴于自然的因果完备性，任何声称由语义属性所引起的自然结果都有一个自然的原因。为了确证语义属性的因果效力，规范主义者的任务并不只是在罕见的事例中建立起语义属性和自然属性的过度决定，而是要建立起系统性的(systematic)过度决定。规范主义者需要证明，语义的原因和自然的原因总是一同发生。这就意味着，两种彼此独立的属性总是一同例示，并且系统性地过度决定了某些结果的发生，但这种巧合实在太过神奇。正如西奥多·塞德(Theodore Sider)所言：

---

① Stephen Kearns and Ofra Magidor, "Semantic Sovereignty".

> 想象一个妄想狂，他认为每一次有人中枪，事实上都是彼此没有因果联系的两个独立的枪手所为。这是一个疯狂的想法，为什么？一个理由（并非唯一的理由）是：所有这些神枪手恰巧在同一时间同一地点开枪，这真是巨大的巧合。这种奇妙的规律性需要解释，却没有什么解释可以提出来①。

因此，如果有人尝试通过提出过度决定来解决排斥问题，那么他将陷入困境。如果我们接受语义随附性，处于随附关系中的上层属性和下层属性的因果过度决定便很奇怪。但如果我们不接受语义随附性，被形而上学上相互独立的原因系统性地过度决定又非常不可思议。我们至少可以说，因果过度决定这一路径没有充分的依据，充其量作为我们反对排斥论证的最后的备选。我们最好寻找一种无需诉诸过度决定的解决排斥问题的方案（这也是很多人讨论自主性解决方案的原因，接下来我们就转到这个话题）。

## 四、两种自主性路径

很多心灵哲学领域的哲学家都认为，解决排斥问题的最合理方案是采纳所谓"自主性路径"②。根据这一路径，即使心理属性没有因果

① Theodore Sider, "What's So Bad about Overdetermination," *Philosophy and Phenomenological Research* 67(2003), p.722.

② Stephen Yablo, "Mental Causation," *Philosophical Review* 101(1992): 245 - 280; T. M. Crisp and Ted Warfield, "Kim's Master Argument," *Noûs* 35 (2001): 304 - 316; John Gibbons, "Mental Causation without Downward Causation," *Philosophical Review* 115(2006): 79 - 103; Lei Zhong, "Can Counterfactuals Solve the Exclusion Problem?", "Counterfactuals, Regularity and the Autonomy Approach," *Analysis* 72(2012): 75 - 85, "Sophisticated Exclusion and Sophisticated Causation," and "Why the Counterfactualist Should Still Worry About Downward Causation," *Erkenntnis* 80(2015): 159 - 171.

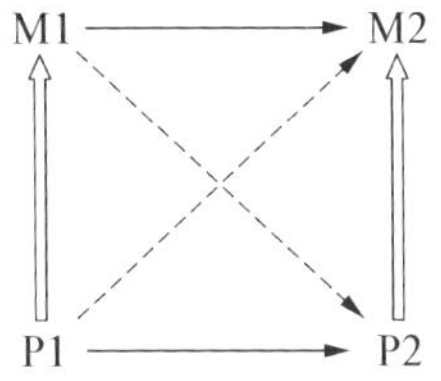


**图 5-2　心灵领域的自主性**

地导致物理属性，它们也可以是高阶属性（比如行为或者社会属性）的原因；物理属性只引起物理属性而没有引起那些高阶属性。请看图 5-2。P1 和 P2 是两个物理属性，并且 P1 引起了 P2。M1 是一个心理属性，由 P1 所实现。M2 是一个高阶属性（如心理、行为、社会属性），由 P2 所实现。自主性路径说的是，即使如排斥论证（E1）所示，M1 没有导致 P2，M1 仍然可以引起 M2。另一方面，虽然 P1 引起了 P2，P1 没有导致 M2，而 M2 由 M1 所导致[①]。这一因果自主性的设想容纳了[物理的因果完备性]和[非过度决定性]这两个原则。

举个例子。比如你相信你需要尽快去机场，于是你拦了一辆出租车。假设在这个例子中，你的信念（M1）以及你拦出租车的行为属性（M2）分别由两个具体的物理属性（P1 和 P2）所实现（但 M1 和 M2 可以被不同的物理属性多重实现）。依照因果完备性，P1 是 P2 之所以发

① 我想简要地讨论一下对于自主性路径的两个反驳（参见 Lei Zhong "Can Counterfactuals Solve the Exclusion Problem?", "Counterfactuals, Regularity and the Autonomy Approach" and "Why the Counterfactualist Should Still Worry About Downward Causation"）。第一，有人可能会说，M1 是通过引起 M2 的实现者才引起 M2 的。但如果 M1 没有引起 P2，M1 也不会引起 M2。第二，有人也可能认为，如果 P1 引起了 P2，P1 也会引起随附于 P2 的 M2。那么，在无因果过度决定的前提下，M1 无法引起 M2。但是，在某些因果理论的框架下，这两个反驳是有问题的。根据这些因果理论，在有些情况下，M1 是 M2 的原因，却不是 P2 的原因；P1 是 P2 的原因，但却不是 M2 的原因。参见 Christopher Hitchcock, "A Tale of Two Effects," *Philosophical Review* 110(2001): 361-396; James Woodward, *Making Things Happen: A Theory of Causal Explanation*, Oxford: Oxford University Press, 2003 and "Mental Causation and Neural Mechanisms"; List and Menzies, "Nonreductive Physicalism and the Limits of the Exclusion Principle"; Lei Zhong, "Sophisticated Exclusion and Sophisticated Causation"。

生的充分条件。但究竟是什么因果地导致了拦出租车这一高阶属性呢？我们似乎会很自然地或者至少合理地认为，是你的信念 M1 而不是其物理实现者 P1 导致了 M2[①]。

类似的自主性路径可以被用来回应规范属性的排斥问题。很多人都相信，拥有因果效力是获得正当的本体论地位的一个必要条件[②]。这一因果条件给每一个认为存在（不可还原的）规范属性的理论施加了压力。然而，即使因果条件是对的，为了满足这一条件，规范属性也不需要成为自然属性的原因。只要它们能成为某些事物（比如其他的规范属性以及非自然属性）就足够了[③]。

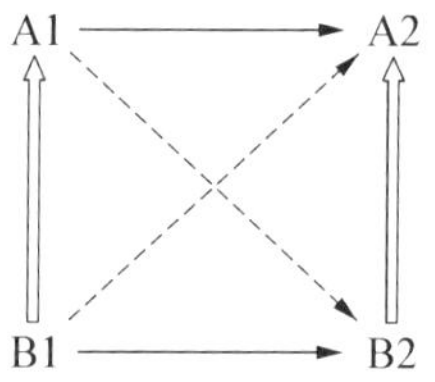


**图 5－3　规范领域的自主性**

同样，有人可能论证说，即使我们接受"规范—自然"的排斥论证（E2），也就是说，即使被理解为规范属性的语义属性不能因果地导致任何自然属性，语义属性仍然可以是其他高阶非自然属性的原因。如图 5－3 所示，即使 A1 没有引起 B2，A1 也可以引起另一个非自然属性 A2。虽然 B1 引起了 B2，B1 并不是 A2 的原因。因此，即使我们接受[自然的因果完备性]以及[因果非过度决定性]，因果自主性的进路可以让我们拯救语义属性的因果效力。

然而，接下来我会指出，自主性路径在解决这两个领域的排斥问题时有大为不同的命运。虽然自主性路径在解决"心理—物理"排斥问题时可能是奏效的，但类似的自主性路径却无法用来解决"规范—自然"

① David Robb and John Heil, "Mental Causation," in E. N. Zalta (ed.) *Stanford Encyclopedia of Philosophy*, 2013.

② Sydney Shoemaker, "Causality and Properties" and "Causal and Metaphysical Necessity".

③ Russ Shafer-Landau, *Moral Realism: A Defense*, p.104.

排斥问题。让我们先来讨论心灵哲学中的自主性路径。并非大部分人认为心理属性拥有因果地导致基础物理属性的能力。需要再次强调的是,"物理"这个词(在排斥论证中)是在其狭义上使用的,指的是物理学所研究的现象(比如原子、电子、夸克,等等)①。因此,即便心理属性在引起基础物理属性方面是失败的,但这一失败也不会成为反对非还原性物理主义的归谬论证。此外,对于确证人类能动性这一目的来说,"心理—物理"之间的因果作用也没有那么重要。只要心理属性可以引起其他高阶属性(比如行为属性、社会属性以及其他心理属性,等等),这便能基本满足能动性所要求的心灵因果效力,而不论心理属性是否可以成为物理属性的原因②。"心理—物理"排斥问题便可以这种方式解决(或者化解)。

相比之下,语义学领域的情况就很不一样。一般认为,语义属性拥有一种特殊的因果效力,即引起相关行为的效力。正如博格西安所指出的那样,"我们并不仅仅认为人有思想,我们还认为,人的思想引起并解释了他们的行为"③。一个人表达出来的意思似乎不仅决定了他应当做的事,也决定了他将会去做的事。例如,当一个人指着眼前的一条狗问我"这是条狗吗"时,假如我知道"狗"的意思,我当然会点头。如果

---

① 有些人可能在宽泛的意义上使用"物理"这个词。根据这一用法,物理属性不仅包含基础物理属性,也包括随附于基础物理属性之上的诸多高阶属性,比如化学属性、生物属性以及生理属性。在这种宽泛的意义上,M2 属于物理属性。根据[物理的因果完备性],M2 有一个物理的原因。根据[非过度决定性],M2 不会同时还有另一个非物理的原因。可是,值得注意的是,在这个宽泛的意义上,心理属性也是物理属性。那么,一个物理结果的充分物理原因可能包含心理属性。如此一来,[物理的因果完备性]和[非过度决定性]这两个论点合在一起也不会威胁到心理属性的因果效力。

② 自主性路径不应该被理解为传统的平行主义(parallelism)——根据这个观点,心理属性只能引起心理属性。

③ Paul Boghossian, "The Normativity of Content", p.33.

我用"+"来表示加法，当有人问我"7+5=?"时，我会说"12"。值得注意的是，这些行为都是自然现象。因此，无论语义属性是否能作用于非自然属性，它们能引起某些自然现象。那么，我们就需要将因果论证(C1)略作修改，用以反对语义规范主义，从而得到一个不同的论证(C2)：

(P1*) 语义属性因果地导致了某些自然现象，比如身体和言语行为；

(P2*) 如果语义属性是规范属性，那么语义属性不会具备引起自然现象的因果效力；

(P3*) 所以，语义属性不是规范属性。

语义规范主义者可能否认诸如点头或者回答"12"这样的结果属于自然事件，比如纯粹的行为(behavior)。这些结果似乎属于行动(action)，需要诉诸意图(intention)才能刻画清楚。而意图与诸如信念、欲望这样的表征性(representational)状态有本质的关联。不仅如此，那些事件不只是行动有意去做的事情，更是他有意要表达的意思。因为除非"12"是要表达相应的意思，否则仅仅说出"12"并不能算作对于"7+5=?"这个问题的回答。那么，根据语义规范主义，相关的结果属于规范的、非自然的事件①。

然而，即使语义属性可以引起诸如意图和行动这样的规范事件，我们仍然可以合理地说，语义属性也引起纯粹的行为。语义与行为之间的因果联系已经被广泛地接受②。我想在这里提出两个理由，来论证

---

① 感谢一位匿名审稿人建议我处理这一问题

② Crispin Wright, "Critical Notice of Colin McGinn's *Wittgenstein on Meaning*," *Mind* 98(1989): 289-305; Paul Boghossian, "The Normativity of Content".

为什么我们应该相信语义属性引起了行为。

第一,“如果 A 引起了一个复杂的事件 B,那么 A 也引起了作为 B 的一部分的子事件 $B_1$”这个原则似乎很符合直觉。比如,我想去机场接一个朋友。假设我想去接朋友的欲望因果地导致我开车去机场,假设“发动汽车的引擎”是“我开车去机场”这一更大事件的一部分,那么,我想去接朋友的欲望似乎也是我发动汽车引擎的原因。请注意,行为是相关行动的组成部分。并且,几乎没有人会反对一个行动的纯粹行为部分可以和那个行为的其他部分(即意图)区分开来①。因此,如果某个语义属性是某行动的原因,我们似乎可以推知,如果相关行为构成了该行动的一部分的话,那个语义属性也是相关行为的原因。

第二,根据语义规范主义者的说法,语义属性可以引起意图。我同意这一点。这里我们只关注这样的情况:某个语义属性引起了某个成功发生的行动的意图。我们可以合理地认为,在行动(比如抬起手臂)成功发生的情况中,意图(即有意抬起手臂)引起了相关的行为(即手臂上升)。因此,在此类事例中存在一条因果链,即语义属性引起了意图,意图引起了行为。根据因果关系的传递性,我们可以推出,语义属性引起了行为。

既然语义属性可以引起纯粹的行为,那么语义规范主义者必须接受(P1*),也就是说,他们必须接受语义属性因果地导致了自然现象(尽管非还原性的物理主义者可以否认心理属性引起了基础物理属性)。但如排斥论证(E2)所示,如果语义属性被理解为规范属性,那么

① 维特根斯坦曾提出过一个著名的问题:“如果从‘我抬起手臂’这一事实中分离出‘我的手臂在空中上升’这个事实,还会剩下什么?”(*PI*, §621)虽然当代行动哲学领域的哲学家针对这个问题提出了不同的解答,但他们都认为,的确会剩下一些东西,并且那些东西帮助把纯粹的行为同相关的行动区分开来。鉴于当前的目的,我们姑且把剩下的东西视为意图。

它们便无法成为任何自然属性的原因。因此可以推知，语义属性不是规范属性。换言之，语义规范主义是错的。为了拒斥语义规范主义，我不需要认为语义属性完全没有因果效力，我只需要接受一个更弱的论点，即规范属性没有引起自然属性的因果效力。即使排斥论证没有能够建立起(P2)，它似乎成功地确立了(P2*)。因此，自主性路径并没有帮助解决语义领域的排斥问题(无论它是否可以解决其他领域的排斥问题)。

## 五、结论

语义实在论者似乎面临一个两难的困境。一方面，如果语义属性可以还原为非语义的自然属性，我们将无法解释意义与应当之间的内在联系；另一方面，如果语义属性本质上是规范属性，那么我们就很难确立语义属性的相关因果效力。本章旨在阐明第二个困难。至于实在论者能否克服第一个困难(即是否可以在还原论的框架下说明语义与应当的内在联系)，需要另找场合进行更加充分的讨论。

在本章的结尾部分，我想简要地提出第三种被忽略的立场，我将之称为“非还原性的语义自然主义”。根据这一立场，语义属性本身是自然属性，但不同于任何其他的自然属性，亦即，不同于非语义的自然属性。虽然大多数语义自然主义版本都属于语义还原论，但相较之下，非还原性的版本似乎能够更好地处理上面提到的困境。首先，既然非还原性自然主义把语义属性理解为自然属性，那么很容易就能看出来，它不会受到排斥问题的威胁。也就是说，它可以保障语义属性的因果效力。

其次，相比语义还原论，非还原性的语义自然主义对于解释意义的规范性似乎更有优势。根据语义内在主义，意义与应当之间存在一种内在的联系。如果"w"的意思是 $w$ 的话，那么说话者应该在如此这般的环境中做出这样或者那样的行为。但我们有很强的直觉认为，在语义的应当和非语义的自然属性（比如生物属性、行为属性、物理属性等等）之间并不存在必然的内在联系。任何一种试图将意义还原为某种非语义的自然关系 $N$ 的语义还原论都要回答，为什么从 $N$("w", $w$)这一自然关系中就可以必然地推出一个人应该有这样或者那样的行为？因此，任何版本的语义还原理论都有问题。

然而，尽管内在主义对于语义还原论构成问题，但它似乎并不会威胁到非还原性的语义自然主义。根据非还原性的自然主义，虽然语义属性属于自然属性（拥有因果效力、可被经验认知，等等），但它们不同于任何其他的自然属性。也就是说，我们唯有通过语义词汇才能表征语义属性（如果意义可以被非语义的自然词汇"N"指示，那么，意义便与非语义的自然属性 $N$ 相等同了）。虽然我们可以合理地认为在语义的应当和非语义的自然属性之间并不存在必然的联系，但在语义的应当和只能用语义词汇来指称的自然属性之间，似乎可以存在一种必然的关联。因此，非还原性的语义自然主义似乎并不会受到语义内在主义的威胁（正如道德/理由内在主义不会对道德反还原论构成挑战一样）。

当然，我在这里只能对非还原性的语义自然主义进行简明扼要的介绍，对于这一立场的充分发展需要另待时机。本章的主要目的是要向语义规范主义提出排斥问题。希望我已经表明，将语义属性理解为无法引起自然现象的规范属性是成问题的。如果我的分析是正确的，（还原的或者非还原的）语义自然主义应该是语言哲学家的唯一选择。

第六章

# 道德领域的排斥问题

## 一、引言

在当代元伦理学中，道德自然主义(moral naturalism)和道德非自然主义(moral non-naturalism)之间存在深刻的分歧。自然主义者主张道德属性等同于某些自然属性，即某些被自然科学和社会科学所研究的属性[①]，但非自然主义者否认这一点[②]。虽然这属于元伦理学领域中的争论，但

---

① Nicholas Sturgeon, "Moral Explanation," in D. Copp and D. Zimmerman (ed.) *Morality, Reasons, and Truth: New Essays on the Foundations of Ethics*, Totowa: Rowman and Allanheld, 1985, pp.49 - 78, and "Ethical Naturalism," in D. Copp (ed.) *The Oxford Handbook of Ethical Theory*, Oxford: Oxford University Press, 2006, pp. 91 - 121; Peter Railton, "Moral Realism," *Philosophical Review* 95 (1986): 163 - 207, and "Naturalism and Prescriptivity," *Social Philosophy and Policy* 7 (1989): 151 - 174; David Brink, *Moral Realism and the Foundations of Ethics*, Cambridge: Cambridge University Press, 1989; David Copp, *Morality, Normativity, and Society*, New York: Oxford University Press, 1995; Frank Jackson, *From Metaphysics to Ethics: A Defence of Conceptual Analysis*, Oxford: Clarendon Press, 1998.

② Robert Audi, *Moral Knowledge and Ethical Character*, Oxford: Oxford University Press, 1997; Russ Shafer-Landau, *Moral Realism: A Defense*, (转下页)

它可以从心灵哲学中的还原性物理主义(reductive physicalism)和非还原性物理主义(non-reductive physicalism)之间的论辩中得到各种启发。这一点应该不会让人意外,因为道德和心灵这两个领域呈现出诸多有趣的相似之处:两者都随附于(supervene upon)更为基础的领域;两者似乎都被低阶的属性多重实现(multiply realizable);两者都拥有诸多独特的、难以被还原的性质,等等。

在我看来,对于非还原性物理主义的最大挑战便是排斥问题,这个问题说的是,心理和物理属性之间的不可还原性与心灵所具有的因果解释效力是不相容的①。一些伦理学家向道德非自然主义提出类似的排斥问题②。但这一议题尚未得到充分的检讨。在本章中,我尝试推进对于这一议题的讨论,而做法是通过对比道德领域中的排斥问题与心灵哲学领域中的排斥问题。

本章的结构安排如下:在第二到第四节,我将论证,虽然心灵排斥问题一般被表述为因果排斥问题(problem of causal exclusion),但道德排斥问题应该被理解为解释排斥问题(problem of explanatory exclusion)。在第五和第六节,我将引入在文献中最具影响力的两种解决排斥问题

---

(接上页)Oxford: Oxford University Press, 2003; Terence Cuneo, "Moral Facts as Configuring Causes," *Pacific Philosophical Quarterly* 87(2006): 141 - 162; Ralph Wedgwood, *The Nature of Normativity*, Oxford: Oxford University Press, 2007; David Enoch, "The Epistemological Challenge to Metanormative Realism," *Philosophical Studies* 148(2010): 413 - 438; Derek Parfit, *On What Matters*, Oxford: Oxford University Press, 2011.

① Jaegwon Kim, "Mechanism, Purpose, and Explanatory Exclusion," *Philosophical Perspectives* 3(1989): 77 - 108, *Mind in a Physical World*, Cambridge: MIT Press, 1998, and *Physicalism, or Something Near Enough*, Princeton: Princeton University Press, 2005; David Papineau, *Thinking about Consciousness*, Oxford: Oxford University Press, 2002.

② Russ Shafer-Landau, *Moral Realism: A Defense*; Ralph Wedgwood, *The Nature of Normativity*.

的方案，即自主性（autonomy）方案和过度决定（overdetermination）方案。通过对比"道德—自然"的解释排斥和"心理—物理"的因果排斥，我将指出，这两个看起来很类似的问题在解决起来存在两个有趣的差异。在第五节，我会论证，虽然自主性方案在解决"心理—物理"的排斥问题时可能是有效的，但类似的自主性方案在面对"道德—自然"的排斥问题时却不合理。在第六节，我将论证，虽然过度决定方案在解决心灵的排斥问题时是失败的，但类似的过度决定方案却有希望解决道德的排斥问题。因此，我的结论是，道德非自然主义者可以解决排斥问题，并且其解决方式不同于解决"心理—物理"排斥问题的方式。

## 二、心灵因果与排斥论证

"心理—物理"之间的排斥一般被理解成一个因果排斥的问题[①]。心灵哲学中的排斥论证旨在表明，如果心理属性不能等同于物理属性，那么，心理属性将不具有真正的因果效力。请看如下所示的因果排斥论证（A1）：

1.1 ［随附性］心理属性随附于物理属性。

---

① Jaegwon Kim, *Mind in a Physical World* and *Physicalism, or Something Near Enough*; David Papineau, *Thinking about Consciousness*; Christian List and Peter Menzies, "Nonreductive Physicalism and the Limits of the Exclusion Principle," *Journal of Philosophy* 106(2009): 475 - 502; Lei Zhong, "Can Counterfactuals Solve the Exclusion Problem?" *Philosophy and Phenomenological Research* 83(2011): 129 - 147, "A Unificationist Vindication of Moral Explanation," *Philosophical Forum* 142(2011): 131 - 146, and "Sophisticated Exclusion and Sophisticated Causation," *Journal of Philosophy* 111(2014): 341 - 360.

1.2 ［非同一性］心理属性不同于物理属性。

1.3 ［物理的因果完备性］如果某个物理属性有一个发生在 $t$ 时刻的原因，那么它便有一个在 $t$ 时刻发生的（充足的）物理原因[①]。

1.4 ［因果的非过度决定性］不会普遍出现这种情况：随附关系中的上层属性和下层属性是同一结果的两个不同的原因。

1.5 因此，心理属性无法引起物理属性[②]。

如图 6－1 所示，M 是一个心理属性，P 和 $P^*$ 分别是两个物理属性。M 在这里由 P 所实现，根据［物理的因果完备性］，我们假定 P 是 $P^*$ 的（充足）物理原因。根据［随附性］和［因果的非过度决定性］，M 和 P 不可能是 $P^*$ 的两个不同的原因[③]。再者，M 不同于 P。由此我们可以推出，M 不是 $P^*$ 的原因。

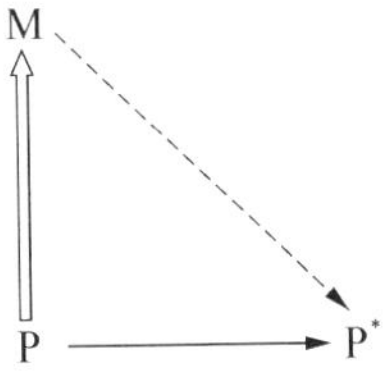


**图 6－1　因果排斥论证**

上述论证的每一个前提似乎都是正确的。既然我们讨论的是不可还原的心理属性是否具有因果效力的问题，那么我们当然要先接受［非同一性］这个前提。［随附性］和［物理的因果完备性］这两个前提在当代心灵哲学中被广泛接受。此外，正如我将在第六节论证的那样，我们

---

① 这里的“物理属性”一般被理解为基础的（fundamental）物理属性，是物理学的研究对象。参见 Karen Bennett，“Why the Exclusion Problem Seems Intractable and How, Just Maybe, to Trace It,” *Noûs* 37(2003)：471－497。

② 说“属性 A 引起了属性 B”就是说“由于属性 A 和属性 B 的缘故，一个例示了 A 的事件引起了另一个例示了 B 的事件”。

③ 当我说“属性 A 和属性 B 是 E 的两个不同原因”，我的意思是“E 有两个发生在同一时间的充足原因，其中一个原因包含属性 A 但不包含属性 B，另一个则包含属性 B 却不包含属性 A”。

有很好的理由接受[因果的非过度决定性]这一前提。

排斥论证想要建立的结论是，心理属性与物理属性之间的不可还原性与心灵因果性是不相容的。为了保住“心理—物理”之间的不可还原性而放弃心灵的因果效力是不可行的。因为心灵因果性是人类能动性的前提条件，压倒了其他理论考虑。对于大多数哲学家来说，“无论来自其他方面的压力有多大，心灵所具有的因果效力都是绝对不能放弃的[①]”。正因为此，副现象论（epiphenomenalism）在心灵哲学中从来都不是一个被严肃对待的选项。既然接受心理属性的因果力是理所应当的，那么，排斥问题便可以作为一个归谬论证来驳斥非还原性物理主义。

## 三、道德知识的解释条件

虽然心理属性的因果力极其重要，但相比之下，道德因果性的重要性（如果有的话）却非常有限。在这一节，我想要表明，在伦理学中重要的是解释效力，而非因果效力。

对于接受知识的因果理论的伦理学家来说，道德因果性确实也很重要[②]。“知识的因果条件”可以表述如下：

(CCK) 只有当 $S$ 关于 $x$ 的信念是由 $x$ 因果地导致的，$S$ 才拥有关于 $x$ 的知识。

① Jaegwon Kim, *Mind in a Physical World*, p.31.

② Alvin Goldman, “A Causal Theory of Knowing,” *Journal of Philosophy* 64 (1967): 355 - 372; Russ Shafer-Landau, *Moral Realism: A Defense*; Nicholas Sturgeon, “Ethical Naturalism”; Ralph Wedgwood, *The Nature of Normativity*.

然而，CCK 似乎要求太高了。我们可以合理地认为，我们拥有关于抽象事物的知识，比如拥有关于数字和共相的知识，尽管它们并不具有因果效力。不仅如此，甚至存在因果上不起作用却可以被我们认知到的自然属性和状态，比如感受质(qualia)。由于这些问题的存在，并没有多少当代的知识论学者支持知识的因果理论。

但我想要指出的是，知识的因果理论实际上属于更为普遍的外在主义进路，即知识的解释进路的一种特殊形式①。根据这一进路，某人为了获得关于某对象的知识，该对象必须在那个人的相关信念的解释历史中起到作用。哲学家似乎普遍认为，假如对于某个信念之所以发生的真正解释是"拆穿式的"(debunking)——也就是说，那个解释并不涉及该信念所要反映的对象或者事实——那么该信念就不是知识②。虽然知识的因果理论失败了，但在我看来，知识的解释进路相当合理。让我引入"知识的解释条件"：

(ECK) 只有 $x$ 在对于 $S$ 的 $x$——信念的正确解释中起到作

---

① 因果力是一种特殊的解释力。如果 A 引起了 B，那么 A 可以帮助解释 B 的发生，但反之则不成立。接下来我将指出，即使某个对象可以扮演有效的解释角色，它也可能不具有因果效力。

② 参见 Ernest Sosa，"Reliability and the A Priori，" in T. S. Gendler and J. Hawthorne (ed.) *Conceivability and Possibility*，Oxford：Oxford University Press，2002，pp. 369 - 384；Richard Joyce，*The Evolution of Morality*，Cambridge：MIT Press，2006；Sharon Street，"A Darwinian Dilemma for Realist Theories of Value，" *Philosophical Studies* 127(2006)：109 - 166。虽然知识的解释条件被广泛接受，但我知道仍然有某些哲学家并不认同它。例如，根据所谓"第三要素"(third-factor)理论，只要道德事实以及与之相应的道德信念共同由某个第三要素所解释，我们就可以拥有道德知识，即使道德事实并不有助于解释道德信念的发生。参见 David Enoch，"The Epistemological Challenge to Metanormative Realism"；Eric Wielenberg，"On the Evolutionary Debunking of Morality，" *Ethics* 120(2010)：441 - 464。虽然在这里我无法充分讨论这一议题，但在我看来，第三要素的条件太弱了，无法成功地辩护道德知识。

用，$S$ 才拥有关于 $x$ 的知识[①]。

ECK 比 CCK 更站得住脚。即使某个对象并没有因果地导致某现象，它在解释上仍然可能是有效的，也就是说，它在对于这一现象的（正确）解释中扮演了不可或缺的角色[②]。另一方面，可能存在没有因果效力但具有解释效力的自然属性。正如很多哲学家所论证过的，即使高阶的自然属性（比如心理属性、经济属性和社会属性）并不具有因果效力，它们仍然可以扮演独特的解释角色，而这一解释角色无法被物理属性替代[③]。

此外，诸如数学对象这样的非自然对象虽然没有引起自然现象的因果力，但它们可以在对自然现象的（正确）解释中发挥作用[④]。即使数学知识是先验知识，即使数学对象是非自然对象，数学事实仍然可以在我们的数学信念的演化历史之中发挥作用。假如人类的基本数学信

---

① 值得留意的是，解释效力并不是知识的充分条件，而只是一个必要条件。相关讨论参见 Neil Sinclair, "The Explanationist Argument for Moral Realism," *Canadian Journal of Philosophy* 41(2011)：1–24。

② "解释"这个词有时候指的是一种形而上学关系（例如，"火山爆发解释了地震"），有时候指的则是一种旨在揭示这种形而上学关系的认知关系（例如，"演化论解释了人类的起源"）。这一区别并不会影响本书的结论。

③ Elliott Sober, "Equilibrium Explanation," *Philosophical Studies* 43(1983)：201–210; David Brink, *Moral Realism and the Foundations of Ethics*; Frank Jackson and Phillip Pettit, "Program Explanation," *Analysis* 50(1990)：107–117 and "In Defence of Explanatory Ecumenism," *Economics and Philosophy* 8(1992)：1–21.

④ Gilbert Harman, *The Nature of Morality: An Introduction to Ethics*, New York: Oxford University Press, 1977; Hilary Putnam, "What is Mathematical Truth," in his *Philosophical Papers*, vol.1, Cambridge: Cambridge University Press, 1975, pp. 60–78; Alan Baker, "Are there Genuine Mathematical Explanations of Physical Phenomena?" *Mind* 114(2005)：223–238; Robert Batterman, "On the Explanatory Role of Mathematics in Empirical Science," *British Journal for the Philosophy of Science* 61(2010)：1–25.

念是错误的，抑或那些信念所反映的数学事实并不存在，那么拥有那些数学信念人类便不可能存活演化到今天①。因此，无论道德领域是否属于自然领域，我看不出道德知识如何能够免于解释条件的要求。某些精致的非自然主义者似乎也承认，道德非自然主义和道德解释是相容的②。

## 四、道德解释与排斥论证

很多伦理学家都激烈地否认道德属性具有解释效力③，其中一个强有力的理由关乎解释排斥④(explanatory exclusion)。如罗伯特·奥迪所言：

> 除了通过对于政府没收土地、无理的宵禁或者警察的暴力有所知晓之外，一个人无法获得关于存在此种不公的知识，而这些又是以行为的方式才得到理解的，比如士兵占领农田、夜晚清空街道或者殴打平民。但所有这些都属于非道德因素，其本身就可以很

---

① Ernest Sosa, "Reliability and the A Priori"; Allan Gibbard, *Thinking How to Live*, Cambridge: Harvard University Press, 2003; Richard Joyce, *The Evolution of Morality*.

② Russ Shafer-Landau, *Moral Realism: A Defense*; Terence Cuneo, "Moral Facts as Configuring Causes"; Ralph Wedgwood, *The Nature of Normativity*.

③ Gilbert Harman, *The Nature of Morality: An Introduction to Ethics*; Simon Blackburn, "Just Causes," *Philosophical Studies* 61(1991): 3－17; Robert Audi, *Moral Knowledge and Ethical Character*; Judith Thomson, "Reply to Critics," *Philosophy and Phenomenological Research* 58(1998): 215－222; Brian Leiter, "Moral facts and Best Explanations," *Social Philosophy and Policy* 18(2001): 79－101; Allan Gibbard, *Thinking How to Live*.

④ Simon Blackburn, "Just Causes"; Robert Audi, *Moral Knowledge and Ethical Character*; Judith Thomson, "Reply to Critics".

好地解释叛乱为什么会发生①。

根据那些哲学家的看法，道德属性没有解释效力，因为援引道德属性所做的所谓解释可以完全被仅仅援引自然属性的解释所取代，而不会有任何解释上的损失。在任何声称道德具有解释力的事例中，真正扮演解释角色的都是道德属性所随附的自然属性。

解释排斥这一论点并没有以一种严格的方式阐明。如拉尔夫·韦奇伍德所见，“即使这一反对道德解释的论证已经被广泛讨论，并没有很多人注意到此论证与金在权（Jaegwon Kim）所谓的反对心灵因果性的因果排斥论证有多相似”②。现在让我引入伦理学中的排斥论证（A2），其与“心理—物理”之间的排斥论证（A1）拥有相似的结构，但 A1 讲的是因果排斥，而 A2 说的则是解释排斥。

2.1 ［随附性］道德属性随附于自然属性。

2.2 ［非同一性］道德属性不同于自然属性。

2.3 ［自然的解释完备性］如果对于某个自然现象存在一种解释，那么对于这一自然现象便存在一种纯粹的自然解释。

2.4 ［解释的非过度决定性］没有什么被解释项能拥有两个不同的正确解释，并且这两个解释分别诉诸处于随附关系中的上层属性和下层属性。

2.5 因此，道德属性无法解释自然现象。

---

① Robert Audi, *Moral Knowledge and Ethical Character*, p.118.
② Ralph Wedgwood, *The Nature of Normativity*, p.193.

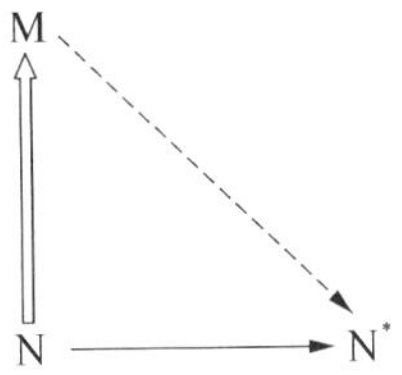

图 6-2　解释排斥论证

如图 6-2 所示，M 是一个道德属性，并且随附于自然属性 N。N 解释了另一个自然属性 N* 的发生。从诸前提我们可以推知，M 没有解释 N*。我们因为论证本身之故而假定[非同一性]这个前提。[随附性]这一前提是当代元伦理学的标准看法，为道德自然主义者和道德非自然主义者所普遍接受。A1 中的两个前提([物理的因果完备性]和[因果的非过度决定性])现在被[自然的解释完备性]和[解释的非过度决定性]所取代。[自然的解释完备性]似乎相当合理。可以这样说，对于任何自然现象，都至少存在某个只诉诸自然现象的正确解释。这一原则也符合各个不同学科中的解释实践，比如经济学、心理学、生物学、化学和物理学。某些哲学家接受[解释的非过度决定性]，他们持有一种被称为解释一元论(explanatory monism)的立场。根据这一立场，用以解释任何现象的要素都只能处于同一层次，要么是处于随附关系中的上层属性，要么是下层属性，不可能两者都是①。我将会在第六节更为详细地讨论这个立场。

正如还原性物理主义者提出排斥问题来反驳非还原性物理主义一样，道德自然主义者也可以使用相似的策略来挑战道德非还原主义。在容纳道德解释方面，道德自然主义看上去优于道德非自然主义。如果道德属性等同于自然属性的话，道德属性便会具有解释效力。

① John Elster, *Explaining Technical Change*, Cambridge: Cambridge University Press, 1983; Wesley Salmon, *Scientific Explanation and the Causal Structure of the World*, Princeton: Princeton University Press, 1984; Jaegwon Kim, "Mechanism, Purpose, and Explanatory Exclusion".

## 五、自主性方案

在讨论心灵因果性的文献中，有两种占据主导地位的解决排斥问题的路径：一种是自主性路径，另一种是过度决定路径。在接下来的两节，我会分别讨论这两个排斥问题的解决方案。在下一节，我会论证，过度决定路径在拯救心灵因果性时非常可疑，但它在解决道德解释问题时却是一个十分合理的方案。在本节中，我的目标则是要表明，虽然自主性路径在解决"心理—物理"排斥问题时具有相当的吸引力，但它在解决"道德—自然"排斥问题时却行不通。

一些哲学家认为，解决排斥问题最合理的方案便是采纳所谓的"自主性路径"[①]。根据这一路径，即使心理属性在因果地导致物理属性方面是失败的，它们仍可以引起更为高阶的属性(比如心理、行为以及社会属性)。也就是说，物理属性只能因果地导致物理属性，而不会威胁到心理属性的因果效力。

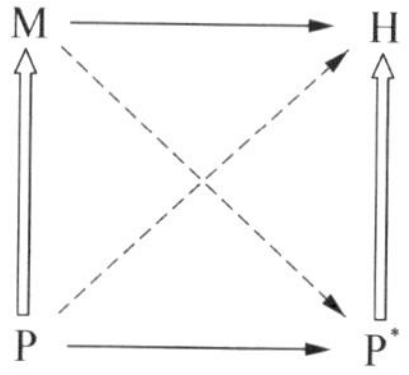

**图 6-3　心灵领域的自主性**

如图 6-3 所示，M 是一个心理属性，P 和 $P^*$ 是两个物理属性，H 是高阶属性。M 由 P 所实现，而 P 因果地导致了 $P^*$。自主性路径的基本想法是这样的。即使 M 没有引起 $P^*$，M 仍然可以引起 H。另一方面，虽然 P 引起了 $P^*$，但 P 可能没有引起 H，而 H 是由 M 所

① T. M. Crisp and Ted Warfield, "Kim's Master Argument," *Noûs* 35(2001): 304-316; John Gibbons, "Mental Causation without Downward Causation," *Philosophical Review* 115(2006): 79-103; Lei Zhong, "Sophisticated Exclusion and Sophisticated Causation," *Journal of Philosophy* 111(2014): 341-360.

引起的。

因果自主性的设想与[物理的因果完备性]和[因果的非过度决定性]是相容的。这里我要再次强调,“物理”这个词是在狭义上使用的,指的是(理想的)物理学所研究的基本实体和属性。对于确证能动性这一目的而言,“心理—物理”之间的因果作用并不是很重要。只要心理属性可以因果地导致高阶的属性(比如行为属性、社会属性以及其他心理属性),心灵的因果效力大体上便可以被确立,而不管心理属性是否可以引起基本物理属性①。

为了解决伦理学中的排斥问题,有人可能提出类似的自主性方案。他可能论证说,即使道德属性无法解释自然属性,它们仍然可以解释随附于自然属性之上的更高阶的属性。如图 6－4 所示,虽然 M 无法解释 $N^*$,但 M 可以解释 H;即使 N 解释了 $N^*$,N 却解释不了 H。我们可以合理地假定,随附于自然属性之上的高阶属性是道德或者规范属性。所以,伦理学中的自主性方案其基本想法是,道德属性只需解释其他的道德属性或者规范属性。

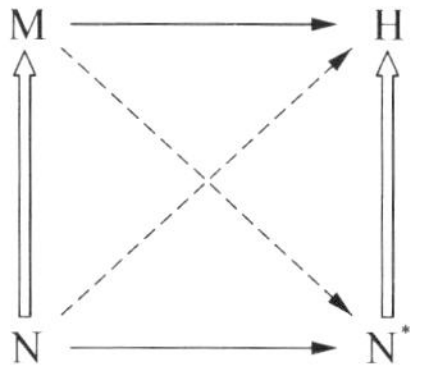

**图 6－4　道德领域的自主性**

鲁斯·谢弗兰道似乎考虑了这一选项:

> 为什么我们应该坚持,道德事实本体论地位的可信度取决于它们能够解释发生在其他领域的事情?我们并不要求天文学事实引起生物腺体事实的变化,也不要求声波事实导致气象事实……如果这些事实在本体论上的可信度不容置疑,而不需要它们因果

① 我提出的自主性路径认为,心理属性只可以引起高阶属性。这一观点不同于传统的平行主义(parallelism),后者认为心理属性只能引起心理属性。

地解释其领域之外的事件，那么，为什么道德事实应该遵循更高的标准[①]？

然而，对于道德排斥问题来说，自主性策略并不是一个很有前途的解决方案。我有两个理由。第一，仅仅解释规范属性对于捍卫道德知识来说是远远不够的。例如，当我们被问到“人们是如何知道不正义确实存在的”，如果我们回答“不正义可以解释国家的一系列行为什么是错的”，这似乎是一个很蹩脚的答案。因为下一个问题便是，我们如何知道错(wrongness)是存在的——或者说，我们如何知道某些使用了“错”这个词的一阶道德陈述为真？自主性路径只是把问题向后推了一步。这一点对于其他领域也适用。例如，如果我们拥有关于上帝的知识，那一定是因为假设上帝的存在可以成功地解释一些超自然领域之外的事实(比如，宇宙运转的规律性这一事实)。说我们可以诉诸上帝的存在来解释耶稣的复活，这实在难以令人满意。

为了满足道德知识的解释条件，道德属性需要解释自然属性。假如不可还原的道德属性无法解释任何自然现象，那么，这将对道德非自然主义构成严重的挑战(而无论道德属性是否可以解释其他的规范属性)。因此，自主性路径并不能令人满意。

第二，无论解释规范事实是否构成道德知识的充分条件，解释的自主性路径是一种依赖于过度决定的寄生性方案。换句话说，只有当我们已经否决了[非过度决定性]，解释的自主性路径才能发挥作用。相比之下，因果的自主性路径是一种独立的方案，并不一定要对[因果的非过度决定性]构成挑战。在某些对于因果性的理论框架下，即使 P 引

---

① Russ Shafer-Landau, *Moral Realism: A Defense*, p.104.

起了 $P^*$，P 也不一定会引起随附于 $P^*$ 的属性 H，而 H 可以由 M 所引起[①]。所以，因果自主性这一选项与[因果的非过度决定性]是相容的。然而，比起因果关系，解释关系并没有那么严格，也没有那么高的要求。既然 N 解释了 $N^*$，并且 $N^*$ 实现了 H，我们完全可以说 N 也解释了 H。假如没有解释的过度决定，我们可以合理地推出，M 没有解释 H。也就是说，只有当[解释的非过度决定性]是错的，我们才能说 M 可以解释 H。但如果我们有很好的理由接受解释的过度决定论，那么我们一开始便没有动机去考虑自主性路径了。既然一开始便允许多重解释，即使 $N^*$ 由 N 所解释，M 当然也可以解释 $N^*$。因此，过度决定路径似乎是解决道德排斥问题的最佳方案。接下来，我就会讨论这一路径。

## 六、过度决定方案

很多学者提议用"心理—物理"的因果过度决定来解决排斥问题[②]。

---

① James Woodward, *Making Things Happen: A Theory of Causal Explanation*, Oxford: Oxford University Press, 2003 and "Mental Causation and Neural Mechanisms," in J. Hohwy and J. Kallestrup (ed.) *Being Reduced: New Essays on Reduction, Explanation, and Causation*, Oxford: Oxford University Press, 2008, pp. 218 - 262; Christian List and Peter Menzies, "Nonreductive Physicalism and the Limits of the Exclusion Principle"; Lei Zhong, "Sophisticated Exclusion and Sophisticated Causation".

② Karen Bennett, "Why the Exclusion Problem Seems Intractable and How, Just Maybe, to Trace It"; Jonathan Schafer, "Overdetermining Causes," *Philosophical Studies* 114(2003): 23-45; Theodore Sider, "What's So Bad about Overdetermination," *Philosophy and Phenomenological Research* 67 (2003): 719 - 726; Sven Walter, "The Supervenience Argument, Overdetermination, and Causal Drainage: Assessing Kim's Master Argument," *Philosophical Psychology* 21 (2008): 673 - 696; Christian List and Peter Menzies, "Nonreductive Physicalism and the Limits of the Exclusion Principle"; Brandon Carey, "Overdetermination and the Exclusion Problem," *Australasian Journal of Philosophy* 89(2011): 251 - 262.

在这一节，我将论证，虽然在拯救心灵因果性的脉络中过度决定路径充满争议，但面对道德解释问题，它却是一个相当合理的解决方案。处于随附关系中的上层属性和下层属性在解释上过度决定了同一个现象，这一点要比与之相应的因果过度决定更能说得通。

应该注意的是，因果过度决定的经典案例（比如某个政客同时被两个刺客枪杀的例子）是这样的，其中，造成同一后果的两个充足原因在形而上学上是彼此独立的[①]。然而，前面已经提到，人们通常都认为心理属性随附于物理属性。因此，独立的过度决定并不适用于心灵因果性。金在权写道：

> 在过度决定的典型案例中，例如两枚子弹同时击中被害人的心脏……其中每一个原因都独立扮演了独特的因果角色。一般来讲，过度决定蕴含两个或者多个不同且独立的因果链条，这些链条在某处交会从而产生出同一个结果。然而，由于随附性，我们在这里遇到的并非那种过度决定的典型案例。在这个意义上，那并不是真正的因果过度决定。[②]

如果某个物理属性已经是某个结果的充足原因，随附于其上的心理属性还能起到什么独特的因果作用？为了解决排斥问题而假定“心理—物理”的过度决定显得有些牵强。因此，我们最好寻找一种无须借助依赖性的过度决定的方案，来解决排斥问题（这也是为什么一些哲学家转向自主性方案的原因）。

---

① Karen Bennett, “Why the Exclusion Problem Seems Intractable and How, Just Maybe, to Trace It”.

② Jaegwon Kim, *Physicalism, or Something Near Enough*, p.48.

但我想要强调，即使依赖性的因果过度决定是错误的，依赖性的解释过度决定仍然可能是正确的。我们在第三节已经讨论过，解释效力不如因果效力严格。即使某个事物没有因果力，它也可以有解释力。如果解释效力和因果效力是可以区分开来的，那么似乎就会存在这样的情况：对于某一后果有两种不同且都成功的解释，两个事物分别在那两种解释中发挥作用，但只有其中一个扮演了真正的因果角色。相比因果排斥问题，过度决定方案在解决解释排斥问题时似乎要更加合理。

有些哲学家是因果基础主义者（causal fundamentalists），相信只有存在于基础本体论层面的微观物理对象才具有真正的因果效力。对于他们来说，任何处于随附关系上层的实体都不具备真正的因果力[①]。这可能是因为他们"将因果关系理解为包含了能量传递和动量转移等过程的产出机制"[②]。但即使因果基础主义是对的，也不能推论出解释的基础主义。有些哲学家否认只有物理解释才是有效的解释，尽管他们相信只有在物理层面才会发生真正的因果过程[③]。也就是说，他们拒斥依赖性的因果过度决定，但接受依赖性的解释过度决定。

存在多个同样重要的解释优点（explanatory virtues），比如整合力（unification）、简单性（simplicity）和深度（depth）。有些哲学家讲得很好，高阶解释和低阶解释经常展现出不同的解释优点。低阶解释在更深的形而上学层面为相关现象为什么会发生提供了更多的细节，而诉

---

① Wesley Salmon, *Scientific Explanation and the Causal Structure of the World*; Phil Dowe, *Physical Causation*, New York: Cambridge University Press, 2000.

② Jaegwon Kim, *Physicalism, or Something Near Enough*, p.47.

③ 参见 Jackson and Pettit, "Program Explanation" and "In Defence of Explanatory Ecumenism"。

诸可被多重实现的高阶属性的解释则可以为看似不同的现象提供一个整合的说明①。这两种解释都可以是有效的解释，而不会彼此排斥。如艾利奥特·索伯(Elliott Sober)所言："还原论者说低阶解释总是更好的解释，反还原论者说低阶解释总是更差的解释。他们都错了。"②

让我们来讨论一个例子。假设不同生物的疼痛是由不同的物理状态所实现的。比如，狗的疼痛是由物理状态 $P_1$ 所实现，蝙蝠的疼痛是由 $P_2$ 实现，人类的疼痛由 $P_3$ 实现，火星人的疼痛由 $P_4$ 实现……假设当这些生物处于疼痛状态时，它们都会呻吟。这时，有一只狗正疼得呻吟。如果有人问："这只狗为什么呻吟？"我们要么诉诸心理属性(即疼痛)来解释，要么诉诸基础的物理状态 $P_1$ 来解释。在解释不同生物的呻吟时，疼痛较之其具体的实现者似乎扮演了更具有整合力的角色。因为我们可以借助疼痛来解释为什么一只处于 $P_2$ 状态而非 $P_1$ 状态的蝙蝠也会呻吟。现在，我们可以清楚地看到，援引可被多重实现的高阶属性的解释如何展示了整合力这一解释优点。

① Jerry Fodor, "Special Sciences (Or: The Disunity of Science as a Working Hypothesis)," *Synthese* 28(1974): 97 - 115; Philip Kitcher, "1953 and All That: A Tale of Two Sciences," *Philosophical Review* 93(1984): 335 - 373, "Explanatory Unification and the Causal Structure of the World," in P. Kitcher & W. Salmon (ed.) *Scientific Explanation*, Minneapolis: University of Minnesota Press, 1989, pp.401 - 505, and "The Hegemony of Molecular Biology," *Biology and Philosophy* 14 (1999): 195 - 210; Jackson and Pettit, "Program Explanation" and "In Defence of Explanatory Ecumenism"; Peter Railton, "Moral Explanation and Moral Objectivity," *Philosophy and Phenomenological Research* 58(1998): 175 - 182; Elliott Sober, "The Multiple Realizability Argument against Reductionism," *Philosophy of Science* 66(1999): 542 - 564; Caterina Marchionni, "Explanatory Pluralism and Complementarity: Form Autonomy to Integration," *Philosophy of Social Sciences* 32 (2008): 314 - 333.

② Elliott Sober, "The Multiple Realizability Argument against Reductionism," p.560.

这一点对于道德解释同样适用①。以不正义(injustice)为例。使得一个社会不正义的因素有很多,比如种族隔离、奴隶制或者宗教不宽容。假设所有这些不正义的形式都倾向于引发叛乱。我们可以诉诸不正义这一道德属性来解释为什么在每一个不正义的社会都会发生叛乱,但我们无法依赖任何一种特殊的实现不正义的属性来提供一种具有同样整合力的解释。也就是说,不正义这一道德属性在解释叛乱时比其自然实现者发挥了更具整合力的作用。

到目前为止,我简要地呈现了一种解决道德解释问题的整合主义框架:道德属性由于其整合力可以扮演一种独特的解释角色并贡献一种独特的解释理解。值得注意的是,具有整合力的解释角色可能并不足以让道德属性拥有因果效力。前面已经提到,数学对象可以发挥具有整合力的解释作用,但据此我们并不能说它们具有因果效力。或者让我们再来考虑疼痛的例子。尽管相比疼痛的诸多物理实现者,疼痛在解释呻吟时扮演了更具有整合力的角色,但疼痛可能没有因果地导致呻吟(而是 $P_1$ 引起了狗的呻吟,$P_2$ 引起了蝙蝠的呻吟,$P_3$ 引起了人的呻吟……)。既然因果关系比解释关系更加严格,这就给"处于随附关系中的两种属性在解释上而不是在因果上过度决定同一个结果"这一可能性留出了概念空间②。

---

① Terence Cuneo, "Moral Facts as Configuring Causes"; Mark Nelson, "Moral Realism and Program Explanation," *Australian Journal of Philosophy* 84 (2006): 417 - 428; Ralph Wedgwood, *The Nature of Normativity*; Lei Zhong, "A Unificationist Vindication of Moral Explanation" and "An Explanatory Challenge to Moral Reductionism," *Theoria* 78(2012): 309 - 325.

② 虽然解释的过度决定策略可以被用来捍卫心理属性的解释效力,但它对于"心理—物理"的因果排斥问题是无用的,而非还原性的物理主义者正是需要解决因果排斥问题。参见 Jaegwon Kim, *Mind in a Physical World*。

## 七、结论

总结一下，我已经论证过，道德非自然主义者可以用一种不同于解决“心理—物理”排斥问题的方式来解决道德领域的排斥问题。一方面，虽然自主性路径在解决“心理—物理”排斥问题时可能有效，但类似的自主性策略在面对“道德—自然”排斥问题时却是不合理的；另一方面，虽然过度决定方案在解决心灵哲学领域中的排斥问题时是失败的，类似的过度决定方案却有希望解决道德领域的排斥问题。因此，道德非自然主义并不会受到排斥问题的威胁。

第四部分

EMOTIVISM

# 情感与理性

第七章

# 内在主义、情感主义与病态人格

## 一、引言

动机内在主义(以下简称为“内在主义”)主张,在道德判断和动机之间存在一种必然的联系。纵观整个伦理学史,这一主张被许多哲学家所接受①。内在主义可以被刻画如下:

> [内在主义] 如果一个人 $S$ 真诚地判断,在情境 $C$ 中做 $A$ 在道德上是对的(或者错的),那么,必然地,他将在情境 $C$ 中拥有一

① Stephen Darwall, *Impartial Reason*, Ithaca: Cornell University Press, 1983; Allan Gibbard, *Wise Choices, Apt Feelings*, Cambridge: Harvard University Press, 1990; David Hume, *An Enquiry Concerning Human Understanding*, Oxford: Oxford University Press, 1999; Immanuel Kant, *Critique of Practical Reason*, Cambridge: Cambridge University Press, 1997; Christine Korsgaard, *The Source of Normativity*, Cambridge: Cambridge University Press, 1996; Michael Smith, *The Moral Problem*, Oxford: Blackwell, 1994.

定强度的(pro tanto)动机去做(或不做)A[①]。

值得注意的是,在上述定义中,由道德判断所引发的动机只是具有一定强度的动机,也就是说,道德动机不必是压倒性的行为动机,而是具有某一程度即可。我们的道德动机常常被诸如自私自利之类的非道德考虑所压倒,合理的内在主义版本应该允许这种现象的发生。但是,如果某人没有丝毫动机去做他"判断"为道德上正确的事,通常情况下,我们便有理由怀疑他并没有作出真正的道德判断——也许他撒谎了,或者根本没有搞清楚自己的心理状态,抑或误解了"道德上正确"的含义。因此,内在主义似乎表达了一个关于道德话语的富有洞见的真理:激发行为的动力是道德判断的本质之一。

然而,经验学科中所研究的病态人格(psychopathy)似乎构成了内在主义的一个反例。病态人格患者似乎和正常人一样作出道德判断,但却没有任何动机去依照他们关于对或错的判断去行动。如果真是这样,那么便可推知,道德判断和动机之间并没有必然的联系。

需要注意的是,我是在一种非常宽泛的意义上使用"病态人格"这个词的,我用它来指称任何罹患严重的情感缺陷并因此无法被他们的"道德判断"所驱动的个体。因此,根据我的用法,病态人格不仅包括发展性的(developmental),还包括所谓获得性的(acquired)病态人格(也就是那些早年完全正常,但后来由于大脑损伤而拥有病态人格的患

① Stephen Darwall, "Reasons, Motives, and the Demands of Morality," in S. Darwall, A. Gibbard and P. Railton (ed.) *Moral Discourse and Practice: Some Philosophical Approaches*, Oxford: Oxford University Press, 1997, pp. 305 - 312; Russ Shafer-Landau, *Moral Realism: A Defense*, Oxford: Oxford University Press, 2003.

者)。一些研究指出,发展性的和获得性的病态人格在认知和行为方面表现出广泛的相似性[①]。比如,两者都会对他人的伤痛和不幸表现出极少的情感反应,两者的认知能力完好无损且都可以正常地运用工具理性,两者都倾向于无视道德义务,并且两者似乎都没有动机去履行公认的道德判断。当然,我承认,发展性的病态人格和获得性的病态人格在其他方面存在诸多实质性的差别。但是鉴于本书的目的,暂且将两者归入一类并方便地统称为"病态人格"。而病态人格的存在似乎构成了内在主义的一个反例。

面对病态人格这一现象,内在主义者可能会说,病态人格患者并没有在作真正的道德判断,因此,"他们没有动机去履行自己认可的判断"这一事实并不能构成反对内在主义的证据。笔者假定,病态人格患者无法被他们认可的所谓"道德判断"驱动[②],而集中讨论病态人格患者是否作出了真正的道德判断这个问题。

循此思路,有一种内在主义的回应正变得越来越流行,这就是所谓的情感主义回应。根据这种回应,病态人格患者并没有在作真正的道

① S. W. Anderson, A. Bechara, H. Damasio, D. Tranel and A. R. Damasio, "Impairment of Social and Moral Behavior Related to Early Damage in Human Prefrontal Cortex," *Nature Neuroscience* 2(1999): 1032 - 1037; J. Barrash, D. Tranel, and S. W. Anderson, "Acquired Personality Disturbances Associated with Bilateral Damage to the Ventromedial Prefrontal Region," *Developmental Neuropsychology* 18(2000): 355 - 381; A. Bechara, H. Damasio, and A. R. Damasio, "Emotion, Decision-Making and the Orbitofrontal Cortex," *Cerebral Cortex* 10(2000): 295 - 307; A. R. Damasio, *Descartes' Error: Emotion, Reason, and the Human Brain*, New York: Grosset/Putnam, 1994; A. R. Damasio, D. Tranel, and H. Damasio, "Individuals with Sociopathic Behavior Caused by Frontal Damage Fail to Respond Automatically to Social Stimuli," *Behavioral Brain Research* 41(1990): 81 - 94.

② 我们没有必要假定,病态人格患者永远不会被他们的任何一个道德判断激发行动。争论的要点在于,是否存在一些他们真诚接受却没有动机去践行的道德判断。

德判断,因为他们缺乏道德情感,比如同情和愧疚[①]。情感主义回应预设了一种对于道德判断的情感解释,此即是:

> [情感主义]只有当一个人 S 所作的判断由 S 的道德情感(比如同情、愧疚以及愤慨)所引起,那个判断才是道德判断[②]。

支持情感主义的证据据说来自这一现象,即正常人的道德判断似乎是由道德情感所引起的。假设情感主义是对的,那么,内在主义者只需指出"病态人格患者作出的所谓道德判断并不是由道德情感所引起的"这一经验事实,便可以轻松解决病态人格的挑战[③]。

笔者试图表明情感主义的回应是失败的。借助关于道德困境以及道德认知的最新研究,我将论证,甚至在正常人那里,情感也不是道德判断的构成要素(尽管情感可能影响了道德判断的强度)。新近的诸多实验表明,在对于道德困境的判断中,正常人与在情感方面有缺陷的病态人格患者表现出了很多相似之处。一些研究显示,在"病态人格指数"与"面对个人性道德困境时所作出的效益主义反应的比重"之间,并

① Shaun Nichols, *Sentimental Rules*, New York: Oxford University Press, 2004; Jesse Prinz, *The Emotional Construction of Morals*, New York: Oxford University Press, 2007.

② R. J. R. Blair, "A Cognitive Developmental Approach to Morality: Investigating the Psychopath," *Cognition* 57(1995): 1 - 29; J. Haidt, "The Emotional Dog and Its Rational Tail: A Social Intuitionist Approach to Moral Judgment," *Psychological Review* 108(2001): 814 - 834; Shaun Nichols, *Sentimental Rules*; Jesse Prinz, *The Emotional Construction of Morals*.

③ 当一个内在主义者声称"如果一个判断并不因果地源于情感,那么这个判断便不是真正的道德判断",他并没有犯预设结论的错误。但假如内在主义者说"如果一个判断没有情感或者动机跟随而来,那么这个判断便不是道德判断",那他就是在预设结论。

不存在显著的联系①。一些研究表明，正常人和病态人格患者都倾向于认为，在其他条件都相同的情况下，个人性的伤害比非个人性的伤害更恶劣②。对于这种相似性的最佳解释是，正常人和病态人格患者都是诉诸认知的、非情感的机制来形成那些道德判断的。因此，"正常人的道德判断总是由情感所引起"这一假设不合理——情感主义回应失败了。

## 二、病态人格挑战与情感主义回应

有些内在主义者试图通过表明病态人格患者并不理解道德语言，来论证他们没有作出真正的道德判断(让我们把这一回应称为"语言回应")。根据这一回应，比如，当一个拥有病态人格的人说"撒谎是错的"时，他并没有和正常人一样使用"错"这个谓词，也许他把"错"仅仅理解为"不被社会大众所接受"③。

然而，并没有坚实的经验证据支持语言回应。第一，虽然早期的实验似乎显示，(发展性的)病态人格不能作出道德和习俗之间的区分④，

---

① M. Cima, F. Tonnaer, and M. Hauser, "Psychopaths Know Right from Wrong But Don't Care," *Social Cognitive and Affective Neuroscience* 5(2010): 59-67; A. L. Glenn, A. Raine, R. A. Schug, L. Young, and M. Hauser, "Increased DLPFC Activity during Moral Decision-Making in Psychopathy," *Molecular Psychiatry* 14(2009): 909-911.

② M. Cima, F. Tonnaer, and M. Hauser, "Psychopaths Know Right from Wrong But Don't Care"; M. Koenigs, M. Kruepke, J. Zeier, and J. P. Newman, "Utilitarian Moral Judgment in Psychopathy," *Social Cognitive and Affective Neuroscience* 7(2012): 708-714.

③ R. M. Hare, *The Language of Morals*, Oxford: Clarendon Press, 1952.

④ R. J. R. Blair, "A Cognitive Developmental Approach to Morality: Investigating the Psychopath".

但后来的研究已经给出了反例，那些反例表明，某些（发展性的）病态人格患者有能力在令人满意的水平之上区分道德和习俗①。第二，早期的实验并没有研究拥有"获得性的病态人格"的群体，例如大脑正中前额叶皮层（Ventromedial Prefrontal Cortex，简称 VMPFC）受损的病人。最近的研究表明，因 VMPFC 受损而拥有获得性病态人格的人可以作出道德/习俗的区分，也可以理解道德语言。这些病人在大脑受损之前是正常人，并且，他们的基本智力、标准记忆力以及一般性的语言能力并没有因为大脑受损而受影响②。

由于意识到语言回应所存在的问题，现如今，内在主义的支持者已经停止采用这一策略，转而考虑其他能够应对病态人格挑战的选项③。毕竟，即使拥有病态人格的人有能力理解道德语言，他们仍然可能因为其他原因而无法作出真正的道德判断。现在，让我们转而讨论情感主义回应，它才是本书重点关注的对象。

根据情感主义回应，拥有病态人格的人并没有作出真正的道德判

---

① R. J. R. Blair, "Moral Reasoning and the Child with Psychopathic Tendencies," *Personality and Individual Differences* 22 (1997): 731 - 739; R. J. R. Blair, J. Monson and N. Frederickson, "Moral Reasoning and Conduct Problems in Children with Emotional and Behavioural Difficulties," *Personality and Individual Differences* 31(2001): 799 - 811; M. Dolan and R. Fullam, "Moral/Conventional Transgression Distinction and Psychopathy in Conduct Disordered Adolescent Offenders," *Personality and Individual Differences* 49(2010): 995 - 1000.

② Adina Roskies, "Are Ethical Judgments Intrinsically Motivational? Lessons from 'Acquired Sociopathy'," *Philosophical Psychology* 16(2003): 51 - 66, "Patients with Ventromedial Frontal Damage Have Moral Beliefs," *Philosophical Psychology* 19(2006): 617 - 627, and "Internalism and the Evidence from Pathology," in W. Sinnott-Armstrong (ed.) *The Neuroscience of Morality*, Cambridge: MIT Press, 2008, pp.191 - 206.

③ Michael Cholbi, "Belief Attribution and the Falsification of Motive Internalism," *Philosophical Psychology* 19(2006): 607 - 616.

断，因为他们缺乏道德情感（比如同情和愧疚），而道德情感是道德判断的构成要素[①]。我们可以通过将情感主义与行动的因果理论作类比而把它的论点看得更为清晰。根据行动的因果理论，一个行为（behavior）是否可被视为行动（action），取决于它是否由主体的意图所恰当地引起。类似地，根据道德判断的情感理论，一个判断是否是真正的道德判断，取决于它是否由某类情感（即道德情感）所引起。

正常人的道德判断似乎都是由道德情感所引起的——所谓的道德辩护只是事后（*post hoc*）对于那些情感的合理化[②]。这一点构成了支持情感理论的很强的证据。相比之下，病态人格患者作出的所谓道德判断看起来并不是由道德情感所引起的。因此，内在主义者可以争辩说，病态人格患者因其情感缺陷而没有作出真正的道德判断。情感主义回应的论证结构可以被表述如下：

(1) 正常人的道德判断是由情感所引起的；

(2) 如果正常人的道德判断由情感引起，那么很可能任何真正的道德判断都是由情感所引起的；

(3) 病态人格患者的所谓道德判断不是由情感所引起的；

(4) 因此，病态人格患者没有作出真正的道德判断。

对于这一论证，有多种可能的反驳。例如，我们可以接受前提(1)，但否

---

① R. J. R. Blair, "A Cognitive Developmental Approach to Morality: Investigating the Psychopath"; J. Haidt, "The Emotional Dog and Its Rational Tail: A Social Intuitionist Approach to Moral Judgment"; Shaun Nichols, *Sentimental Rules*; Jesse Prinz, *The Emotional Construction of Morals*.

② J. Haidt, "The Emotional Dog and Its Rational Tail: A Social Intuitionist Approach to Moral Judgment".

定前提(2)。根据这种反驳,情感参与的过程并不是形成道德判断的唯一方式(尽管它可能是一种正常的方式),病态人格患者可能有其他的、非情感的道德认知方式[1]。但本书并不采取这种反驳情感主义的策略。虽然前提(2)确实颇有争议,但我充分理解这一主张背后的动机。正常人的道德判断是真正的道德判断的范例。所以,如果正常人的道德判断是由情感所引起,那么,“某个判断不是由情感所引起”这一事实构成了“那个判断并非真正的道德判断”的初步(prima facie)证据。

我的策略则是,反对前提(1),而假定其他所有的前提都是正确的。接下来,我将论证,并没有坚实的经验证据可以表明,正常人的道德判断总是由情感所引起。而且,甚至存在正面的证据证明,正常人可以通过非情感的认知机制来形成道德判断。相比通过否认前提(2)的反驳,我的思路——如果可以成功的话——将给予情感主义回应以更有力的打击。

## 三、病态人格与道德困境

病态人格患者有可能只是模仿正常人而作出诸如“撒谎是错的”“杀人是邪恶的”这样一般性的道德判断。他们可以和正常人在一般性的道德判断上达成共识,即使他们的道德判断不是由道德情感所引起。因此,用来检验一般情况下的行为判断的测试无法成为检验情感是否因果地导致了正常人的道德判断的关键测试。要找到这种关键测试,我们需要关注在非同寻常的情境下的行为判断,比如,在道德困境中的

---

① J. D. Greene, “Why Are VMPFC Patients More Utilitarian? A Dual-Process Theory of Moral Judgment Explains,” *Trends in Cognitive Science* 11(2007): 319 - 321.

判断。

关于道德困境判断的早期经验研究似乎支持了前提(1),也就是说,支持了“正常人的道德判断是由情感所引起”这一主张[①]。根据那些研究,在具有显著情感特征的道德困境中,拥有情感缺陷的病态人格患者的判断模式与正常人不同[②]。随之而来的推论似乎是,情感在正常人形成道德判断的过程中扮演了一种因果的角色。在这一节,我将介绍这些似乎支持前提(1)的实验。在下一节,我尝试对那些实验结果提出另一种并不预设前提(1)的解释,进而,我还会介绍关于道德困境判断的最新研究,而那些研究可以支持我所提出的解释。

现在让我们来讨论两个著名的道德困境例子[③]。

[侧轨]一辆失去控制的有轨电车朝着五个人驶来,如果不变道的话,它将会杀死那五个人。此时你身处那辆失控电车之

① J. D. Greene, R. B. Sommerville, L. E. Nystrom, J. M. Darley and J. D. Cohen, “An fMRI Investigation of Emotional Engagement in Moral Judgment,” *Science* 293(2001): 2105 - 2108; J. D. Greene, L. E. Nystrom, A. D. Engell, J. M. Darley and J. D. Cohen, “The Neural Bases of Cognitive Conflict and Control in Moral Judgment,” *Neuron* 44(2004): 389 - 400; J. D. Greene, “Why Are VMPFC Patients More Utilitarian? A Dual-Process Theory of Moral Judgment Explains”; M. Koenigs, L. Young, R. Adolphs, D. Tranel, F. Crushman, M. Hauser, and A. Damasio, “Damage to the Prefrontal Cortex Increases Utilitarian Moral Judgments,” *Nature* 446(2007): 908 - 911; A. L. Glenn, S. Koleva, R. Iyer, J. Graham and P. H. Ditto, “Moral Identity in Psychopathy,” *Judgment and Decision Making* 5(2010): 497 - 505.

② 上面已经提到,我是在一个宽泛的意义上使用“病态人格”这个词的,既包括发展性的又包括获得性的病态人格。在我所引用的研究中,有些是关于获得性病态人格的,另外一些是关于发展性病态人格的。根据那些研究,在获得性和发展性病态人格之间,并不存在关于道德困境的判断模式的相关差别。

③ Judith Thomson, “The Trolley Problem,” *Yale Law Journal* 94(1985): 1395 - 1415; J. D. Greene, R. B. Sommerville, L. E. Nystrom, J. M. Darley and J. D. Cohen, “An fMRI Investigation of Emotional Engagement in Moral Judgment”.

> 中。对于你来说，拯救那五个人的唯一方式是触发一个开关，这样就可以让那辆电车偏离原来的轨道而驶到旁边的侧轨上去。可是一旦这么做了，侧轨上的一个陌生人便会被撞死。那么，为了救五个人而变换车轨并杀掉那个无辜的陌生人是道德上可允许的吗？
>
> [天桥] 一辆失去控制的有轨电车朝着五个人驶来，如果不变道的话，它将会杀死那五个人。你正在一座跨越电车轨道的天桥上面，旁边站着一个块头很大的陌生人，而你们的位置恰好处在行驶的电车和那五个人之间。此时，只有把那个陌生人从桥上推落到下面的轨道上才能拯救那五个人，因为他的身体会阻挡住行进的电车。可一旦你这么做了，那个陌生人必死无疑。那么，为了救五个人而将那个人推下去致死是道德上可允许的吗？

虽然以上两个例子都涉及牺牲一个无辜的人去救另外五个人，但根据一系列实验，多数正常人对于变轨的例子都给出了肯定的回答，而对于天桥的例子却给出了否定的回答。那么，这两个例子之间有什么相关的差别（可以解释人们对它们的不同反应）呢？

心理学家通常将这两种道德困境区分为"个人性的道德困境"（personal moral dilemmas）和"非个人性的道德困境"（impersonal moral dilemmas）。进而，天桥的例子和变轨的例子之间的相关差别在于，一个是个人性的伤害，而另一个是非个人性的伤害。所谓个人性的伤害，必须满足两个条件：① 这种伤害以一种近距离的、针对个人的方式被施加，比如，通过"推、打、勒，或者使用棍棒、石头作为凶器"；② 这种伤害必须以一种直接的方式发端于行动者的意志，也就是说，它是由行动者所"创作"（authored）的，而不是仅仅由行动者"编辑"（edited）

的——个人性的伤害不包括对于已经存在的威胁的转移[①]。相较之下，不满足以上两个条件的伤害被归于非个人性的伤害。在天桥的例子中，将块头很大的陌生人推下桥的行为属于临近的、贴近个人的伤害，而在变轨的例子中，触发开关的行为则属于非个人性的伤害。此外，将陌生人推下桥属于向他人主动发起伤害，而触发开关只是将已经存在的危险转移到另一方（亦即，转移给那个侧轨上的陌生人）。相关研究表明，比起非个人性的伤害，个人性的伤害会显著地引发更加强烈的负面情感。

根据某些对于道德困境判断的研究，病态人格患者和正常人对于个人性的道德困境有着不同的判断模式（虽然他们对于非个人性的道德困境有着相同的判断[②]）。当被要求对（类似天桥那样的）非个人性的道德困境作出判断时，病态人格患者普遍认为杀死一个无辜的旁观者是可允许的，而由正常人组成的对照组则普遍认为那样做是不可允许的（参见表 7－1）。

**表 7－1　关于道德困境的判断**

| | 非个人性的道德困境 | 个人性的道德困境 |
|---|---|---|
| 病态人格患者的判断 | 可允许 | 可允许 |
| 非病态人格患者的判断 | 可允许 | 不可允许 |

① J. D. Greene, R. B. Sommerville, L. E. Nystrom, J. M. Darley and J. D. Cohen, "An fMRI Investigation of Emotional Engagement in Moral Judgment"; J. D. Greene, L. E. Nystrom, A. D. Engell, J. M. Darley and J. D. Cohen, "The Neural Bases of Cognitive Conflict and Control in Moral Judgment"; Peter Singer, "Ethics and Intuitions," *Journal of Ethics* 9(2005): 331－352.

② J. D. Greene, "Why Are VMPFC Patients More Utilitarian? A Dual-Process Theory of Moral Judgment Explains"; M. Koenigs, L. Young, R. Adolphs, D. Tranel, F. Crushman, M. Hauser, and A. Damasio, "Damage to the Prefrontal Cortex Increases Utilitarian Moral Judgments".

这一实验结果似乎证伪了传统理性主义对于道德认知的看法。根据理性主义的观点，是道德判断激发了相应的情感，这些情感是在道德判断形成之后才出现的。如果情感只在道德判断之后才出现，那么，病态人格患者就应该和正常人拥有一样的判断模式（假设正常人和病态人格患者在心理方面唯一的不同就是，病态人格患者有情感缺陷）。但这一预测和实验结果冲突。因此，有些学者转而支持关于道德判断的情感理论。根据情感主义的解释，将一个旁观者推下桥致死会在正常人那里激发强烈的负面情感，这一情感会在强度上压倒拯救另外五个人的正面情感。结果，他们会认为推旁观者的行为不可被允许。但在非个人性的道德困境中，让电车改道而杀死侧轨上的人会引起少得多的负面情绪。相比之下，由于情感缺陷所致，病态人格患者对于将旁观者推下桥的行为并没有显著的情感反应，因此，他们通过“冷酷的”、效益主义式的成本效益分析而将此类行为视为可被允许的。所以，我们似乎可以推论得出，情感因果地导致了正常人道德判断的形成。

## 四、一个反情感主义假说

然而，即使传统的理性主义理论是错误的，我们也不必接受情感主义的解释。因为还有第三种可能的解释，可以与上面提到的实验数据相容（而这便是我将要提出的解释）。我的解释的要旨在于，虽然情感对于道德判断的引发不是必要的，但情感可能影响了道德判断的强度①。

① M. Cima, F. Tonnaer, and M. Hauser, “Psychopaths Know Right from Wrong But Don't Care”; B. Huebner, S. Dwyer, and M. Hauser, “The Role of Emotion in Moral Psychology,” *Trends in Cognitive Science* 13(2009): 1-6.

根据我所提出的这种解释，正常人和病态人格患者都认为将旁观者推下桥致死（在一定程度上）是错的，而挽救五个人的生命（在一定程度上）是对的——判断过程本身并没有触发任何情感。但区别在于，将一个人推下桥致死的想法在正常人那里引起了强烈的负面情感，但在病态人格患者那里却没有。这种负面情感十分剧烈，以至于将那个行为判断为错的考虑压过了效益主义的考量。因此，总体来说，正常人认为那个行为不可被允许。与之相对，病态人格患者并没有这样的情感反应。因而，即使他们也认为那个行为在一定程度上是错的，但其错误程度并没有严重到可以压倒拯救五个人的正确程度。所以总而言之，病态人格患者认为那个行为可被允许。我的假说同样可以解释正常人和病态人格患者在个人性的道德困境中的不同判断，而不需要预设情感主义为真。我的理论还允许如下的可能性：一个并没有情感与之伴随的判断也可以是一个真正的道德判断。

无可否认，较之传统的理性主义，我的反情感主义理论允许情感在道德认知中扮演更为重要的角色。如某些学者所言，“情感就像增益函数，驱动着道德判断在一定的范围内上下移动，从非常坏或者应该禁止到负有义务或者被要求”[①]。但这并不等于说情感是一切道德判断产生的必要条件。

至少我们可以说，这些实验并没有表明情感主义解释比我的解释更好。不仅如此，接下来，我将援引关于道德困境的最新经验研究来支持我的假说。那些研究揭示了正常人的和病态人格患者的道德判断模式之间的相似之处。对于这种相似性的最佳解释是，正常人和病态人格患者都依赖认知的、非情感的机制来形成道德判断。因此，假定正常

① M. Cima, F. Tonnaer, and M. Hauser, “Psychopaths Know Right from Wrong But Don't Care,” p.65.

人的道德判断总是由情感引起是不合理的。

之前的研究只是表明病态人格患者和非病态人格患者对于个人性的道德困境的判断之间的差异：在诸如天桥的例子中，多数正常人都将救五个人而杀死一个旁观者视为不可允许，但多数病态人格患者都认为其可被允许①。根据一些最新的实验，我们发现一个有趣的现象：病态人格患者和正常人一样，都认为在个人性的道德困境中的杀人比在非个人性的道德困境中的杀人更为恶劣。

情感主义理论可以轻松地解释为什么正常人会认为个人性的伤害比非个人性的伤害更为恶劣。根据情感主义解释，那是因为正常人的道德判断由情感所引起，而相比非个人性的伤害，个人性的伤害会触发更为严重的负面情绪。然而，情感主义理论在解释为什么病态人格患者会拥有和正常人一样的道德判断模式时遭遇了困难。假设道德判断由情感所引起，那么，拥有情感缺陷的病态人格患者就会认为，个人性的伤害和非个人性的伤害在同样的程度上不可允许。但事实并非如此。

有人可能会说，病态人格患者只是在模仿正常人的道德判断，而没有作出真正的道德判断。但是，我已经提到，道德困境的设定不同寻常，在日常生活中难以见到。很难相信病态人格患者可以通过模仿正常人在日常生活中的道德判断而形成那些对于道德困境的复杂判断。

由于情感有缺陷的病态人格患者可以判断个人性的伤害比非个人性的伤害更为恶劣，我们有理由推论，这一信息是他们通过非情感的认

---

① J. D. Greene, "Why Are VMPFC Patients More Utilitarian? A Dual-Process Theory of Moral Judgment Explains"; M. Koenigs, L. Young, R. Adolphs, D. Tranel, F. Crushman, M. Hauser, and A. Damasio, "Damage to the Prefrontal Cortex Increases Utilitarian Moral Judgments".

知过程获得的。我们似乎有理由认为，这种道德判断模式是由对于某个行为所具有的与道德相关的特征（比如，"近距离以及针对个人""创作而非编辑"）的认知表征所引起的①。由于正常人和病态人格患者在认知上几乎没有差别，这一点促使我们认为，正常人也通过这样的非情感的认知机制来作出道德判断——也就是说，情感在引发正常人的道德判断的过程中并不是必需的。

如果是这样的话，我们很自然地会问：人们是如何获得对于道德相关性质的认知表征的？例如，人们如何获得如下的原则：个人性的伤害比非个人性的伤害更为恶劣？有不同的理论尝试解答这一问题。这里我只提及一个颇具影响力的进路，亦即，"普适道德语法"（universal moral grammar）进路。正如一些经验数据所表明的那样，正常人在童年的早期阶段就已经掌握了基本的道德知识②。鉴于幼年阶段外界刺

---

① K. Banerjee, B. Huebner and M. Hauser, "Intuitive Moral Judgments Are Robust across Demographic Variation in Gender, Education, Politics, and Religion," *Journal of Cognition and Culture* 10(2010): 253 - 281; S. Dwyer, B. Huebner and M. Hauser, "The Linguistic Analogy: Motivations, Results, and Speculations," *Topics in Cognitive Science* 2(2010): 486 - 510; B. Huebner, S. Dwyer and M. Hauser, "The Role of Emotion in Moral Psychology"; J. Mikhail, "Universal Moral Grammar: Theory, Evidence, and the Future," *Trends in Cognitive Science* 11(2007): 143 - 152.

② 正如心理学家所指出的那样，3—4 岁的儿童可以根据行动的意图作出不同的道德判断，虽然那些行动导致了一样的后果[参见 Sharon Nelson, "Factors Influencing Young Children's Use of Motives and Outcomes as Moral Criteria," *Child Development* 51(1980): 823 - 829]；3—4 岁的儿童有能力把真正的道德违规同仅仅基于习俗的违规区分开来[参见 C. C. Helwig and E. Turiel, "Children's Social and Moral Reasoning," in P. K. Smith and C. H. Hart (ed.) *Blackwell Handbook of Childhood Social Development*, Malden: Blackwell, 2002, pp. 476 - 490; J. Smetana, "Social Cognitive Development: Domain Distinctions and Coordinations," *Development Review* 3(1983): 131 - 147; E. Turiel, *The Development of Social Knowledge: Morality and Convention*, Cambridge: Cambridge University Press, 1983]；4—5 岁的儿童可以使用相称原则（proportionality principle）来判定合适的惩罚水平[参见 N. J. Finkel, （转下页）

激的相对贫乏，以及所接受的指导非常有限，这些道德知识的习得不可能仅仅通过跨领域的普遍学习机制外加经验输入来解释。最合理的解释可能是，儿童的道德认知有其先天的(innate)根源①。

在那些支持“普适道德语法”进路的学者看来，我们拥有先天的道德法则，这些道德法则和合适的经验输入一道帮助产生具体的道德判断——也就是说，形成(至少某些)道德判断的过程并不需要情感在其中发挥作用。请参见图 7－1 所示的米哈伊尔(John Mikhail)的道德语法模型②。

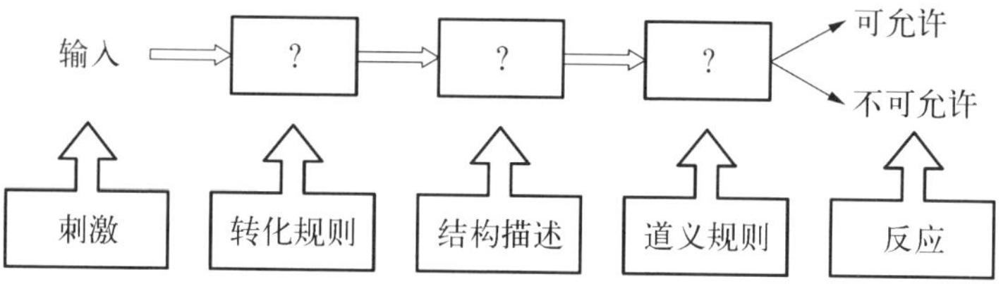


**图 7－1　道德判断的形成过程**

---

(接上页)M. B. Liss, and V. R. Moran, “Equal or Proportional Justice for Accessories? Children's Pearls of Proportionate Wisdom,” *Journal of Applied Development Psychology* 18(1997): 229－244];5—6 岁的儿童可以诉诸错误的事实信念而不是错误的道德信念来为他们的不当行为寻找借口[参见 M. J. Chandler, B. W. Sokol, and C. Wainryb, “Beliefs about Truth and Beliefs about Rightness,” *Child Development* 71(2000): 91－97]。

① S. Dwyer, “Moral Dumbfounding and the Linguistic Analogy: Methodological Implications for the Study of Moral Judgment,” *Mind and Language* 24(2009): 274－296; S. Dwyer, B. Huebner and M. Hauser, “The Linguistic Analogy: Motivations, Results, and Speculations”; J. Mikhail, “Universal Moral Grammar: Theory, Evidence, and the Future”, “The Poverty of the Moral Stimulus,” in W. Sinnott-Armstrong (ed.) *The Evolution of Morality*, Cambridge: MIT Press, 2008, pp.353－360, “Moral Cognition and Computational Theory,” in W. Sinnott-Armstrong (ed.) *The Neuroscience of Morality*, Cambridge: MIT Press, 2008, pp.81－92, and *Elements of Moral Cognition: Rawls' Linguistic Analogy and the Cognitive Science of Moral and Legal Judgment*, New York: Cambridge University Press, 2009.

② J. Mikhail, “Universal Moral Grammar: Theory, Evidence, and the Future,” p.146.

限于本书的目的，我无法进一步详细讨论道德判断的形成过程——这可以作为另一篇论文的主题。无论我们如何解释道德判断的非情感的认知机制，而对于我们的讨论真正重要的是以下这个事实：情感在引发我们的（至少是部分的）道德判断的过程中并不是必需的。

## 五、澄清与回应[①]

格温·阿谢德（Gwen Adshead）和肖恩·加拉格尔（Shaun Gallagher）撰写了两篇评论性文章[②]。非常感谢他们富有启发的讨论。我想借助这个机会澄清相关概念并对他们的批评作出回应。我的回应集中在以下三个方面。

### （一）病态人格和道德情感

基于本章的目的，我在一个宽泛的意义上使用"病态人格"这个词，用来指称那些患有严重的情感缺陷、对他人漠不关心的人。不同的研究者可能采用不同的病态人格概念，正如格温·阿谢德所言，克莱克利（Cleckley）与黑尔（Hare）的病态人格概念就有显著的不同。而且，黑尔的病态人格测试组似乎在"操纵、剥削以及欺骗他人"时获得了快乐，而克莱克利的测试组则没有显现出这一特征。但与我的文章更相关的是这两组人之间的相似之处（而非不同之处）。两组病态人格患者都有

① 本节改写自我对两个评论的回应短文：L. Zhong, "Psychopathy, Emotion, and Moral Judgment," *Philosophy, Psychiatry & Psychology* 20(2013): 349 - 352。

② G. Adshead, "Psychopaths and Moral Identity," *Philosophy, Psychiatry & Psychology* 20(2013): 339 - 343; S. Gallagher, "Phronesis and Psychopathy: The Moral Frame Problem," *Philosophy, Psychiatry & Psychology* 20(2013): 345 - 348.

情感上的缺陷，并且都不会被他人的不幸所触动；两组人似乎都像正常人一样作出了道德判断，却都没有动机去践行他们的道德判断。对于内在主义的议题来说，我们应该把这两组被试都归为病态人格这一范畴。

而且，如肖恩·加拉格尔正确地指出的那样，我之前的讨论并没有区分初级（primary）、低焦虑（low-anxious）的病态人格与次级（secondary）、高焦虑（high-anxious）的病态人格。虽然初级的病态人格反映出了"情感缺陷"，但次级的病态人格却是"情感泛滥"（excessive emotionality）的产物①。但由于我讨论的核心问题是情感对于引起真正的道德判断是否是必须的，我对于那些似乎能够作出道德判断但在情感上有缺陷（而不是情感泛滥）的人更有兴趣。因此，我的文章主要聚焦于初级病态人格（尽管我没有使用这个语词）。稍后我会回到初级病态人格和次级病态人格的区分。

接下来我想谈谈"道德情感"这个概念。我在一种宽泛的意义上使用"道德情感"这个词，根据这一用法，任何能够因果地产生我们平常视为道德判断的情感都是道德情感。如果列举一下，道德情感可以包括同情、移情、内疚、义愤、羞耻和厌恶。根据情感主义的观点，只有一个判断是由某种情感所引起，它才是真正的道德判断。关于何种情感引发了道德判断，情感主义内部有不同的说法。但由于我的目标是反驳情感主义本身，而不是情感主义的某个特殊版本，我并不需要指明何种情感才是道德判断的来源。

加拉格尔似乎并不认为像厌恶和移情这样的情感属于道德情感。

① M. Koenigs, M. Kruepke, J. Zeier, and J. P. Newman, "Utilitarian Moral Judgment in Psychopathy," *Social Cognitive and Affective Neuroscience* 7 (2012): 708 – 714.

但我怀疑他可能在一种与我不同的意义上使用“道德情感”这个词。根据我的用法，只要某种情感引起了（某些）道德判断，这种情感就应该被称为道德情感。正是在这个意义上，一些情感主义者将厌恶也置于道德情感之列[①]，其他人则把移情视为一种道德情感[②]。情感主义者借助厌恶（也许还有移情）来解释道德困境中的道德判断，比如“为了救五个人而把一个旁观者推下桥致死是不可允许的”这一判断。根据他们的解释，正常人之所以把那个行为视为在道德上是错的或者不可允许的，这是因为将他人推下桥是近距离的、针对个人的伤害，而这种伤害会引起厌恶的情感。如果这个解释是正确的，根据我的用法，我们应当把厌恶和移情视为道德情感。加拉格尔并没有拒斥这一情感主义的解释，但拒绝将厌恶和移情称为“道德情感”。如此说来，我和他之间的分歧也许只是用词方面的不同。

### （二）初级病态人格与道德困境

已经有很多实验用来研究人们对于两种不同类型的道德困境的判断：个人性的道德困境（比如天桥的例子）和非个人性的道德困境（比如侧轨的例子）。这两种道德困境的相关区别便是个人性的伤害和非个人性的伤害的差别——个人性的伤害所引发的情感要远比非个人性的伤害所引发的情感强烈。不同于正常人，初级病态人格患者在情感上是有缺陷的。假如情感主义是对的，我们可以预料到，正常人会认为个人性的伤害比非个人性的伤害要更为恶劣，而病态人格患者则会认

---

① J. Haidt, "The Emotional Dog and Its Rational Tail: A Social Intuitionist Approach to Moral Judgment," *Psychological Review* 108(2001): 814 - 834.

② Michael Slote, *Moral Sentimentalism*, New York: Oxford University Press, 2010.

为两者在同样的程度上不可允许(或者可被允许)。但情感主义理论似乎被近来的一些实验结果证伪了[①]。这些实验发现了一个有趣的现象,即和正常人一样,病态人格患者也认为,相比非个人性的道德困境中的伤害,个人性的道德困境中的伤害更为恶劣。对于这一现象的最佳解释是,病态人格患者是通过一种认知的,非情感机制来形成某些道德判断的。由于正常人在认知能力上并不比病态人格患者低,我们可以合理地认为正常人的(某些)道德判断也是由同样的非情感机制所引起的——也就是说,情感主义是错的。

如加拉格尔所言,我反驳情感主义的论证要成功的话,那些认为个人性的伤害比非个人性的伤害更为恶劣的病态人格患者应该是初级病态人格患者(而非次级病态人格患者)。但加拉格尔认为,由于我缺乏对于病态人格类型的细致考察,而这似乎会削弱我对于情感主义的反驳。接下来我将回应这个批评。

西玛(Maaike Cima)等学者对比了三组实验对象关于道德困境的判断,分别是健康控制组,非病态人格的行为过失组,以及病态人格组[②]。这一研究包含两个发现:① 在对于个人性的道德困境和非个人性的道德困境的进行判断时,三组人所给出"是"的判断的平均比例(±SD)并没有显著的差别;② 三组人都认为,个人性的道德困境中的伤害比非个人性的道德困境中的伤害更为恶劣(亦即,更高比例的"是"的判断)。我的文章主要借助发现②来反驳情感主义对于道德判断的解释。值得注意的是,病态人格组表现出"相对

① M. Cima, F. Tonnaer, and M. Hauser, "Psychopaths Know Right from Wrong But Don't Care".

② M. Cima, F. Tonnaer, and M. Hauser, "Psychopaths Know Right from Wrong But Don't Care".

单调的情感反应”[①]。因此，我们可以合理地说，病态人格组主要由初级病态人格患者构成（虽然那个研究并没有对比初级病态人格患者和次级病态人格患者）。所以，西玛等人的研究应该被视为反对情感主义的有力证据。

加拉格尔认为，柯尼希（Michael Koenigs）等人的研究——此项研究对比了初级病态人格患者和次级病态人格患者——似乎会对我的非情感主义理论构成挑战。但我倾向于相信，事实并非如此。根据柯尼希等人的实验结果，低焦虑的病态人格患者（而非高焦虑的病态人格患者）会比普通人认可更大比例的个人性伤害行为[②]。这一结果至多只与西玛等人的发现①相冲突。但应当注意的是，柯尼希等人似乎也认同发现②。根据他们的研究，不仅次级病态人格患者，初级病态人格患者也认为，个人性道德困境中的伤害比非个人性道德困境中的伤害更为恶劣[③]。我已经论证过，发现②可以构成情感主义的反例。因此，柯尼希等人的研究不仅不会削弱我对于情感主义的反驳，反而会支持我的非情感主义解释。

### （三）普遍主义与特殊主义

在第四节，我介绍了一种很有影响力的关于道德判断的非情感主义解释，亦即，“普适道德语法”的进路。根据这一理论，我们的具体道德判断来自我们的道德原则，而后者是通过一种先天的认知方式获得的[④]。

---

① M. Cima, F. Tonnaer, and M. Hauser, “Psychopaths Know Right from Wrong But Don't Care,” p.61.

② M. Koenigs, M. Kruepke, J. Zeier, and J. P. Newman, “Utilitarian Moral Judgment in Psychopathy”.

③ M. Koenigs, M. Kruepke, J. Zeier, and J. P. Newman, “Utilitarian Moral Judgment in Psychopathy,” p.711.

④ J. Mikhail, *Elements of Moral Cognition: Rawls' Linguistic Analogy and the Cognitive Science of Moral and Legal Judgment*.

但我认为以下的可能性仍然是存在的：我们通过一种非情感的方式获得作出具体道德判断的能力，而不需要预设道德原则。情感主义和非情感主义的论战独立于道德普遍主义和道德特殊主义的争论。尽管我用以反驳情感主义的论证没有预设道德普遍主义为真，但我要在这里简要地讨论一下这个问题。

我不确定加拉格尔在极端的道德普遍主义和极端的道德特殊主义的频谱之间到底持哪一种立场。他写道：

> 不管我们用以指导道德行动的原则或者规则是什么，它们都是普遍的原则，但我们遇到的道德情境总是具体的……那么，我们必须基于具体的情境作出道德判断，而不是基于一般性的原则①。

我也认为道德原则对于作出具体的道德判断并不是充分的，但这不等于说道德原则对于具体的道德判断不是必要的。如果加拉格尔的立场只是，我们还需要道德原则之外的东西来作出道德判断，我和他之间没有分歧（只要他也认为情感对于道德判断的形成过程不是必需的）。当然，人们需要某种能力把一般的道德原则应用于具体的道德情境。这一点同样适用于科学原则。正如托马斯·库恩（Thomas Kuhn）所言，科学家需要非原则的资源（比如范式）来把握抽象的科学理论，并把一般的科学原则应用于具体的事例之中②。

加拉格尔坚持认为，病态人格患者没有能力在具体的情境中作出

---

① S. Gallagher, "Phronesis and Psychopathy: The Moral Frame Problem," *Philosophy, Psychiatry & Psychology* 20(2013), p.347.

② Thomas Kuhn, *The Structure of Scientific Revolution*, Chicago: University of Chicago Press, 1962.

合适的道德判断。他写道：

> 面对真实的具体情境，病态人格患者可能无法识别与道德相关的显著特征，并因此无法确知是否相关道德原则或判断在此处适用①。

但加拉格尔依据什么认为病态人格患者无法作出适当的具体道德判断？毕竟，病态人格患者似乎可以对道德困境中的具体行为作出判断，比如“为了救五个人而将一个旁观者推下桥致死”这一行为。我们不应该混淆两个区分：一个是普遍和特殊的区分，另一个是假想和真实的区分。一个具体的情境不必是一个真实情境，而可能是一个实验的假想情境。至于病态人格患者是否可以在真实的情境中作出适当的道德判断，那是另外一个问题。当然，实验情境非常不同于真实世界，但如果我们关心的是作出具体道德判断的能力，我不确定这一差别在这里是相关的。

## 六、结论

在本章中，我尝试拒斥情感主义的回应——这一回应试图表明病态人格患者因为缺乏道德情感而没有作出真正的道德判断。通过引用最新的关于道德困境判断的实验结果，我论证了情感并非哪怕是正常人的道德认知的必要条件（尽管情感可能对道德判断的强度产生一定的影响）。虽然病态人格患者的判断和正常人的判断之间的差异挑战

---

① S. Gallagher, “Phronesis and Psychopathy: The Moral Frame Problem,” *Philosophy, Psychiatry & Psychology* 20(2013), p.348.

了传统的理性主义理论，但两个群体判断模式的相似性似乎证伪了情感主义理论。

因此，“病态人格患者的所谓道德判断并非由情感所引起”这一事实不应该被视为“病态人格患者没有作出真正的道德判断”的证据；换言之，情感主义回应并不成功。病态人格的现象仍旧是对动机内在主义的一个有力挑战。

第八章

# 德性、情感与超义务

## 一、引言

德性伦理学(virtue ethics)植根在古老的东西方传统思想之中，例如《论语》《孟子》《柏拉图对话录》和《尼各马可伦理学》[①]。在近代经历了短暂的缺席之后，德性伦理学在20世纪中叶再度兴起。根据德性论的主张，关于品性的道德属性，即德性与恶性(virtues and vices)，既不可还原为也不依赖于正确的或者错误的行为，在这个意义上，品性构成了一种根本性的伦理范畴。这不同于行动导向的道德理论，比如道义论(deontology)和后果主义(consequentialism)，那些道德理论的共同之处在于“从对正确和错误的行为开始分析，继而援引与那些行为的概

① 英文译本参见 Confucius, *Analects: With Selections from Traditional Commentaries*, Trans. by Edward Slingerland, Indianapolis: Hackett Publishing, 2003; Mencius, *Mengzi: With Selections from Traditional Commentaries*, Trans. by Bryan Van Norden, Indianapolis: Hackett Publishing, 2008; Plato, *Plato: Complete Works*, Ed. by John M. Cooper, Indianapolis: Hackett Publishing, 1997; Aristotle, *Nicomachean Ethics*, Trans. by Roger Crisp, Cambridge: Cambridge University Press, 2000。

念联系或者因果联系来界定德性与恶性"[①]。

值得注意的是，有两种类型的道德词汇可以用来评价行为。我们可以用诸如"对""错""可允许""负有义务"等关乎道义的(deontic)语词来评价行为；也可以用"好""坏""高尚""卑劣"这样关乎品德的(aretaic)语词来评价行为[②]。好/坏的行为与善/恶的品性究竟何者更为基本，本书对此存而不论[③]。一些德性伦理学家认为，德性或者恶性独立于任何关于行为的道德属性，甚至独立于好的或者坏的行为[④]。在我个人看来，这个观点极富争议且过强了。在这里，我采纳一种温和版本的德性伦理学，这一版本认为，德性/恶性不可以还原为关乎道义的伦理属性(而不论它们是否可以还原为其他的伦理属性)。由于行为导向的道德理论(即道义论和后果主义)关注的都是涉及道义的伦理概念，所以我所采纳的温和版本的德性论仍然足以与之区别开来。

进一步，我想要区分两种不同的德性伦理学：① 取消式的德性伦理学(eliminative virtue ethics)和② 还原式的德性伦理学(reductive virtue ethics)。前者主张，关乎道义的概念(比如"在道德上负有义务"

---

① Linda Zagzebski, *Virtues of the Mind: An Inquiry into the Nature of Virtue and the Ethical Foundations of Knowledge*, Cambridge: Cambridge University Press, 1996.

② Liezl Van Zyl, "Rightness and Goodness in Agent-based Virtue Ethics," *Journal of Philosophical Research* 36(2011): 103 - 114.

③ 我个人的观点是，德性/恶性在规范的意义上依赖于行为的伦理属性：只有一种品格特征所表现出来的行为是好的(或者坏的)，该品格特征才是一种德性(或者恶性)。

④ Georg Von Wright, *The Varieties of Goodness*, New York: Humanities Press, 1963; James Wallace, *Virtues and Vices*, Ithaca: Cornell University Press, 1978; Linda Zagzebski, *Virtues of the Mind: An Inquiry into the Nature of Virtue and the Ethical Foundations of Knowledge*; Jason Kawall, "In Defense of the Primacy of the Virtues," *Journal of Ethics and Social Philosophy* 3 (2009): 1 - 21.

和"在道德上是错的")都是虚构的概念,因此应该从伦理学中清除出去——就好像"女巫"和"燃素"等概念应该从科学中清除出去一样[①];而后者则认为,关乎道义的道德属性是存在的,只不过道德的对错可以还原为或者依赖于德性和恶性[②]。

取消式的德性伦理学在我看来根本站不住脚。在人类社会中,关乎道义的道德概念占据一个中心的位置。虽然不同的文化关于行为的对错产生难以化解的分歧,但各个文化都不会否认对错本身的存在。更为重要地,似乎并没有令人信服的论证可以表明,关乎道义的道德属性比其他种类的伦理属性更加古怪。因此,对于一般性的伦理属性持实在论的看法,却同时对于道德义务持取消主义的看法,这难以自洽。这也可以解释为什么当今多数德性伦理学家都支持还原式的德性伦理学。所以,我暂且假定取消式的德性伦理学是错误的,并将我的讨论局限于还原式的德性论。下文中所用到的"德性伦理学"指的也都是还原式的德性伦理学。

虽然基于德性的正确行为理论有诸多优势[③],但我想指出,德性伦

---

① G. E. M. Anscombe, "Modern Moral Philosophy," *Philosophy* 33(1958): 1 – 19; Alasdair MacIntyre, *Against the Self-Images of the Age: Essays on Ideology and Philosophy*, Notre Dame: University of Notre Dame Press, 1989.

② Linda Zagzebski, *Virtues of the Mind: An Inquiry into the Nature of Virtue and the Ethical Foundations of Knowledge*, *Divine Motivation Theory*, Cambridge: Cambridge University Press, 2004, and "Exemplarist Virtue Theory," *Metaphilosophy* 41(2010): 41 – 57; Roseline Hursthouse, *On Virtue Ethics*, Oxford: Oxford University Press; Michael Slote, *Morals from Motives*, Oxford: Oxford University Press, 2001; Christine Swanton, "A Virtue Ethical Account of Right Action," *Ethics* 112(2001): 32 – 52 and *Virtue Ethics: A Pluralistic View*, New York: Oxford University Press, 2003.

③ 有些哲学家认为,由于德性概念的丰富性或者"厚度"(thickness),基于德性的伦理理论可以为我们的行动提供更具实质内容的指导和解决方案(参见 Bernard Williams, *Ethics and the Limits of Philosophy*, Cambridge: Harvard (转下页)

理学面临一个艰巨的挑战，我把这一挑战称为“超义务问题”①(supererogation problem)。由于一个有德性的人通常会做超出其道德义务范围的事情，因此，德性伦理学似乎很难容纳义务和超义务之间的区分。在这里，我尝试通过阐明一种关于超义务的德性伦理学来克服这个挑战。具体来说，我会提出两种对于超义务的德性理论：一种是榜样(exemplar)式的($T_1$)，另一种是导师(advisor)式的($T_2$)。我试图论证，$T_2$是一种更为优越的理论，可以解决超义务问题。我的德性伦理理论在两个方面受到了儒家哲学的启发。第一，我的理论借助羞恶这一情感，而羞恶在儒家情感主义的传统中，尤其是在孟子的道德哲学中，被广泛讨论。第二，我的理论预设了一种独特的儒家伦理立场：有德之人应该“律己以严，待人以宽”。

## 二、超义务问题

有几个德性伦理学家曾经尝试从德性概念中推导出关乎道义的道德概念。为求行文简洁，让我们姑且只讨论“在道德上负有义务”(morally obligatory)这一道义概念。“负有义务”(obligatory)和“错”(wrong)是可以互相定义的：说在道德上负有义务去做 Φ，就是说不去做 Φ 在道德上是错的(Φ 代表的是某个行为或者不作为)。让我们先

---

(接上页)University Press, 1985; Roseline Hursthouse, *On Virtue Ethics*)。还有一些哲学家认为，相比行为导向的伦理理论，德性伦理学可以更好地容纳“道德并非是规则导向的规范系统”这个逐渐具有影响的看法(参见 Martha Nussbaum, *Love's Knowledge: Essays on Philosophy and Literature*, New York: Oxford University Press, 1990)。

① Robert Johnson, “Virtue and Right,” *Ethics* 113(2003): 810 - 834; Jason Kawall, “Virtue Theory, Ideal Observers, and the Supererogatory,” *Philosophical Studies* 146(2009): 179 - 169.

来讨论下面这个基于德性的道德义务理论：

> (T)行动者 *A* 在环境 C 中负有道德义务去做 Φ，当且仅当一个具有完满德性并且了解相关信息的人 *V* 在环境 C 中典型地会做 Φ[①]。

首先，应该注意到，(T)借助“一个具有完满德性的人”来说明道德义务。理解这一概念并不难：如果我们已经知道了德性是什么，那么，我们就可以知道一个具有完满德性的人是什么样的。一个具有完满德性的人首先拥有所有的德性，其次能完全适当地展现每一种德性，而且第三，能将不同德性之间的关系处理得融贯自洽[②]。具有完满德性的人可以拥有各种生理和心理的偶然特征，只要那些偶然特征和以上三点特征相容，那么就可以存在不同的具有完满德性的人。有些德性论者使用“一个具有足够德性的人”这一概念而不是“一个具有完满德性的人”[③]。然而，什么样的人才可以算作“具有足够德性”？似乎很难(以一种非循环的方式)去界定一个具有足够德性的人所具备的诸特征，使

---

① 参见 Linda Zagzebski, *Virtues of the Mind: An Inquiry into the Nature of Virtue and the Ethical Foundations of Knowledge*；Rosalind Hursthouse, *On Virtue Ethics*；Robert Johnson, “Virtue and Right”。赫斯特豪斯(Rosalind Hursthouse)讨论的是“正确的行为”(right actions)而不是“义务性的行为”。但是，她似乎在一个非常类似于“义务性”的意义上使用“正确”一词(参见 Rosalind Hursthouse, *On Virtue Ethics*)。不仅如此，即使赫斯特豪斯所理解的“正确的行为”既包括了义务性的行为，又包括了超义务的行为，如何容纳义务和超义务的区分对于她的德性伦理学来说仍然是一个难题。

② 感谢 *Philosophy East and West* 的一位匿名审稿人建议我把“具有完满德性的人”这一概念解释清楚。

③ Johan Brännmark, “From Virtue to Decency,” *Metaphilosophy* 37 (2006): 589 - 604.

得他所做的事完全符合一般被视为在道德上负有义务去做的事[①]。因此，在本书中，我选择使用“一个具有完满德性的人”这个概念。

其次，(T)中的副词“典型地”(characteristically)值得注意。说一个具有完满德性的人典型地会做Φ，就是说他做Φ的行为根本上源于他的德性。在某些少见的情况下，比如在筋疲力尽或者喝醉酒的时候，有德之人可能做出愚蠢的甚至错误的事情[②]。所幸这并不会给(T)造成问题，因为那样的行为并不是有德之人典型地会做的。

最后，如克莉丝汀·斯旺顿(Christine Swanton)所论证的，如果有德之人缺乏对于所处环境的相关知识，他的行为也可能错失“德性的目标”(the target of the virtues)，从而成为错误的行为，尽管那个行为是有德之人通常会去做的[③]。这便是我在(T)中加入“了解相关信息”这一条件的原因。

然而，(T)仍然面临一个严重的挑战，我称之为“超义务问题”。德性伦理学似乎很难将义务同超义务区分开，因为一个有德之人通常会去做的事情常常超出了道德义务的范围。让我引入义务和超义务之间的区分。如果不去做Φ在道德上是错的，那么便在道德上负有义务去做Φ。如果做Φ是好的(good)，但在道德上并没有义务去做Φ，那么做Φ便是一项超义务。假设某人不顾自己的生命安危，冲入着火的建筑中去救一个陌生人。这一行为崇高而值得赞赏，但似乎并不属于道德义务，因此属于超义务之一例。既然一个具有完满德性的人在相关环境中通常会做超义务的事，那么，用“具有完满德性的人典型地去做的

① Jason Kawall, “Virtue Theory, Ideal Observers, and the Supererogatory”.

② Roseline Hursthouse, *On Virtue Ethics*.

③ Christine Swanton, “A Virtue Ethical Account of Right Action” and *Virtue Ethics: A Pluralistic View*.

事"来分析道德义务似乎便是不合理的。(T)会将一些不属于义务的(超义务)行为视为道德义务①。

德性伦理学家可能(因此)否认超义务行为的存在。毕竟,他们不是唯一选择这么做的人——多数后果主义理论也无法容纳超义务的行为。但是,在我看来,否认超义务行为的存在非常违背直觉,而且完全是为自圆其说而采取的路径。因此,在本书中,我将默认存在超义务的行为,并尝试提供一个关于超义务的德性理论②。

## 三、情感主义的德性伦理学

(T) 理论太简单了。为了解决超义务问题,我们需要更多的哲学资源。具体来说,我认为德性伦理学应该与道德情感主义合作。由于德性和情感之间(本来就)有紧密的关联,将德性伦理学和情感主义结合起来是一件很自然的事情。根据东西方的哲学传统,情感是品格特征的显现,具有德性就部分地在于能够用一种适当的方式

---

① Jason Kawall, "Virtue Theory, Ideal Observers, and the Supererogatory".

② 有人可能会说,道德义务所涉及的是"我们对彼此的亏欠"(what we owe to each other),而很多德性,比如勤奋、勇敢和节制,基本上并不关涉他人[参见 William Neblett, "Morality, Prudence, and Obligations to Oneself," *Ethics* 80(1969): 70-73]。因此,符合德性的行为范围似乎一定要比道德义务的范围广。对于这个问题,德性伦理学家可以给出两种回应。第一,也许我们应该像康德那样,以一种宽泛的方式来理解道德义务,使之不仅包括对他人的义务,而且包括对自己的义务(Immanuel Kant, *Groundwork of the Metaphysic of Morals*, Trans. by H. J. Paton, New York: Harper and Row, 1964; Linda Zagzebski, *Virtues of the Mind: An Inquiry into the Nature of Virtue and the Ethical Foundations of Knowledge*)。这样一来,我们就可以说,勤奋、节制等是我们的道德义务。第二,如果道德义务本质上是主体间性的,德性伦理学家可以通过给(T)附加一个条件来轻松解决这个问题,即:"Φ 是会影响到他人的行为"(或者其他诸如此类的条件)。无论采取哪种回应,关于道德义务,对于德性理论来说,那都不是一个棘手的问题。

去控制情感[①]。

情感主义试图借助情感来理解道德，这一思路在哲学中有悠久的历史[②]。并且，情感主义在当代伦理学中越来越具有影响力[③]。很多情感主义理论都试图将道德概念或者道德属性还原为情感概念或者属性。比如，情感主义的表现主义版本(expressivism)认为，判断某个行为在道德上是错的就是表达一种对该行为的否定的情感[④]。情感主义的倾向主义版本(dispositionalism)则认为，某个行为在道德上是错的，当且仅当它会在合适的环境下引起理想观察者的负面情感[⑤]。我接下来提出的理论不是情感主义的还原论版本，因为它并不试图仅仅用情感来刻画义务或者超义务——它包含另外一个规范范畴，即德性/恶性。

可是，在情感主义版本的德性伦理学中，我们应该讨论哪一种情感

---

① Philip J. Ivanhoe, *Ethics in the Confucian Tradition: The Thought of Mencius and Wang Yangming*, 2nd Edition, Indianapolis: Hackett Publishing, 2002.

② 道德情感主义最早出现在中国古典哲学的传统之中。正如迈克尔·斯洛特(Michael Slote)所言，"值得注意的是，某些中国思想家，比如16世纪的王阳明，11世纪的程颢，甚至公元前4世纪的孟子，早在共情的观念在西方哲学中出现之前似乎就已经在讨论共情了"。(Michael Slote, *Moral Sentimentalism*, New York: Oxford University Press, 2010, p.6.)

③ Charles Stevenson, *Ethics and Language*, New Haven: Yale University Press, 1944; Allan Gibbard, *Wise Choices, Apt Feelings*, Cambridge: Harvard University Press, 1990; Shaun Nichols, *Sentimental Rules: On the Natural Foundations of Moral Judgment*, New York: Oxford University Press, 2004; Jesse Prinz, *The Emotional Construction of Morals*, New York: Oxford University Press, 2007; Michael Slote, *Moral Sentimentalism*.

④ Charles Stevenson, *Ethics and Language*; A. J. Ayer, *Language, Truth, and Logic*, New York: Dover Publications, 1952.

⑤ Roderick Firth, "Ethical Absolutism and the Ideal Observer," *Philosophy and Phenomenological Research* 12 (1952): 317 - 345; Michael Smith, David Lewis & Mark Johnston, "Dispositional Theories of Value," *Proceedings of the Aristotelian Society, Supplementary Volumes* 63(1989): 89 - 174.

呢？这里，我想推荐一种特定的情感，即羞恶。羞恶这一情感被儒家哲学家，尤其是被孟子广泛讨论。"羞"的意思是羞耻，而"恶"的意思是反感。如孟子所主张的，羞和恶构成了一种更为普遍的范畴，一种对于品格有缺陷之人的负面情感[①]。因此，羞和恶是羞恶的两种子类型，根据羞恶的不同对象而各有适用。当你对自己产生这种负面情感时，这是羞，当你对别人具有这种负面情感时，这是恶。在人类伦理生活中，羞恶是一种极为常见且非常基本的情感。中国传统伦理学家认为羞恶在道德中扮演了至关重要的角色。孟子甚至认为，"羞恶之心，义之端也"，"无羞恶之心，非人也"(《孟子·公孙丑上》)。

将羞恶(羞耻/反感)同另外一对情感——即内疚/愤慨(guilt/indignation)——作对比，可以帮助我们更好地理解。当一个人相信自己做了一件错事的时候，他会感到内疚。当一个人相信别人做错事的时候，他会对做错事的人感到愤慨。和羞耻一样，内疚是关乎自己的，和反感一样，愤慨是关乎他人的。但是，羞耻/反感和内疚/愤慨之间有一个关键的差别，即前者与品德相联系，而后者则关乎道义。作为一种负面情感或者态度，羞恶针对的是做出不光彩或者卑鄙行为的人，而内疚/愤慨针对的则是违反了道德义务的行为[②]。

有些德性伦理学家提出了一种基于内疚的道德义务理论。根据这

---

① 有些学者(包括我自己)用"disdain"来翻译"羞恶"。参见 Philip J. Ivanhoe and Bryan Van Norden (ed.) *Readings in Classical Chinese Philosophy*, Indianapolis: Hackett Publishing, 2005。

② John Deigh, "Shame and Self-Esteem: A Critique," in J. Deigh (ed.) *Ethics and Personality: Essays in Moral Psychology*, Chicago: University of Chicago, 1992, pp.133 - 153; Bernard Williams, *Shame and Necessity*, Berkeley: University of California Press, 1993; Stephen Dawall, *The Second-Person Standpoint: Morality, Respect, and Accountability*, Cambridge: Harvard University Press, 2006; Julien Deonna, R. Rodogno, and F. Teroni, *In Defense of Shame: The Faces of an Emotion*, New York: Oxford University Press, 2011.

种理论,某个行为是道德义务的要求,当且仅当有德之人会因为没有做那个行为而感到内疚[①]。然而,这一理论要么是循环的(circular)要么是琐碎的(trivial)。一个人通常是在相信自己做了错事或者没有履行义务的时候才会感到内疚。或许存在一些不同寻常的例子(比如幸存者内疚)——在这些例子中,某人并没有事先作出一个关于义务的道德判断就感到内疚。但重要的是,只要一个具有完满德性的人相信自己做错了事,他就会感到内疚。内疚和义务之间的联系是如此的紧密,以至于一种基于内疚的义务/超义务理论难以成功。

关于义务/超义务的德性理论所应该诉诸的情感,既不能预设道德义务,又不能与道德义务距离太远。我倾向于相信,羞恶正是德性伦理学家应该考虑的情感。一方面,与内疚/愤慨不同,羞恶并不预设关于道德义务或者道德过错的判断。我们可以为某人感到羞恶,而无须持有"他做了错事"或者"他没有履行义务"这样的关于道义的判断。因此,基于羞恶的义务/超义务理论没有循环或者琐碎的问题。另一方面,不同于另一些情感(比如同情[②]),羞恶以一种有趣的方式和超义务紧密相关。我将在本章的余下部分论证,诉诸羞恶的德性伦理学可以成功地将义务和超义务区分开来。

## 四、关于超义务的两种德性理论

在这一节,我会提出两种基于羞恶的超义务德性理论。我将论证,

① Linda Zagzebski, *Divine Motivation Theory*.

② 很难看出同情如何可以帮助区分义务和超义务——一个具有完满德性的人会对处于危险境地的陌生人产生同情。这也许可以解释为什么没有德性伦理学家诉诸同情来解决超义务问题。

相比于第一种理论，第二种理论可以更好地解决超义务问题。让我们先来看第一个理论（此理论从对道德义务的分析开始）：

> $(T_1)$ 行动者 $A$ 在环境 C 中在道德上负有义务去做 Φ，当且仅当一个具有完满德性并且了解相关信息的人 $V$ 如果在环境 C 中没有做 Φ，那么他便会对自己感到羞恶。
>
> 行动者 $A$ 在环境 C 中做 Φ 是一项超义务，当且仅当(1) $A$ 没有道德上的义务去做 Φ——也就是说，如果 $V$ 在环境 C 中没有做 Φ，他不会对自己感到羞恶；并且(2) $V$ 在环境 C 中典型地会做 Φ $(A \neq V)$。

回到我们先前讨论过的例子。一个具有完满德性的人会冒着生命危险去救一个陌生人。但如果他不会因为不去救那个陌生人而对自己感到羞恶，那么，这一行为便是一项超义务而非义务。因此，相比(T)，$(T_1)$ 似乎可以更好地解决超义务问题。当然，一个具有完满德性的人会因为（比如）偷窃了他人的钱财而对自己感到羞恶。那么，根据 $(T_1)$，不偷窃便是一项道德义务。

然而，恐怕 $(T_1)$ 也并不足够令人满意。我想提出对 $(T_1)$ 的两个反驳。第一，一个具有完满德性的人如果没有去做某些超义务的行为，比如没有去救（或者试图去救）身陷火场的陌生人[①]，他多半仍然会对自己感到羞恶。这也许是因为具有完满德性的人对自己的人格有非常高的要求，所以，如果他没有做超义务的行为，他很有可能会对自己感到羞恶。在具有完满德性的人和其他人之间似乎存在一种不对称：在极

① 在客观条件不允许一个有德性的人去火中救人的情境中，他只要真诚地尝试去救人就足够了。

度危险的情况下不去救陌生人，普通人不会因此而对自己感到羞恶，但具有完满德性的人则很可能会。

第二，($T_1$)似乎(错误地)把某些在道德上负有义务的行为排除在义务之外。有几位哲学家已经指出，有德之人或者理想的行动者不会去做某些普通人负有义务去做的事情①。假设查理是一个脾气不好、容易暴躁的人。他很容易发怒，并且一发怒就会打人。假设改变他这一性格特点最有效的方式是让他参加一个愤怒管理辅导班。因此，查理似乎有义务参加那个辅导班。但是，由于一个具有完满德性的人没有易怒的问题，所以他既不会参加愤怒管理辅导班，也不会因为没参加而对自己感到羞恶。那么，根据($T_1$)，查理便没有义务参加那个愤怒管理辅导班。而这是错误的。

现在让我们来讨论第二种关于义务/超义务的德性理论：

> ($T_2$) 行动者 $A$ 在环境 C 中在道德上负有义务去做 Φ，当且仅当他在环境 C 中没有做 Φ，那么一个具有完满德性并且了解相关信息的人 $V$ 会对 $A$ 感到羞恶。
>
> 行动者 $A$ 在环境 C 中做 Φ 是一项超义务，当且仅当(1) $A$ 没有道德上的义务去做 Φ——也就是说，如果他在环境 C 中没有做 Φ，$V$ 不会对 $A$ 感到羞恶；并且(2) $V$ 在环境 C 中典型地会做 Φ($A \neq V$)。

如果说($T_1$)是一种“榜样式的”德性伦理学的话，($T_2$)便可被称为“导

① Gary Watson, “Free Agency,” *Journal of Philosophy* 72(1975): 205 - 220; Peter Railton, “Moral Realism,” *Philosophical Review* 95(1986): 163 - 207; Robert Johnson, “Virtue and Right”.

师式的”德性伦理学。根据($T_1$),某个行为是一项义务还是超义务,取决于一个具有完满德性的人在没有做那个行为之后对自己的感受。与之相对,根据($T_2$),某个行为是一项义务还是超义务,取决于一个具有完满德性的人在得知他人没有做那个行为之后对他人的感受。

请注意,我在这里有两个(合理的)预设。第一,一个具有完满德性的人 $V$ 并不会因为 $A$ 没有做任何一件道德上的好事而对 $A$ 感到羞恶,$V$ 只会因为 $A$ 没有做某些行为而对 $A$ 感到羞恶。例如,一个具有完满德性的人会对 $A$ 感到羞恶,如果 $A$ 没有试图去救一个在浴缸里溺水的婴儿。那么,根据($T_2$),$A$ 便负有义务去救那个婴儿。但是,$V$ 不会对 $A$ 感到羞恶,如果 $A$(比如)没有冲进熊熊燃烧的大楼去救一个陌生人,那么,根据($T_2$),冒着生命危险去救陌生人就是一个超义务的行为。在我们的道德常识中,不顾生命安危去帮助一个陌生人不是我们负有道德义务去做的事。($T_2$)符合这一直觉。

第二,我们有理由认为,一个具有完满德性的人会用比要求别人更高的品格标准来要求自己。在我看来,这种在要求上的不对称本身就是德性的体现。一个具有完满德性的人 $V$ 会因为自己没有冲入火场去救陌生人而对自己感到羞恶,但 $V$ 不会因为同样的原因而对 $A$ 感到羞恶。根据($T_1$),冲入火场去救陌生人是一项道德义务,而($T_2$)则会将其视为超义务。($T_2$)似乎比($T_1$)拥有更多的概念空间去容纳义务与超义务的区别。因此,($T_2$)比($T_1$)更优越。

值得注意的是,第二个预设在中国传统道德哲学中被普遍接受。如中国人常用的习语所言,“律己以严,待人以宽”。孔子早就表达了类似的观念:“躬自厚而薄责于人。”(《论语·卫灵公》)《吕氏春秋》对此也有细致的讨论:

君子责人则以人，自责则以义。……不肖者则不然，责人则以义，自责则以人[①]。

我还注意到，已经有一些当代学者讨论过“要求的不对称”(asymmetry of demand)这个想法了，其中，倪德卫(David Nivison)对“忠”和“恕”的分析也许最具有代表性[②]。在我看来，不对称这一观念合理且有趣，值得更全面的讨论，而我无法在这里继续。我在这里假定它是成立的而不作进一步的论证。

如果行动者 $A$ 也是一个具有完满德性的人怎么办？我认为，即便如此，一个具有完满德性的旁观者 $V$ 仍然不会因为 $A$ 没有冲入火场救陌生人就对 $A$ 感到羞恶，即使同样具有完满德性的 $A$ 会为自己感到羞恶。一个具有完满德性的人会用比要求别人更高的标准来要求自己，而不论别人是否也具有完满的德性(请注意这里 $A \neq V$)。这样的话，根据($T_2$)，冲入火场去救陌生人对于具有完满德性的 $A$ 来说，也不是义务。鉴于行为本身的特点及其所处的环境，冲入火场救陌生人要么是义务，要么不是，而不论行动者是否具有完满的德性。

当然，我的意思并不是有德之人和无德之人拥有完全一样的道德义务。我只是说，有德之人和无德之人所拥有的非衍生的(underived)道德义务是相同的，但他们可能拥有不同的衍生的(derived)道德义务。例如，有德之人和无德之人似乎都有(非衍生的)义务不去伤害他人，但

---

① 英译本参见 Buwei Lü, *The Annals of Lü Buwei: A Complete Translation and Study*, Trans. by J. Knoblock and J. Riegel, Stanford: Stanford University Press, 2000, p.505。

② David Nivison, “Golden Rule Arguments in Chinese Moral Philosophy,” in his *The Ways of Confucianism*, Ed. by Brian Van Norden, Chicago: Open Court Press, 1996, pp.59 - 76; Philip J. Ivanhoe, “Reweaving the ‘One Thread’ of the *Analects*,” *Philosophy East and West* 40(1990): 17 - 33.

对于他们来说，从这一基本义务中衍生出来的义务则可能有所不同。如同之前提到的例子所示，虽然脾气暴躁的查理有义务参加愤怒管理辅导班，但具有完满德性的人没有这样的义务。相比（$T_1$），（$T_2$）可以更好地包容这类事例。一个具有完满德性的人不会因为没有参加愤怒管理辅导班而对自己感到羞恶（也不会对其他具有完满德性的人未做此事而感到羞恶）。但他会对查理这样脾气暴躁的人未做此事而感到羞恶（假定查理知道，参加愤怒管理辅导班是控制他的脾气的最有效方式）。那么，根据（$T_2$），虽然一个脾气暴躁的人有（衍生的）道德义务去参加愤怒管理辅导班，但具有完满德性的人没有这样的道德义务①。

## 五、次级义务与次级超义务

在上一节，我提供了一种精致的关于义务/超义务的德性理论，即（$T_2$）。根据这个理论，你负有道德义务（比如）不去偷窃他人的钱财，因为如果你那么做了，一个具有完满德性的人会对你感到羞恶。另一方面，冲入着火的大楼中去救一个陌生人对你来说是一项超义务，因为如果你不那么做，一个具有完满德性的人不会对你感到羞恶。

---

① 值得一提的是，我的德性伦理理论所诉诸的情感是羞恶，而不是它的子类羞耻。我相信诉诸羞恶的德性伦理学要比诉诸羞耻的类似理论更好。考虑下面这个基于羞耻的道德义务理论：行动者 *A* 在环境 C 中负有道德义务去做 Φ，当且仅当他在环境 C 中没有做 Φ，那么一个具有完满德性的人 *V* 会想让 *A* 感到羞耻。这个理论是有问题的。假设 *A* 是一个非常敏感的人，以至于他一旦感到羞耻就会陷入深深的绝望之中，甚至会自杀。在这种情况下，具有完满德性的 *V* 不会想让 *A* 感到羞耻，即使（例如）*A* 偷了别人的钱（但 *V* 会对 *A* 有羞恶之心）。那么，根据那个基于羞耻的道德义务理论，不去偷窃就不是 *A* 的义务了。而这显然很荒谬。或者，我们来考虑另一个基于羞耻的道德义务理论：行动者 *A* 在环境 C 中负有道德义务去做 Φ，当且仅当如果他在环境 C 中没有做 Φ，那么一个具有完满德性的人 *V* 会判断，*A* 应该感到羞耻。但这一理论很可能蕴含了一个恶性的循环，因为“应该”这个词看起来很像一个关乎道义的道德词汇。

但我想要强调，义务（或者超义务）有程度之分，不同的义务在重要性或者严肃性方面会有差别。道德义务不仅包括诸如不杀人和不偷窃这样的重要义务，还包括一些没有那么重要的义务。类似地，超义务行为不仅包括不顾生命安危去救一个陌生人这样的高尚行为，还包括一些没有那么崇高的行为。让我用“次级义务”（minor obligation）和“次级超义务”（minor supererogation）来指称那些没有那么重要的义务/超义务[①]。

符合次级义务的行为以及符合次级超义务的行为都没那么重要，且二者都值得赞扬。因此，要决定一个行为属于次级义务还是次级超义务，并不容易——哲学家对此也争议颇多。但我想论证，我的（$T_2$）可以帮助厘清次级义务和次级超义务之间的界限。

让我首先给出一个次级超义务的例子。假设你们系有一个同事的孩子刚刚降生。根据你们系长久以来形成的习惯，系里的每个成员都应该随100元钱的礼。似乎没有人有义务随礼超过100元。假设你是一个很大方的人，给了那个同事200元。根据我们的直觉，你的行为属于次级超义务。虽然这个行为没有冲入火场救陌生人那么高尚，但它仍然值得赞赏且不属于义务。（$T_2$）尊重这一直觉。根据我的理论，你的行为是超义务，因为一个具有完满德性的人不会因为你没有给同事200元（而只给了100元）而对你感到羞恶。

接着我们来讨论一个次级义务的例子。假设街上有一个陌生人礼貌地问你现在几点。假设你带了手表，并且当时没有什么急事。多数人会认为，你应该告诉他时间——如果你拒绝，那么你就是一个很刻薄

① 可以合理地认为，比起（例如）撒谎、杀人会引发有德之人更为强烈的羞恶情感。因此，借助羞恶的程度之分，我的德性伦理理论可以容纳“一些道德义务比另一些义务更重要”这一事实。

的人。一个具有完满德性的人当然会因为你没有告诉那个陌生人时间而对你感到羞恶。那么，根据($T_2$)，告诉那个陌生人时间便是一项道德义务(即使只是次级义务)。

有两个理由可以解释为什么告诉陌生人时间确实属于次级义务。第一，“道德上的应该”似乎蕴含道德义务的存在。在上面的例子里，你在道德上应该告诉有需要的陌生人现在几点，因此，我们也应该说，你有道德义务这么做——将道德义务同道德上的应该分开是很奇怪的[①]。第二，道德义务与道德责备之间的联系甚至更清楚。如果一个人因为没有做 $x$ 而应该被责备，那么，没有做 $x$ 在道德上就是错的，因此他就有道德上的义务去做 $x$。在我们的例子中，一个人因为没有告诉陌生人时间而应该受到责备，这可以推出，那个人负有道德义务那么做。

随礼的例子和告诉时间的例子有很大的差别，并且，这种差别是种类上的。第一，虽然你在道德上应该告诉那个陌生人现在几点，但不能说你在道德上应该随礼超过 100 元。第二，如果你不告诉那个陌生人时间，你应该受到责备；但如果你没有随礼超过 100 元，你不应该受到责备。

根据($T_2$)，一个人是否在道德上负有义务去做 $x$，取决于一个具有完满德性的人是否会因为他没有做 $x$ 而对其感到羞恶。而且，我们都同意，具有完满德性的人会因为一个人没有履行他的道德义务而对他感到羞恶(或者会对一个应该受到责备的人感到羞恶)。因此，我们可以合理地推论，一个人在道德上应该去做的事情，或者一个人因为不去做而应该受到责备的事情，就是他负有道德义务去做的事情。也就是

---

① Michael Zimmerman, *The Concept of Moral Obligation*, Cambridge: Cambridge University Press, 1996.

说,($T_2$)容纳了甚至解释了道德义务与其他道德属性(比如道德上的应该和道德责备)之间的联系,并且帮助统合了那些核心的道德范畴。

很多人都搞错了次级义务和次级超义务的界限。有些哲学家认为,人们没有道德义务去告诉陌生人现在几点——这属于超义务的行为[①]。他们可能有两个理由支持这一看法。第一,既然个人有权利不去告诉陌生人时间,似乎可以就此推论,告诉陌生人时间不是义务。然而,道德义务与道德权利之间的联系并不是那样的。"一个人 $S$ 有道德权利不去做 $x$"并不蕴含"$S$ 不负有道德义务去做 $x$",而只蕴含"其他人有道德义务不去强迫 $S$ 去做 $x$"。"$S$ 有道德权利不去做 $x$"与"$S$ 负有道德义务去做 $x$"是相容的。换言之,一个人可以拥有道德权利不去履行他的道德义务,或者有道德权利去做道德上错误的事情[②]。

第二,有人可能会说,不告诉陌生人现在几点这事无足轻重,可是道德所关涉的应该是重要且严肃的行为。因此,我们似乎并没有道德义务去告诉陌生人时间[③]。然而,我倾向于认为,某个行为(或者不作为)的重要程度与其是否属于道德义务没有关系。这一点很自然:道德义务(以及道德错误)有程度之分。某些行为(撒谎、违诺等等)并不总是严肃或者重大,但它们仍然通常被视为道德错误的例子。和杀人、偷窃这些相对重要的过错一样,不那么严重的过错也理应受到道德责备,并且在道德上不应该去做。不告诉陌生人时间当然远不如不去救在浴缸里溺水的婴儿这种恶劣的不作为严重。但是,说"两者(在不同程度上)都是错的"要比说"后者是错的,而前者完全没错"更加合理。

---

① Joel Feinberg, "Supererogation and Rules," in J. Thomson and G. Dworkin (ed.) *Ethics*, New York: Harper and Row, 1968, pp.391 - 411.

② 类似的观点参见 Roseline Hursthouse, "Virtue Theory and Abortion," *Philosophy and Public Affairs* 20(1991): 223 - 246。

③ 感谢一位匿名审稿人指出这一点。

似乎没有非任意的方式去为道德错误设定一个门槛，使得某个行为的恶劣程度如果达到了这个门槛，那么它就在道德上是错误的。幸运的是，德性伦理学并不承诺这样的门槛。($T_2$)这样的德性理论可以为上面两种不作为的错误性(及其对应的两种义务)提供一种统一的解释。你既有义务去救浴缸里溺水的婴儿，又有义务告诉陌生人时间，因为一个德性完满的人会因为你不去做而对你感到羞恶。这是我的德性伦理理论相比道义论的一大优势——道义论通常把道德义务的范围弄得太窄了。

## 六、结论

在本章中，我提出了一种精致的关于义务/超义务的德性理论。我已经论证过，我的这一理论可以解决超义务问题。此外，我的理论还拥有诸多优势。比如，它可以帮助区分次级义务和次级超义务；它可以为重要义务和次级义务提供一种统一的解释；它也可以阐明诸如道德义务、道德应该以及道德责备这样的道德核心范畴之间的紧密联系。

当然，人们总是可以问是否德性/恶性比关乎道义的道德属性更根本。究竟是这种情况：我们有道德义务去做某个行为是因为有德之人会对之有这样或那样的感受？还是另一种情况：有德之人对某个行为有这样或那样的感受是因为我们有道德义务去做那个行为？我无法在这里处理这个大问题。这里的主要目标是解决德性伦理学内部的一些问题。我希望我已经表明，关于道德义务的德性进路应该被严肃对待。

第九章

# 平等主义与理性欲求

## 一、引言

在关于分配正义（distributive justice）的近期文献中，哲学家对于分配平等是否具有内在价值这一议题展开了激烈的争论[①]。按照他们对于相关术语的用法，我们会用“平等主义”（egalitarianism）一词来表示如下观点：对于至少某些益品（goods）的平等分配是具有内在价值的[②]。与此相应，我们把那些承认分配平等具有内在价值的人称为“平等主义者”（egalitarians）[③]，而把他们的反对者称为“非平等主义者”

---

① N. Holtug and K. Lippert-Rasmussen (ed.) *Egalitarianism: New Essays on the Nature and Value of Equality*, Oxford: Oxford University Press, 2007.

② 平等主义者没有必要主张，对于所有益品的平等分配都具有内在价值，而只需认为对于某些益品的平等分配是有内在价值的。可供分配的益品可能包括自由、权力、机会、幸福、能力、尊重、收入以及财富，等等。

③ A. Marmor, "The Intrinsic Value of Economic Equality," in L. H. Meyer, S. L. Paulson, and T. W. Pogge (ed.) *Rights, Culture, and the Law: Themes from the Legal and Political Philosophy of Joseph Raz*, Oxford: Oxford University Press, 2003, pp. 127 - 143; D. McKerlie, "Equality," *Ethics* 106 (1996): 274 - 296; H. Steiner, "Equality, Incommensurability, and （转下页）

(non-egalitarians)①。有不同的理论路径可以为平等的(或更平等的)②分配模式辩护,比如效益主义、充分主义(sufficientarianism)以及优先主义(prioritarianism),但有些理论路径会使平等分配的价值成为非内在的(non-intrinsic)价值。而平等主义与其他竞争理论的差别便在于,它坚持分配平等具有内在价值。

界定清楚什么是“内在价值”很重要。在本章中,我们遵循一种标准的用法,根据这一用法,如果 $x$ 因其自身之故而具有价值,或者换句话说,$x$ 作为目的是有价值的,那么 $x$ 就具有内在价值③。有两点值得一提。第一,即使某些东西的价值来自更深层次的价值或原因,它们也

---

(接上页)Rights," in *Rights, Culture, and the Law: Themes from the Legal and Political Philosophy of Joseph Raz*, pp.119 - 127; L. S. Temkin, *Inequality*, New York: Oxford University Press, 1996, "Egalitarianism Defended," *Ethics* 113(2003): 764 - 782, and "Personal versus Impersonal Principles: Reconsidering the Slogan," *Theoria* 69(2003): 21 - 31.

① E. S. Anderson, "What is the Point of Equality?" *Ethics* 109(1999): 287 - 237; Harry Frankfurt, "Equality as a Moral Ideal," *Ethics* 98(1987): 21 - 43 and "Equality and Respect," *Social Research* 64(1997): 3-15; Derek Parfit, "Equality and Priority," *Ratio* 10(1997): 202-221; Peter Railton, "The Problem of Well-Being: Respect, Equality, and the Self," *Tenth Conference of the International Society for Utilitarian Studies*, pp.1-30; Joseph Raz, *The Morality of Freedom*, Oxford: Oxford University Press, 1988 and "On the Value of Distributional Equality," *Legal Research Papers Series* 41(2008): 1 - 19.

② 平等主义者可以承认,尽管存在一定强度的理由来支持对于某些益品的平等分配,但也可能存在一定强度的理由来支持对于某些益品(比如收入和财富)的不平等分配。因此,平等主义并不需要提出一种严格平等的益品分配方式,而只要提倡一种更加平等而非更不平等的分配方式即可。

③ 有些哲学家可能采纳不同的用法。比如,科斯嘉德(Christine M. Korsgaard)在以下的意义上使用“内在价值”这个词:如果 $x$ 所具有的价值不依赖于 $x$ 之外的任何东西,那么 $x$ 便有内在的价值。参见 C. M. Korsgaard, "Two Distinctions in Goodness," *Philosophical Review* 92(1983): 169 - 195。她似乎把内在价值和外在价值的区分等同于非关系性(non-relational)价值和关系性价值的区分。鉴于本书的目的,我们跟随大多数平等主义者采纳“内在价值”的标准用法。参见 Parfit, "Equality and Priority"; Raz, "On the Value of Distributional Equality".

可以具有内在价值[①]。举个例子，假设美(beauty)具有内在价值，但仍可能有更深层次的原因和价值(美学的或者非美学的价值)来解释为什么美是有价值的。我们应该把内在价值和根本价值(fundamental value)区分开来，根本价值不以任何其他价值为基础。而单凭"某物的价值基于其他价值"这一事实，我们并不能否认它仍然可能具有内在的价值。

第二，即使某事物的价值取决于某些偶然条件，它仍可能具有内在的价值。内在价值和外在价值的区分并不对应于无条件的价值(unconditional values)和有条件的价值(conditional values)的区别。某个具有内在价值的事物不必在任何情况下都有价值(更不用说有内在价值)，它只需要在某些情况下有价值。例如，人们普遍认为，快乐具有内在的价值。但正如乔纳森·丹西(Jonathan Dancy)所言，快乐在某些情境中可能并没有价值，比如当一个人因为杀死一个动物而感到快乐时[②]。鉴于本书的目的，我们只需要论证，分配平等在某些条件下是具有内在价值的，而无须证明它总是具有内在价值。

当然，虽然非平等主义者对分配平等的内在价值提出了质疑，他们并不否认分配平等可以有其他方面的价值。如果益品的平等分配能带来其他有价值的事态(比如和平、社会和谐，以及不被支配的自由)，那么分配平等便具有工具价值。此外，平等的价值还在于，分配平等是促进其他价值的副产品(by-product)。例如，假设一个人的自由是有价值

---

① E. S. Anderson, "What is the Point of Equality?"; Harry Frankfurt, "Equality as a Moral Ideal" and "Equality and Respect"; Derek Parfit, "Equality and Priority"; Peter Railton, "The Problem of Well-Being: Respect, Equality, and the Self"; Joseph Raz, *The Morality of Freedom* and "On the Value of Distributional Equality".

② Jonathan Dancy, *Ethics without Principles*, Oxford: Clarendon Press, 2004.

的。由此似乎可以推出，所有人的自由都有价值，所以，自由的平等分配也是有价值的。但根据非平等主义者的观点，这只是因为平等分配自由是最大限度地或者普遍地促进自由的一个附带后果。

在本章中，我们试图通过指明分配平等的内在价值所在，来揭开平等主义的神秘面纱。本章结构如下：在下一节，我们将引入著名的“向下拉平反驳”(leveling-down objection)。这个反驳似乎对平等主义构成了严重的挑战，原因在于，很难发现分配平等如何能内在地惠泽于人。在第三节，我们将尝试论证，分配平等可以以一种内在的方式与人们的幸福相联系。首先，通过借鉴当代元伦理学中关于价值的倾向主义进路(dispositionalism)，我们将提出，如果一个人 $S$ 理性地因其自身之故而欲求 $x$，那么 $x$ 对 $S$ 来说就具有内在价值。接着，我们将通过思想实验来论证，在特定的情况下，人们可以理性地因其自身之故而欲求某些益品的平等分配。在第四节，我们将考虑三个可能的反驳，并试图表明它们都没有真正威胁到我们的主要论点。最后我们得出结论：平等的内在价值在分配正义中应当扮演不可或缺的辩护角色。

## 二、向下拉平反驳

在本节中，我们将讨论一个著名的针对平等主义的批评，即“向下拉平反驳”。设想有两个人，简妮和约翰，他们在某种益品 $G$ 的占有上是不平等的。假设简妮比约翰拥有更多的 $G$，比如，简妮有 200 个单位的 $G$，而约翰只有 100 个单位。有三种方法使得简妮和约翰拥有一样多的 $G$：① 我们可以另外拿 100 单位的 $G$ 给约翰，这样每个人都有 200 个单位的 $G$ 了(这就成了一个向上拉平的例子)；② 我们也可以从简妮那里拿 50 单位的 $G$ 给约翰，这样每人就都有 150 个单位了(我们将这种情况称为“中间拉平的例子”)；③ 我们还可以从简妮那里拿走100个单位而且不给约翰，这样每人就都有100个单位的$G$了(这是一个向下拉平的例子)。

不用说，所有人都会同意，向上拉平的情况比原初的不平等的情况更好。而且，直觉上，我们很可能认为，中间拉平的情况也比最初的情况更好，尽管两种情况下的总体效益(overall utility)是相同的[①]。但非平等主义者会坚持，在这两种情况下，平等分配的价值只是促进其他价值的副产品。例如，非平等主义者可能会指出，向上拉平增加了约翰所拥有$G$的数量，从而增加了效益总量，因此，诉诸效益主义可以解释为什么向上拉平的情况比原来不平等的情况更好。另一方面，非平等主义者可以援引优先主义的理由来解释为什么中间拉平的情况也比最初的情况要好，亦即，相比提升处境较好之人的福祉，提高处境较差之人的福祉所具有的道德价值更大[②]。

所以，无论是向上拉平的例子还是中间拉平的例子，都不能清楚地检验平等是否具有内在价值。有鉴于此，非平等主义者邀请我们来关注向下拉平的情况，在这一情境中，我们可以对分配平等的可能价值做更为清晰的检验。向下拉平反驳可以表述如下：

(1) 如果平等主义是正确的，那么向下拉平的情况$D$将包含某

① 这里我们假定，50个单位的$G$给约翰带来的效益和从简妮那里夺去的效益是相同的。

② E. S. Anderson, “What is the Point of Equality?”; Frankfurt, “Equality as a Moral Ideal”, and “Equality and Respect”; Parfit, “Equality and Priority”; Railton, “The Problem of Well-Being: Respect, Equality, and the Self”; Raz, *The Morality of Freedom* and “On the Value of Distributional Equality”; R. Arneson, “Luck Egalitarianism and Prioritarianism,” *Ethics* 110(2000): 339 - 349.

种内在的价值，而这种价值是最初不平等的情况 $O$ 所不具有的；

(2) 如果 $D$ 具有某种独特的内在价值，那么 $D$ 在某些方面比 $O$ 更好；

(3) 因此，如果平等主义是正确的，那么 $D$ 在某些方面要比 $O$ 更好；

(4) 但是，$D$ 在任何方面都不比 $O$ 更好；

(5) 所以，平等主义是错误的。

彼得·雷尔顿(Peter Railton)举了一个生动的例子来阐明向下拉平的挑战：

> 假设人们对于其他人的尊重所具有的韧性或者强度是由基因所决定的。比如，相比拥有等位基因 *NR* 的人，拥有等位基因 *R* 的人较难因为压力、失望、恐惧等原因而不尊重他人。这也算是在尊重方面的不平等。例如，在同样的情境中，拥有 *R* 基因的个体会感到并表现出对他人的尊重，但拥有 *NR* 基因的人却无法做到这一点。假设在其他方面，拥有 *R* 基因的个体并不比携带 *NR* 基因的人更快乐或更富足——也许那些更容易不尊重他人的人，在恢复对他人的尊重的过程中会体验到更多的满足。所以，不平等仅限于尊重的分配。假设没有办法把 *NR* 基因更换为 *R* 基因，但有一个按钮，一旦按下这个按钮，你就可以清除掉未来后代可能携带的 *R* 基因。关于尊重的系统性不平等将被消除。但有什么理由可以支持按下按钮吗[①]？

① Railton, "The Problem of Well-Being: Respect, Equality, and the Self," p.4.

如果我们通过将基因 $R$ 普遍化来使尊重平等分配，这种向上拉平的情况将包含新的内在价值。但这似乎不是平等分配所带来的内在价值，而是另外一种内在价值(如尊重)在增加[①]。雷尔顿问道，那么向下拉平的行动可能带来什么内在价值呢？平等主义者不能只回答说，向下拉平带来了平等的价值。平等主义者必须解释，分配平等是如何与某些价值的提升具有内在关联的。因此，向下拉平反驳似乎对平等主义提出了严峻的挑战。

我们承认，要确立分配平等的内在价值是一项艰巨的任务。原因在于，一个成功的支持平等主义的论证可能需要表明，分配平等在促进人们的福祉方面具有内在价值。让我先引入一个原则，我们称之为"惠人原则"(person-benefiting principle)：

> 如果一种所谓的价值永远不都能使人受益，那么这个所谓的价值就不是一种真正的价值[②]。

正如拉兹(Joseph Raz)所言，如果分配平等不能提升人们的福祉，那么将其视为一种价值便是可疑的。平等主义者可以采用两种策略来应对拉兹的挑战：可以论证分配平等确实会(内在地)使人受益，或者可以直接拒斥惠人原则。但第二种策略会付出严重的代价。拉兹是这样说的：

> 鉴于平等主义的历史和政治背景，平等主义很可能希望采取第

① Railton, "The Problem of Well-Being: Respect, Equality, and the Self," p.4.

② E. S. Anderson, "What is the Point of Equality?"; H. Frankfurt, "Equality as a Moral Ideal" and "Equality and Respect"; Parfit, "Equality and Priority"; Railton, "The Problem of Well-Being: Respect, Equality, and the Self"; Raz, *The Morality of Freedom* and "On the Value of Distributional Equality".

一种方式……即使存在某些价值不能使人们受益，平等这一价值也不太可能位列其中，否则多数平等主义者都会感到意外和失望。因为平等主义的精神内核是人文主义的，它关注人类的福祉[①]。

在拉兹看来，即使惠人原则的要求可能对其他价值不适用，但它适用于平等主义。在这一点上，我们同意拉兹。如果某种对于益品的分配模式竟然与人们的福祉无关，这是很奇怪的。在这里，我们将默认惠人原则是正确的，而不作进一步的论证。简洁起见，我们把“对人有价值”与“增进人的福祉”视为意思相同，从而可以相互替换。

根据惠人原则，只有当分配平等对于某些人具有内在价值时，它才具有内在价值。但我们似乎有一种强烈的直觉，认为一个人的幸福只取决于其生活所具有诸多绝对的(absolute)或者非比较的(non-comparative)特征，而非内在地取决于他与其他人的比较(称之为“绝对性论点”)。因此，一个人是否与他人享有同等数量的益品似乎与他的幸福无关(至少内在地不相关)。如果绝对性论点是正确的，那就可以推出，分配平等的价值不可能与人们的幸福有内在的联系。再加上惠人原则，我们就可以得出这样的结论：分配平等无法具有内在价值。论证如下：

(1) 只有当分配平等对人们具有内在价值时，它才具有内在价值；

(2) 但一个人的幸福只取决于其生活所具有的绝对的或者非比较的特征，而不内在地取决于他与别人的比较；

(3) 也就是说，分配平等无法给人们带来内在价值；

(4) 因此，分配平等没有内在价值。

---

① Raz, “On the Value of Distributional Equality,” p.10.

## 三、内在价值与理性欲求

许多哲学家凭借某种快捷的直觉得出这样的结论：分配平等对人们并没有内在价值。而我们主张，我们应该首先弄清楚如何才能确定某事物是否具有内在价值。要回答这个问题，我们最好先考虑对个人有内在价值的典型例子，比如快乐。为什么几乎所有哲学家都认为快乐对人来说具有内在的价值？这种说法的证据是什么？一个自然的回答是，这是因为人们理性地因快乐自身之故而欲求快乐。

将价值与欲望[①]（desire）联系起来的思想在伦理学上有着悠久的历史[②]。在当代元伦理学中，这一传统发展到了一个新的高度，出现了旨在将评价属性还原为基于欲望的倾向属性（dispositional properties）的各种精巧的理论[③]。例如，彼得·雷尔顿借助理性的欲望提出了一个关于非道德的善（non-moral goodness）的著名理论。根据这一理论，假如行动者 $A$ 的一个理想化了的自我 $A^+$ 处于 $A$ 所在的真实环境中时，会想要 $A$ 去欲求 $x$，这时，也只有这时，我们才能说 $x$ 在非道德的意义上对于行动者 $A$ 是好的[④]。

---

① 这里我们在一种宽泛的意义上使用“欲望”这个词，用来指代任何具有“从世界到心灵”的契合方向（direction of fit）的动机状态。欲望的对象可以是一个特定的事物，也可以是一种事态。

② David Hume, *A Treatise of Human Nature*, Oxford: Oxford University Press, 1978; J. S. Mill, *Utilitarianism*, Oxford: Oxford University Press, 1998.

③ M. Smith, D. Lewis & M. Johnston, “Dispositional Theories of Value,” *Proceedings of the Aristotelian Society, Supplementary Volumes* 63(1989): 89-174; Peter Railton, “Moral Realism,” *Philosophical Review* 95(1986): 163-207; Michael Smith, “Exploring the Implications of the Dispositional Theory of Value,” *Noûs* 36(2002): 329-347.

④ Railton, “Moral Realism”.

然而，在这里，我们不想预设一种关于价值的倾向主义理论，对于“价值是否就是基于欲望的倾向属性”这一元伦理学问题我们暂时保持沉默。或许某物被理性地欲求是其价值的形而上学的根据(metaphysical ground)，但也可能某物具有价值是它被理性欲求的基础。我们在这里只想强调，理性欲求是价值的充分条件，至于何者更为基本则是另外一个问题。我们应该重视理性欲求和价值之间的紧密联系，这将对我们当前的平等主义议题产生有益的影响。

现在我们尝试性地提出一个关于个人内在价值的原则：

> (原则 D) 如果一个人 S 理性地因某物 $x$ 自身之故而欲求 $x$，那么，$x$ 对于 S 来说具有内在价值。

有两点值得注意。首先，尽管很难给“理性”下一个精准的定义，但我们可以列出几个理性的欲望所要满足的典型条件：① 免于错误。只有当某个欲望源于正确的描述性信念以及合格的推理时，它才是理性的。② 免于无知。理性的欲望必须建立在对于相关情况的完备信息的基础之上。③ 协调一致(consistency)。理性的欲望必须与行动者所拥有的其他欲望和谐一致。例如，在一阶欲望和二阶欲望，以及基本欲望与衍生欲望之间，不应该存在任何矛盾冲突。④ 普遍性(generality)。假设某人有一个特殊的欲望，但并不认为其他人在类似的情况下也应该拥有这个欲望。他的这一无法被普遍化的欲望就是非理性的。⑤ 反事实的稳定性(counterfactual stability)。如果一个行动者不仅欲求 $x$，而且判断自己在反事实的情境中也会欲求 $x$，那么这个行动者对于 $x$ 的欲望就具有反事实的稳定性。假设有个人事实上欲求 $x$，但认为自己无须在反事实的情况下继续持有对于 $x$ 的欲望。这个人的欲望便不具有反事实的稳定性，因而是非理性的①。

第二，为了让某物对某人具有价值，这个人必须理性地欲求它，而不仅仅是认可(endorse)或相信(believe in)它的价值。想象一下，我们以某种方式知道在一个遥远的星球上有一片美丽的森林，但无论借助什么手段，我们永远也无法观察到它。尽管我们相信那片森林极其美丽，但我们并不真的欲求它。如此一来，即使那片美丽的森林可能本身具有价值，但它对于我们却没有价值。

接下来，我们将论证，在某些情境中，人们可以理性地因其自身之故而欲求对于某些益品的平等分配。我们可以很容易地决定我们是否理性地因某些事物(例如快乐)自身之故而欲求它们。但要凭直觉来判断我们是否欲求分配平等，则要困难得多。因此，我们尝试借助思想实验来揭示我们关于分配平等的直觉。让我们引入两个例子，这两个例子分别涉及对于尊重和自由的分配②。

### (一) 尊重

假设有两个星球，$\alpha$ 和 $\beta$。$\alpha$ 星球的居民对彼此只表现出最低程度

---

① 我们并不确定最后两个条件对于理性的欲望是否是必要的，这取决于你采纳哪种理性理论。但由于我们试图将理性欲求与价值联系起来，我们有意地把理性的条件设定得比程序性的理性(procedural rationality)更高。我们将论证，对分配平等的欲求可以满足这些理性的要求。

② 在我们继续讨论之前，我们想顺便提一点。拉兹似乎认为，如果某种益品 $G$ 的平等分配具有内在价值的话，$G$ 本身也必然具有内在价值(参见 Raz, "On the Value of Distributional Equality")。我们不确定 $G$ 的平等分配所具有的内在价值是否必然要求 $G$ 也具有内在价值。但至少，这似乎不是一个概念真理。即使 $G$ 没有内在价值，但是对 $G$ 的平等分配仍然可能具有内在价值。把"内在"价值类比于"道德"价值。尽管医疗资源本身只是一种非道德的益品，而不是一种道德价值，但对于医疗资源的平等分配在道德上是有价值的，甚至在道德上是必须的。类似地，虽然收入和财富没有内在价值，但是收入和财富的平等分配可能具有内在价值(参见 Marmor, "The Intrinsic Value of Economic Equality")。当然，拉兹的看法可能是对的，但他没有提供任何论证来支持他的主张。稳妥起见，我们将重点关注对于内在益品(比如尊重和自由)的平等分配。

的尊重。他们确实也尊重他人的基本权利和自由，认为某些行为（比如杀人、虐待、操纵、强奸和偷窃）在道德上是不允许的。但除此之外，他们颇为冷漠，不会对他人表现出尊重。他们彼此之间极少有温暖的感情，也不关心他们的行为是否会伤害到他人的感受；他们总是批评、嘲笑、藐视他们的同伴。相比之下，$\beta$ 星球的居住者非常热心。他们总是尽可能地善待彼此，即使自己处于疲惫、压抑的境况之中。简言之，我们可以说，$\beta$ 星球的居住者所享有的相互尊重的程度要远远高于 $\alpha$ 星球的居住者。但是 $\alpha$ 星球的居民和 $\beta$ 星球的居民有一个共同点，那就是，两个星球的居民对外来移民都是冷漠和不尊重的（就像 $\alpha$ 星球的居民对待其同类一样）。也就是说，在 $\alpha$ 星球上，尊重在本星球的居民和外来移民那里是平等分配的；而在 $\beta$ 星球上，外星人得到的尊重比本地居民少。让我们假设，$\alpha$ 和 $\beta$ 星球之间的这种差异不会导致任何进一步的或好或坏的后果。

现在想象一下，地球（也许是由于气候变暖）突然变得不再适合我们居住，我们需要移民到另一个星球，而目的地只有 $\alpha$ 星球或者 $\beta$ 星球可选。假设我们对这两个星球很了解，也知道上面提到的事实。同时假设无论我们生活在哪个星球上，我们对其中的居民表现出的尊重都和他们对我们的尊重是等量的。那么，问题来了：我们会选择生活在哪个星球上？我们有强烈的直觉认为，我们想要生活在 $\alpha$ 星球上。

### （二）自由

再想象两个星球，方便起见，我们也称它们为 $\alpha$ 和 $\beta$。在 $\alpha$ 星球上，每个人都享有相同范围的自由，包括政治自由、财产权、言论自由等等。但由于某种原因，他们缺乏宗教自由，被迫全部信奉一种特定的宗教 $R$。在 $\beta$ 星球上，每个人都至少拥有 $\alpha$ 星球居民所拥有的全部自由。

但有一个区别：$\beta$ 星球的本地居民拥有额外的宗教自由，但到 $\beta$ 星球的外来移民则和 $\alpha$ 星球的居民一样，必须接受宗教 $R$。总之，在 $\alpha$ 星球上，自由是平等分配的，无论是否有外来移民，但在 $\beta$ 星球上，外来移民比原初居民拥有的自由范围狭窄。让我们进一步假设，$\alpha$ 星球和 $\beta$ 星球之间的差异不会导致任何进一步的或好或坏的后果。

现在我们又需要移民到另一个星球上，我们可以选择移民到 $\alpha$ 星球或者 $\beta$ 星球。假设我们对那两个星球的情况了如指掌，包括上面提到的事实。同时假设我们不想信奉宗教 $R$。问题还是：我们会选择生活在哪个星球上？再一次，我们的直觉告诉我们：我们想要生活在 $\alpha$ 星球上。

我们有理由认为，我们在以上两种情境中的欲望都是理性的。这些欲望并非建立在错误、无能或者无知之上，它们和我们心理系统中的其他欲望之间也没有冲突。不仅如此，这些欲望似乎还通过了普遍性测试。在我们的例子中，我们问自己想要在哪个星球上生活，而答案是 $\alpha$ 星球。假设有一个陌生人史密斯，他也要决定应该移民到哪个星球。我们会认为史密斯也应该选择 $\alpha$ 星球吗？答案似乎是肯定的。最后，这些欲望也通过了反事实测试。想象一下，在一个我们不在乎自己是否被区别对待的反事实的世界里，我们只关心我们所能享受到的尊重或自由的绝对水平。那么，选择生活在 $\alpha$ 星球上并不会满足我们更多的欲望。在这种反事实的情况下，我们应该生活在哪个星球上呢？恐怕我们的答案还是一样的。

我们更愿意生活在 $\alpha$ 星球(亦即一个平等的社会)而不是 $\beta$ 星球，尽管我们假定，我们在选择之后的境遇在其他方面都是一样的。既然我们知道这样的选择不会带来其他好的后果，我们就有理由说，我们内在地想要居住在 $\alpha$ 星球上，而不是为了其他的目的。由于我们的这个欲望是理性的,根据D原则,我们有理由说,生活在$\alpha$星球上对我们是有内在价值的。由此我们得到一个一般的启示:对于我们的福祉来说,重要的并不仅仅是我们的生活所具有的绝对的、非比较的特征,还包括我们的生活与他人生活的比较。换言之,绝对性论点是错误的。

现在,我们可以回应向下拉平反驳了。考虑两种可能的情境。在第一种情境中,一个地球人生活在$\alpha$星球上(称之为情境A),而在另一种情境中,他生活在$\beta$星球上(称之为情境B)。情境A可以被视为把情境B向下拉平的结果。在情境B中,尊重或自由的分配是不平等的:相比本土$\beta$星球居民来说,地球人享有的尊重和自由的量更少。但在情境A中,每个人都享有和情境B中的地球人同样多的尊重和自由。正如我们所论证的,在$\alpha$星球上生活对地球人是有内在价值的,但在$\beta$星球上生活就不会有这种价值。也就是说,向下拉平会给地球人带来一种独特的、基于平等的内在价值。推广而言,向下拉平内在地有利于那些原本处于不平等地位中的弱势群体①。那么我们就有理由得出结论:至少在某种程度上,平等的分配是具有内在价值的。至于这种价值是否能压倒由于向下拉平而造成的损失,那就是另外一回事了。

值得注意的是,我们的思想实验允许作出选择的人知道自己的移民身份。但是根据很多契约主义者的观点,如果我们想要弄清楚人们应该为整个社会选择什么样的分配模式,作出选择的人不应该知道他们最终会在他们所选择的社会中处于何种特殊地位②。然而,正如我们所提到的,我们提出的思想实验,其目的并不是要找到总体上合理的

---

① 当然,对那些原本处于不平等的优势地位的人来说,平等地分配尊重并不具有内在价值。

② John Rawls, *A Theory of Justice*, Cambridge: Harvard University Press, 1971.

分配模式，而只是要讨论平等分配是否具有某种程度的内在价值。就我们的目的而言，允许作出选择的人知道他最终所处的社会地位是没问题的。假设更多的益品所带来的价值会超过平等分配的价值，那么，$\beta$ 星球完全有可能在总体上比 $\alpha$ 星球更好（相应地，在“无知之幕”之下作选择的理性行动者会选择生活在 $\beta$ 星球而非 $\alpha$ 星球）。平等主义者可以接受这一点，因为他所坚持观点只是“平等分配在一定程度上具有内在价值”，而不是“平等具有最高的价值”①。

在这里，我们以尊重和自由为例，尝试确证分配平等所具有的内在价值。我们相信，我们对于尊重的讨论可以推广到其他益品（例如关怀和机会），用以辩护对它们进行平等分配所具有的内在价值。但在这里，我们只需要论证对于某些益品的平等分配具有内在价值。

## 四、反驳与回应

在本节中，我们将讨论三种可能的反驳，并试图表明它们都没有真正威胁到我们的主要论点。

（1）有人可能会说，我们并不总是（内在地）欲求分配平等。在某些情况下，我们可能对别人是否比我们生活得更好漠不关心。不少哲学家诉诸有关遥远星系的思想实验，以拒斥平等主义。例如，拉兹让我们想象以下的场景：

> 想象一下，我们的星球实现了某种理想的平等状态。然而，在距离我们非常遥远以至于无法和我们产生任何互动的星系中，有

---

① 我们感谢 *Philosophical Forum* 的一位匿名审稿人提出这一点。

> 另外一个星球，其中的民众也处于理想的平等状态。但那个外星上的生活条件和地球人的生活条件并不相同，并且在两者的不同之处实现平等是一件好事。这两个星球上的人彼此都不知道对方的存在，而且（根据自然法则）他们也无法发现对方。伯蒂就是那些人中的一个，他生活在地球上。问题是：如果生活在另一个星球上的人们的生活条件改变了，变得和他（以及其他地球人）的生活条件一样，伯蒂会因此受益吗[①]？

让我们把拉兹的例子和上一节讨论的思想实验结合起来。假设在某个可能世界 $w_1$ 中，外星人比地球人享有更多的尊重或自由。现在考虑另一个可能世界 $w_2$，在其中，地球人享有和他们在可能世界 $w_1$ 中一样多的尊重和自由，但是，外星人所享益品的程度向下拉平到与地球人一样多。再一次假设这两个可能世界之间的差异不会导致任何进一步或好或坏的后果。我们地球人应该想要生活在 $w_2$ 而不是 $w_1$ 吗？不，我们似乎并不关心这两个选项之间的差别，$w_1$ 和 $w_2$ 对我们来说是一样的。因此，处境较差的人并不总是理性地欲求平等分配益品。我们似乎由此可以推论，对于处境较差的人来说，平等分配益品并不具有内在价值。

对此，我们有一个简单的回应。分配平等的价值取决于实施分配平等的环境。具体来说，分配平等的价值取决于平等分配是否在同一社会中建立的。这里，“社会”这个词的意思是：如果人们可以彼此拥有社会的、政治的、经济的以及符号的互动，那么他们便生活在同一个社会中。在经济全球化的今天，一个社会的边界已经超越了一个村庄、

---

① Raz, “On the Value of Distributional Equality,” p.11.

一个城市，甚至超越了一个国家的边界；人类社会的范围很可能已经包括了地球的大多部分（如果不是全部的话）。正如一些哲学家所论证的，这可能是一个规范事实：我们应该关心与同一社会中其他人的比较，而不是与那些离我们太遥远而不能产生互动的人的比较①。

那些用遥远星系的例子来反对平等主义的人似乎有一个错误的假设，即如果平等分配具有内在价值，那么它在任何情况下都要具有内在价值。正如我们在本章的开头所提到的，内在价值可以是有条件的价值。为了反驳非平等主义者，我们不必认为平等分配总是具有内在价值。我们只需要论证，在某些情况下，平等分配具有内在价值。

（2）有人可能会争辩说，对分配平等的欲求只不过是基于嫉妒。正如心理学家以及人类学家可能指出的那样，嫉妒的情绪似乎深深植根于人类的心理，人们通常不想生活得比他们的同伴更差。根深蒂固的嫉妒心理似乎可以解释为什么即使益品的绝对水平是一样的，我们还是想要生活在 $\alpha$ 星球而不是 $\beta$ 星球上，也可以解释为什么我们不关心一个遥远星球上的人是否比我们生活得更好。但很难说，由嫉妒驱动的欲望代表了什么价值。

对于这一质疑，我们有两个回应。首先，如果非平等主义者把任何涉及人际比较的欲望都贴上“基于嫉妒”的标签，那么，根据其对相关术语的用法，我们乐于承认，分配平等的欲望是“基于嫉妒的”。但那又怎样呢？外星人在 $\beta$ 星球上感到嫉妒这一事实可能提示，$\beta$ 星球分配益

① A. Marmor, “The Intrinsic Value of Economic Equality”; L. H. Meyer, S. L. Paulson, and T. W. Pogge (ed.) *Rights, Culture, and the Law: Themes from the Legal and Political Philosophy of Joseph Raz*; D. McKerlie, “Equality”; H. Steiner, “Equality, Incommensurability, and Rights”; L. S. Temkin, *Inequality*, “Egalitarianism Defended”, and “Personal versus Impersonal Principles: Reconsidering the Slogan”.

品的方式出了问题[1]。非平等主义者需要提供独立的论据来表明，为什么所谓的"基于嫉妒的"欲望对象一定是无价值的。

第二，即使人类普遍拥有基于嫉妒的欲望，并且那些欲望的对象没有价值，这并不意味着，我们对于平等尊重或者平等自由的理性欲求一定是我们根深蒂固的嫉妒心理的产物。如果我们能找到某些例子，在其中，在经过理性慎思之后我们发现自己并不在乎是否与同伴享有同样多的益品，那么，这就足以表明，诉诸嫉妒去解释我们对于平等尊重或者平等自由的欲求是很可疑的。

让我们考虑一个关于分配快乐的例子。想象两个星球，在其中一个星球上（称它为 $x$ 星球），人们平等地享受着一定数量（比如，100 个单位）的快乐，而在另一个星球上（称它为 $y$ 星球），人们平等地享受着更高数量（200 个单位）的快乐。现在有一个地球人史密斯，正在决定他应该到哪个星球上生活。假设由于未知的生物物理原因，无论史密斯选择生活在哪个星球上，他都只享有 100 个单位的快乐。如果他住在 $x$ 星球上，他与其他人享有均等的快乐。但如果他生活在 $y$ 星球上，他拥有的快乐就会比其他人少。让我们假设其他的条件都相同，史密斯应该选择生活在哪个星球呢？我们似乎并没有强烈的直觉认为，史密斯应该选择 $x$ 而不是 $y$。也就是说，与尊重和自由的例子不同，快乐的平等分配似乎并不内在地值得欲求[2]。既然经过理性慎思之后，我们并不总是欲求对于所有益品的平等分配，那么，用嫉妒来解释我们

---

① 感谢审稿人提出这个建议。

② 为什么对于某些益品（例如尊重）而不是其他益品（例如快乐）的平等分配才具有内在价值？这个问题超出了本书所讨论的范围。我们的初步设想是，包含人际关系的益品，比如尊重、关怀、自由和机会，其平等分配可能才具有内在价值；而没有包含这种关系的益品，比如快乐、健康和能力，其平等分配则不太可能具有内在价值。

对于平等尊重或平等自由的欲望便是不合理的。

(3) 有人可能会担心,我们为分配平等的内在价值所做的论证会反过来支持以下论点:不平等分配在类似情况下也具有内在价值[①]。以宗教自由为例,考虑两个星球:在 $C$ 星球上,包括外星人在内的所有人都必须信奉一种特定的宗教;$D$ 星球与 $C$ 星球极其相似,但不同之处在于,虽然每个本地居民都必须信奉那种宗教,但外星人可以自由选择自己的宗教信仰。作为一个外星来客,你更愿意生活在哪个星球上?我们似乎更想生活在 $D$ 星球。

我们同意,一个外星来客很可能选择生活在 $D$ 星球。但我们倾向于相信,这并不是因为不平等具有内在价值,而是因为,这个人在 $D$ 星球上比在 $C$ 星球上会享有更多的益品(在这里是宗教自由)。为了了解人们是否因为不平等自身之故而欲求不平等,让我们考虑另一种情况。再一次假设有两个星球,$E$ 星球和 $F$ 星球:在 $E$ 星球上,每个人都享有宗教自由,而 $F$ 星球与 $E$ 星球的不同之处在于,只有外星人才有宗教自由。作为一个外星居民,你更想生活在哪个星球上?这时,我们似乎并不会偏爱星球 $F$ 胜过星球 $E$。因此,虽然平等本身可以被理性地欲求,但是因为不平等本身之故而欲求不平等却并不合理。

## 五、结论

帕菲特(Derek Parfit)区分了用以支持平等主义的目的论(teleological)论证和道义论(deontological)论证。目的论论证通常将

---

① 感谢审稿人指出这一点。

分配平等的价值与促进个人福祉的善联系起来，而道义论论证一般将分配平等的价值建基于某种非个人的诉求或者价值（比如对于公平的要求）[①]。

然而，我们并不认为这两种论证一定是互斥的。某种分配方式是公平的，完全可能是因为它以适当的方式提升了人们的福祉。反之亦然：某种分配方式使得人们的生活变得更好，可能正是因为它是公平的。至于哪一种关系才是正确的，我们保持开放的态度。正如我们所提到的，内在价值不必是根本价值。无论分配平等的价值是否来自其他价值，它仍然可能具有内在价值。

我们不敢自诩为平等主义提供了一个决定性的论证，我们只是提出了一种思路，用以揭示分配平等的内在价值。当然，我们同意，就分配而言，存在非平等主义的理由，比如促进整体效益，满足紧急需要，以及为人们提供足够水平的能力。但我们想要指出的是，关于分配还有一个额外的平等主义理由，我们应该因为平等本身的价值而偏好一个更为平等的分配模式。虽然最终的分配模式需要考虑到所有的因素，但是，平等的内在价值在分配正义中扮演着一个不可替代的角色。

---

① Derek Parfit, "Equality and Priority".

# 参考文献


Adshead, G. (2013) "Psychopaths and moral identity," *Philosophy, Psychiatry & Psychology* 20: 339 - 343.

Anderson, E. S. (1999) "What is the Point of Equality?" *Ethics* 109: 287 - 237.

Anderson, S. W., A. Bechara, H. Damasio, D. Tranel, and A. R. Damasio (1999) "Impairment of Social and Moral Behavior Related to Early Damage in Human Prefrontal Cortex," *Nature Neuroscience* 2: 1032 - 1037.

Anscombe, G. E. M. (1958) "Modern Moral Philosophy," *Philosophy* 33: 1 - 19.

Antony, L. (1989) "Anomalous Monism and the Problem of Explanatory Force," *Philosophical Review* 98: 153 - 187.

Aristotle (2000) *Nicomachean Ethics*, Trans. by Roger Crisp, Cambridge: Cambridge University Press.

Armstrong, D. M. (1968) *A Materialist Theory of Mind*, London:

Routledge & Kegan Paul.

Arneson, R. (2000) "Luck Egalitarianism and Prioritarianism," *Ethics* 110: 339 – 349.

Audi, R. (1997) *Moral Knowledge and Ethical Character*, Oxford: Oxford University Press.

Audi, R. (2013) *Moral Perception*, Princeton: Princeton University Press.

Ayer, A. J. (1952) *Language, Truth, and Logic*, New York: Dover Publications.

Baker, A. (2005) "Are There Genuine Mathematical Explanations of Physical Phenomena?" *Mind* 114: 223 – 238.

Banerjee, K., B. Huebner, and M. Hauser (2010) "Intuitive Moral Judgments Are Robust across Demographic Variation in Gender, Education, Politics, and Religion," *Journal of Cognition and Culture* 10: 253 – 281.

Barrash, J., D. Tranel, and S. W. Anderson (2000) "Acquired Personality Disturbances Associated with Bilateral Damage to the Ventromedial Prefrontal Region," *Developmental Neuropsychology* 18: 355 – 381.

Batterman, R. (2010) "On the Explanatory Role of Mathematics in Empirical Science," *British Journal for the Philosophy of Science* 61: 1 – 25.

Bechara, A., H. Damasio, and A. R. Damasio (2000) "Emotion, Decision-making and the Orbitofrontal Cortex," *Cerebral Cortex* 10: 295 – 307.

Bengson, J. (2015) "Grasping the Third Realm," in T. Gendler and J. Hawthorne (ed.) *Oxford Studies in* Epistemology, vol. 5, Oxford: Oxford University Press, pp.1 – 38.

Bennett, K. (2003) "Why the Exclusion Problem Seems Intractable and How, Just Maybe, to Tract It," *Noûs* 37: 471 – 497.

Biggs, S. and J. Wilson (2017) "The A Priority of Abduction," *Philosophical Studies* 174: 735 – 758.

Bjerring, J. (2014) "On Counterpossibles," *Philosophical Studies* 168: 327 – 353.

Blackburn, S. (1991) "Just Causes," *Philosophical Studies* 61: 3 – 17.

Blackburn, S. (1993) *Essays in Quasi-Realism*, New York: Oxford University Press.

Blair, R. J. R. (1995) "A Cognitive Developmental Approach to Morality: Investigating the Psychopath," *Cognition* 57: 1 – 29.

Blair, R. J. R. (1997) "Moral Reasoning and the Child with Psychopathic Tendencies," *Personality and Individual Differences* 22: 731 – 739.

Blair, R. J. R., J. Monson, and N. Frederickson (2001) "Moral Reasoning and Conduct Problems in Children with Emotional and Behavioural Difficulties," *Personality and Individual Differences* 31: 799 – 811.

Block, N. (1980) "Troubles with Functionalism," in N. Block (ed.) *Readings in the Philosophy of Psychology*, vol. 1, Cambridge: Harvard University Press, pp.268 – 305.

Block, N. (1986) "Advertisement for a Semantics for Psychology," *Midwest Studies in Philosophy* 10: 615 - 678.

Block, N. and R. Stalnaker (1999) "Conceptual Analysis, Dualism, and the Explanatory Gap," *Philosophical Review* 108: 1 - 46.

Boghossian, P. (2003) "The Normativity of Content," *Philosophical Issues* 13: 31 - 45.

Boyd, R. (1988) "How to Be a Moral Realist?" in G. Sayre-McCord (ed.) *Essays in Moral Realism*, Ithaca: Cornell University Press, pp.181 - 228.

Boyd, R. (2003) "Finite Beings, Finite Goods: The Semantics, Metaphysics and Ethics of Naturalist Consequentialism (Part II)," *Philosophy and Phenomenological Research* 67: 24 - 47.

Brandt, R. (1979) *A Theory of the Good and the Right*, Oxford: Clarendon Press.

Brandom, R. (1994) *Making It Explicit*, Cambridge: Harvard University Press.

Brännmark, J. (2006) "From Virtue to Decency," *Metaphilosophy* 37: 589 - 604.

Brewer, B. (1995) "Mental Causation," *Proceedings of the Aristotelian Society, Supplementary Volumes* 69: 237 - 253.

Brink, D. (1984) "Moral Realism and Skeptical Arguments from Disagreement and Queerness," *Australasian Journal of Philosophy* 62: 111 - 125.

Brink, D. (1989) *Moral Realism and the Foundations of Ethics*, Cambridge: Cambridge University Press.

Brink, D. (2001) "Realism, Naturalism, and Moral Semantics," *Social Philosophy and Policy* 18: 154 - 176.

Brogaard, B. and J. Salerno (2013) "Remarks on Counterpossibles," *Synthese* 190: 639 - 660.

Carey, B. (2011) "Overdetermination and the Exclusion Problem," *Australasian Journal of Philosophy* 89: 251 - 262.

Chalmers, D. (1996) *The Conscious Mind*, New York: Oxford University Press.

Chalmers, D. (2010) "The Two-Dimensional Argument against Materialism," in his *The Character of Consciousness*, New York: Oxford University Press, pp.141 - 205.

Chandler, M. J., B. W. Sokol, and C. Wainryb (2000) "Beliefs about Truth and Beliefs about Rightness," *Child Development* 71: 91 - 97.

Cholbi, M. (2006) "Belief Attribution and the Falsification of Motive Internalism," *Philosophical Psychology* 19: 607 - 616.

Cima, M., F. Tonnaer, and M. Hauser (2010) "Psychopaths Know Right from Wrong But Don't Care," *Social Cognitive and Affective Neuroscience* 5: 59 - 67.

Confucius (2003) *Analects: With Selections from Traditional Commentaries*, Trans. by Edward Slingerland, Indianapolis: Hackett Publishing.

Copp, D. (1995) *Morality, Normativity, and* Society, New York: Oxford University Press.

Copp, D. (2003) "Why Naturalism?" *Ethical Theory and Moral*

*Practice* 6: 179–200.

Crisp, T. M. and Warfield, T. A. (2001) "Kim's Master Argument," *Noûs* 35: 304–316.

Cuneo, T. (2006) "Moral Facts as Configuring Causes," *Pacific Philosophical Quarterly* 87: 141–162.

Cuneo, T. (2018) "The Evolutionary Challenge to Knowing Moral Reasons," in D. Star (ed.) *The Oxford Handbook of Reasons and Normativity*, Oxford: Oxford University Press, pp.964–986.

Cuneo, T. and R. Shafer-Landau (2014) "The Moral Fixed Points: New Directions for Moral Nonnaturalism," *Philosophical Studies* 171: 399–443.

Damasio, A. R. (1994) *Descartes' Error: Emotion, Reason, and the Human Brain*, New York: Grosset / Putnam.

Damasio, A. R., D. Tranel, and H. Damasio (1990) "Individuals with Sociopathic Behavior Caused by Frontal Damage Fail to Respond Autonomically to Social Stimuli," *Behavioral Brain Research* 41: 81–94.

Dancy, J. (2004) *Ethics without Principles*, Oxford: Clarendon Press.

Darwall, S. (1983) *Impartial Reason*, Ithaca: Cornell University Press.

Darwall, S. (1997) "Reasons, Motives, and the Demands of Morality," in S. Darwall, A. Gibbard, and P. Railton (ed.) *Moral Discourse and Practice: Some Philosophical Approaches*, Oxford: Oxford University Press, pp.305–312.

Darwall, S. (2006) *The Second-Person Standpoint: Morality, Respect, and Accountability*, Cambridge: Harvard University Press.

Davidson, D. (1980) "Mental Events," in his *Essays on Actions and Events*, Oxford: Clarendon Press, pp.207 – 225.

Davidson, D. (1984) "Radical Interpretation," in his *Inquiries into Truth and Interpretation*, Oxford: Clarendon Press, pp.125 – 139.

Deigh, J. (1992) "Shame and Self-Esteem: A Critique," in J. Deigh (ed.) *Ethics and Personality: Essays in Moral Psychology*, Chicago: University of Chicago Press, pp.133 – 153.

Deonna, J. A., R. Rodogno, and F. Teroni (2011) *In Defense of Shame: The Faces of an Emotion*, New York: Oxford University Press.

Dolan, M. and R. Fullam (2010) "Moral/Conventional Transgression Distinction and Psychopathy in Conduct Disordered Adolescent Offenders," *Personality and Individual Differences* 49: 995 – 1000.

Dowe, P. (2000) *Physical Causation*, New York: Cambridge University Press.

Dretske, F. (1995) *Naturalizing the Mind*, Cambridge: MIT Press.

Dworkin, R. (2011) *Justice for Hedgehogs*, Cambridge: Harvard University Press.

Dwyer, S. (2009) "Moral Dumbfounding and the Linguistic Analogy: Methodological Implications for the Study of Moral Judgment," *Mind and Language* 24: 274 – 296.

Dwyer, S., B. Huebner, and M. Hauser (2010) "The Linguistic

Analogy: Motivations, Results, and Speculations," *Topics in Cognitive Science* 2: 486 - 510.

Elster, J. (1983) *Explaining Technical Change*, Cambridge: Cambridge University Press.

Enoch, D. (2010) "The Epistemological Challenge to Metanormative Realism," *Philosophical Studies* 148: 413 - 438.

Enoch, D. (2011) *Taking Morality Seriously: A Defense of Robust Realism*, Oxford: Oxford University Press.

Feinberg, J. (1968) "Supererogation and Rules," in J. Thomson and G. Dworkin (ed.) *Ethics*, New York: Harper and Row, pp.391 - 411.

Field, H. (1989) *Realism, Mathematics and Modality*, Oxford: Blackwell.

Finkel, N. J., M. B. Liss, and V. R. Moran (1997) "Equal or Proportional Justice for Accessories? Children's Pearls of Proportionate Wisdom," *Journal of Applied Development Psychology* 18: 229 - 244.

Firth, R. (1952) "Ethical Absolutism and the Ideal Observer," *Philosophy and Phenomenological Research* 12: 317 - 345.

FitzPatrick, W. (2008) "Robust Ethical Realism, Non-Naturalism and Normativity," in R. Shafer-Landau (ed.) *Oxford Studies in Metaethics*, vol.3, Oxford: Oxford University Press, pp.159 - 205.

FitzPatrick, W. (2015) "Debunking Evolutionary Debunking of Ethical Realism," *Philosophical Studies* 172: 883 - 904.

Fodor, J. (1965) "Explanations in Psychology," in M. Black (ed.)

*Philosophy in America*, London: Routledge & Kegan Paul, pp.161 - 179.

Fodor, J. (1974) "Special Sciences (Or: The Disunity of Science as a Working Hypothesis)," *Synthese* 28: 97 - 115.

Fodor, J. (1987) *Psychosemantics*, Cambridge: MIT Press.

Fodor, J. (1997) "Special Sciences: Still Autonomous after All These Years," *Philosophical Perspectives* 11: 149 - 163.

Frankfurt, H. (1987) "Equality as a Moral Ideal," *Ethics* 98: 21 - 43.

Frankfurt, H. (1997) "Equality and Respect," *Social Research* 64: 3 - 15.

Friedman, M. (1974) "Explanation and Scientific Understanding," *Journal of Philosophy* 7: 5 - 19.

Gallagher, S. (2013) "Phronesis and Psychopathy: The Moral Frame Problem," *Philosophy, Psychiatry & Psychology* 20: 345 - 348.

Garfinkel, A. (1981) *Forms of Explanation*, New Haven: Yale University Press.

Gibbard, A. (1990) *Wise Choices, Apt Feelings*, Cambridge: Harvard University Press.

Gibbard, A. (1994) "Meaning and Normativity," *Philosophical Issues* 5: 95 - 115.

Gibbard, A. (2003a) "Thoughts and Norms," *Philosophical Issues* 13: 83 - 98.

Gibbard, A. (2003b) *Thinking How to Live*, Cambridge: Harvard University Press.

Gibbard, A. (2012) *Meaning and Normativity*, Oxford: Oxford University Press.

Gibbons, J. (2006) "Mental Causation without Downward Causation," *Philosophical Review* 115: 79 - 103.

Glenn, A. L., S. Koleva, R. Iyer, J. Graham, and P. H. Ditto (2010) "Moral Identity in Psychopathy," *Judgment and Decision Making* 5: 497 - 505.

Glenn, A. L., A. Raine, R. A. Schug, L. Young, and M. Hauser (2009) "Increased DLPFC Activity during Moral Decision-making in Psychopathy," *Molecular Psychiatry* 14: 909 - 911.

Gluer, K. and Wikforss, A. (2010) "The Normativity of Meaning and Content," in E. N. Zalta (ed.) *Stanford Encyclopedia of Philosophy*.

Goldman, A. (1967) "A Causal Theory of Knowing," *Journal of Philosophy* 64: 355 - 372.

Greene, J. D. (2007) "Why Are VMPFC Patients More Utilitarian? A Dual-process Theory of Moral Judgment Explains," *Trends in Cognitive Science* 11: 319 - 321.

Greene, J. D., L. E. Nystrom, A. D. Engell, J. M. Darley, and J. D. Cohen (2004) "The Neural Bases of Cognitive Conflict and Control in Moral Judgment," *Neuron* 44: 389 - 400.

Greene, J. D., R. B. Sommerville, L. E. Nystrom, J. M. Darley, and J. D. Cohen (2001) "An fMRI Investigation of Emotional Engagement in Moral Judgment," *Science* 293: 2105 - 2108.

Haidt, J. (2001) "The Emotional Dog and Its Rational Tail: A Social

Intuitionist Approach to Moral Judgment," *Psychological Review* 108: 814 - 834.

Hare, R. M. (1952) *The Language of Morals*, Oxford: Clarendon Press.

Harman, G. (1965) "Inference to the Best Explanation," *Philosophical Review* 74: 88 - 95. Harman, G. (1977) *The Nature of Morality: An Introduction to Ethics*, New York: Oxford University Press.

Harman, G. (1986) "Moral Explanations of Natural Facts—Can Moral Claims Be Tested against Moral Reality," *Southern Journal of Philosophy* 24: 57 - 68.

Harman, G. (1996) "Moral Relativism," in G. Harman and J. Thompson, *Moral Relativism and Moral Objectivity*, Oxford: Blackwell, pp.3 - 64.

Hawthorne, J. (2001) "Causal Structuralism," *Philosophical Perspectives* 13: 361 - 378.

Helwig, C. C. and E. Turiel (2002) "Children's Social and Moral Reasoning," in P. K. Smith and C. H. Hart (ed.) *Blackwell Handbook of Childhood Social Development*, Malden: Blackwell, pp.476 - 490.

Hitchcock, C. (2001) "A Tale of Two Effects," *Philosophical Review* 110: 361 - 396.

Holtug, N and K. Lippert-Rasmussen (ed.) (2007) *Egalitarianism: New Essays on the Nature and Value of Equality*, Oxford: Oxford University Press.

Horgan, T. and M. Timmons (1991) "New Wave Moral Realism Meets Moral Twin Earth," *Journal of Philosophical Research* 16: 447 - 465.

Horgan, T. and M. Timmons (2000) "Copping Out on Moral Twin Earth," *Synthese* 124: 139 - 152.

Horgan, T. and M. Timmons (2009) "Analytical Moral Functionalism Meets Moral Twin Earth," in I. Ravenscroft (ed.) *Minds, Ethics, and Conditionals: Themes from the Philosophy of Frank Jackson*, Oxford: Oxford University Press, pp.221 - 236.

Huebner, B., S. Dwyer, and M. Hauser (2009) "The Role of Emotion in Moral Psychology," *Trends in Cognitive Science* 13: 1 - 6.

Huemer, M. (2001) *Skepticism and the Veil of Perception*, Lanham: Rowman and Littlefield.

Huemer, M. (2005) *Ethical Intuitionism*, New York: Palgrave Macmillan.

Hume, D. (1964) *A Treatise of Human Nature*, Oxford: Clarendon Press.

Hume, D. (1999) *An Enquiry concerning Human Understanding*, Oxford: Oxford University Press.

Hursthouse, R. (1991) "Virtue Theory and Abortion," *Philosophy and Public Affairs* 20: 223 - 246.

Hursthouse, R. (1999) *On Virtue Ethics*, Oxford: Oxford University Press.

Ivanhoe, P. J. (1990) "Reweaving the 'One Thread' of the *Analects*," *Philosophy East and West* 40: 17 - 33.

Ivanhoe, P. J. (2002) *Ethics in the Confucian Tradition: The Thought of Mencius and Wang Yangming*, 2nd edition, Indianapolis: Hackett Publishing.

Ivanhoe, P. J., and B. W. Van Norden (ed.) (2005) *Readings in Classical Chinese Philosophy*, Indianapolis: Hackett Publishing.

Jackson, F. (1998) *From Metaphysics to Ethics: A Defence of Conceptual Analysis*, Oxford: Clarendon Press.

Jackson, F. and P. Pettit (1990) "Program Explanation: A General Perspective," *Analysis* 50: 107 - 117.

Jackson, F. and P. Pettit (1992) "In Defence of Explanatory Ecumenism," *Economics and Philosophy* 8: 1 - 21.

Jackson, F. and P. Pettit (1995) "Moral Functionalism and Moral Motivation," *Philosophical Quarterly* 178: 20 - 40.

Johnson, R. N. (2003) "Virtue and Right," *Ethics* 113: 810 - 834.

Joyce, R. (2001) *The Myth of Morality*, Cambridge: Cambridge University Press.

Joyce, R. (2006) *The Evolution of Morality*, Cambridge: MIT Press.

Kant, I. (1964) *Groundwork of the Metaphysic of Morals*, Trans. by H. J. Paton, New York: Harper and Row.

Kant, I. (1997) *Critique of Practical Reason*, Cambridge: Cambridge University Press.

Kawall, J. (2009a) "In Defense of the Primacy of the Virtues," *Journal of Ethics and Social Philosophy* 3: 1 - 21.

Kawall, J. (2009b) "Virtue Theory, Ideal Observers, and the

Supererogatory," *Philosophical Studies* 146: 179 - 196.

Kearns, S. and Magidor, O. (2012) "Semantic Sovereignty," *Philosophy and Phenomenological Research* 85: 322 - 350.

Kim, J. (1989) "Mechanism, Purpose, and Explanatory Exclusion," *Philosophical Perspectives* 3: 77 - 108.

Kim, J. (1994) "Explanatory Knowledge and Metaphysical Dependence," *Philosophical Issues* 5: 51 - 69.

Kim, J. (1996) *Philosophy of Mind*, Boulder: Westview Press.

Kim, J. (1998) *Mind in a Physical World*, Cambridge: MIT Press.

Kim, J. (2003) "The American Origins of Philosophical Naturalism," *Journal of Philosophical Research* 28: 83 - 98.

Kim, J. (2005) *Physicalism, or Something Near Enough*, Princeton: Princeton University Press.

Kitcher, P. (1984) "1953 and All That: A Tale of Two Sciences," *Philosophical Review* 93: 335 - 373.

Kitcher, P. (1989) "Explanatory Unification and the Causal Structure of the World," in P. Kitcher & W. Salmon (ed.) *Scientific Explanation*, Minneapolis: University of Minnesota Press, 401 - 505.

Kitcher, P. (1999) "The Hegemony of Molecular Biology," *Biology and Philosophy* 14: 195 - 210.

Kment, B. (2014) *Modality and Explanatory Reasoning*, Oxford: Oxford University Press.

Koenigs, M., M. Kruepke, J. Zeier, and J. P. Newman (2012) "Utilitarian Moral Judgment in Psychopathy," *Social Cognitive and Affective Neuroscience* 7：708－714.

Koenigs, M., L. Young, R. Adolphs, D. Tranel, F. Cushman, M. Hauser, and A. Damasio (2007) "Damage to the Prefrontal Cortex Increases Utilitarian Moral Judgements," *Nature* 446：908－911.

Korsgaard, C. (1983) "Two Distinctions in Goodness," *Philosophical Review* 92：169－195.

Korsgaard, C. (1996) *The Sources of Normativity*, Cambridge: Cambridge University Press.

Kornblith, H. (1994) "Naturalism: Both Metaphysical and Epistemological", *Midwest Studies in Philosophy* 19：39－52.

Kripke, S. (1982) *Wittgenstein on Rules and Private Language*, Cambridge: Harvard University Press.

Kuhn, T. (1962) *The Structure of Scientific Revolutions*, Chicago: University of Chicago Press.

Lance, M. and J. Hawthorne (1997) *The Grammar of Meaning*, Cambridge: Cambridge University Press.

Leiter, B. (2001) "Moral Facts and Best Explanations," *Social Philosophy and Policy* 18：79－101.

Levin, J. (2018) "Functionalism," in E. N. Zalta (ed.) *Stanford Encyclopedia of Philosophy*.

Lewis, D. (1970) "How to Define Theoretical Terms?" *Journal of Philosophy* 67：427－446.

Lewis, D. (1972) "Psychophysical and Theoretical Identification," *Australasian Journal of Philosophy* 50：249－258.

Lewis, D. (1973) "Causation," *Journal of Philosophy* 70: 556–567.

Lewis, D. (1980) "Mad Pain and Martian Pain," in N. Block (ed.), *Readings in the Philosophy of Psychology*, Cambridge: Harvard University Press, pp.216–222.

Lewis, D. (1983) "New Work for a Theory of Universals," *Australasian Journal of Philosophy* 61: 343–377.

Lewis, D. (1986) "Causal Explanation," in his *Philosophical Papers*, vol.2, Oxford: Oxford University Press, pp.214–240.

Lipton, P. (2004) *Inference to the Best Explanation*, 2nd Edition, London: Routledge.

List, C. and P. Menzies (2009) "Nonreductive Physicalism and the Limits of the Exclusion Principle," *Journal of Philosophy* 106: 475–502.

Loeb, D. (2005) "Moral Explanations of Moral Beliefs," *Philosophy and Phenomenological Research* 70: 193–208.

Lü, Buwei (2000) *The Annals of Lü Buwei: A Complete Translation and Study*, Trans. by John Knoblock and Jeffrey Riegel, Stanford: Stanford University Press.

Lyon, A. (2012) "Mathematical Explanations of Empirical Facts, and Mathematical Realism," *Australasian Journal of Philosophy* 90: 559–578.

Mackie, J. (1977) *Ethics: Inventing Right and Wrong*, New York: Penguin Books.

MacIntyre, A. (1989) *Against the Self-Images of the Age: Essays on*

*Ideology and Philosophy*, Notre Dame: University of Notre Dame Press.

Marchionni, C. (2008) "Explanatory Pluralism and Complementarity: From Autonomy to Integration," *Philosophy of the Social Sciences* 38: 314 - 333.

Marmor, A. (2003) "The Intrinsic Value of Economic Equality," in L. H. Meyer, S. L. Paulson, and T. W. Pogge (ed.) *Rights, Culture, and the Law: Themes from the Legal and Political Philosophy of Joseph Raz*, Oxford: Oxford University Press, pp.127 - 143.

McDowell, J. (1994) *Mind and World*, Cambridge: Harvard University Press.

McDowell, J. (1997) "Values and Secondary Qualities," in S. Darwall, A. Gibbard, and P. Railton (ed.) *Moral Discourse and Practice*, Oxford: Oxford University Press, pp.201 - 214.

McGrath, S. (2014) "Relax? Don't Do It! Why Moral Realism Won't Come Cheap," in R. Shafer-Landau (ed.) *Oxford Studies in Metaethics*, vol. 9, Oxford: Oxford University Press, pp. 186 - 214.

McKerlie, D. (1996) "Equality," *Ethics* 106: 274 - 296.

Mencius (2008) *Mengzi: With Selections from Traditional Commentaries*, Trans. by Bryan Van Norden, Indianapolis: Hackett Publishing.

Menzies, P. (2013) "Mental Causation in a Physical World," in S. C. Gibb, E. J. Lowe, and R. D. Ingthorsson (ed.) *Mental*

*Causation and Ontology*, Oxford: Oxford University Press, pp.58 – 87.

Merricks, T. (2001) *Objects and Persons*, Oxford: Clarendon Press.

Mikhail, J. (2007) "Universal Moral Grammar: Theory, Evidence, and the Future," *Trends in Cognitive Sciences* 11: 143 – 152.

Mikhail, J. (2008a) "The Poverty of the Moral Stimulus," in W. Sinnott-Armstrong (ed.) *The Evolution of Morality*, Cambridge: MIT Press, pp.353 – 360.

Mikhail, J. (2008b) "Moral Cognition and Computational Theory," in W. Sinnott-Armstrong (ed.) *The Neuroscience of Morality*, Cambridge: MIT Press, pp.81 – 92.

Mikhail, J. (2009) *Elements of Moral Cognition: Rawls' Linguistic Analogy and the Cognitive Science of Moral and Legal Judgment*, New York: Cambridge University Press.

Millikan, R. (1984) *Language, Thought and Other Biological Categories*, Cambridge: MIT Press.

Moore, G. E. (1903) *Principia Ethica*, Cambridge: Cambridge University Press.

Morris, M. (1992) *The Good and the True*, Oxford: Clarendon Press.

Murphy, P. and T. Black (2012) "Sensitivity Meets Explanation: An Improved Counterfactual Condition on Knowledge," in K. Becker and T. Black (ed.) *The Sensitivity Principle in Epistemology*, Cambridge: Cambridge University Press, pp.28 – 42.

Neblett, W. (1969) "Morality, Prudence, and Obligations to

Oneself," *Ethics* 80: 70－73.

Nelson, M. (2006) "Moral Realism and Program Explanation," *Australasian Journal of Philosophy* 84: 417－428.

Nelson, S. (1980) "Factors Influencing Young Children's Use of Motives and Outcomes as Moral Criteria," *Child Development* 51: 823－829.

Nichols, S. (2004) *Sentimental Rules: On the Natural Foundations of Moral Judgment*, New York: Oxford University Press.

Nivison, D. S. (1996) "Golden Rule Arguments in Chinese Moral Philosophy," in his *The Ways of Confucianism*, Ed. by Bryan Van Norden, Chicago: Open Court Press, pp.59－76.

Nolan, D. (1997) "Impossible Worlds: A Modest Approach," *Notre Dame Journal for Formal Logic* 38: 535－572.

Norton, J. (2007) "Causation as Folk Science," in H. Price and R. Corry (ed.) *Causation, Physics, and the Constitution of Reality: Russell's Republic Revisited*, Oxford: Oxford University Press, 11－44.

Nozick, R. (1981) *Philosophical Explanations*, Cambridge: Harvard University Press.

Nussbaum, M. C. (1990) *Love's Knowledge: Essays on Philosophy and Literature*, New York: Oxford University Press.

Owens, D. (1989) "Disjunctive Laws?" *Analysis* 49: 197－202.

Papineau, D. (2002) *Thinking about Consciousness*, Oxford: Oxford University Press.

Papineau, D. (2016) "Naturalism," in E. N. Zalta (ed.) *Stanford*

*Encyclopedia of Philosophy.*

Parfit, D. (1997) "Equality and Priority," *Ratio* 10: 202 - 221.

Parfit, D. (2011) *On What Matters*, Oxford: Oxford University Press.

Pearl, J. (2000) *Causality*, New York: Cambridge University Press.

Pereboom, D. and H. Kornblith (1991) "The Metaphysics of Irreducibility," *Philosophical Studies* 63: 125 - 145.

Plantinga, A. (2000) *Warranted Christian Belief*, Oxford: Oxford University Press.

Plato (1997) *Plato: Complete Works.* Ed. by John Cooper, Indianapolis: Hackett Publishing.

Prinz, J. (2008) *The Emotional Construction of Morals*, New York: Oxford University Press.

Putnam, H. (1973) "Reductionism and the Nature of Psychology," *Cognition* 2: 131 - 146.

Putnam, H (1975a) "What is Mathematical Truth," in his *Philosophical Papers*, vol.1, Cambridge University Press, pp.60 - 78.

Putnam, H. (1975b) "The Nature of Mental States," in his *Philosophical Papers*, vol.2, Cambridge: Cambridge University Press, pp.429 - 440.

Railton, P. (1981) "Probability, Explanation, and Information," *Synthese* 48: 233 - 256.

Railton, P. (1986) "Moral Realism," *Philosophical Review* 95: 163 - 207.

Railton, P. (1989a) "Explanation and Metaphysical Controversy," in P. Kitcher and W. C. Salmon (ed.) *Scientific Explanation*, Minneapolis: University of Minnesota Press, pp.220 - 252.

Railton, P. (1989b) "Naturalism and Prescriptivity," *Social Philosophy and Policy* 7: 151 - 174.

Railton, P. (1993) "Noncognitivism about Rationality: Benefits, Costs, and an Alternative," *Philosophical Issues* 4: 36 - 51.

Railton, P. (1996) "Subject-ive and Objective," *Ratio* 8: 259 - 276.

Railton, P. (1998) "Moral Explanation and Moral Objectivity," *Philosophy and Phenomenological Research* 58: 175 - 182.

Railton, P. (2008) "The Problem of Well-Being: Respect, Equality, and the Self," *Tenth Conference of the International Society for Utilitarian Studies*, pp.1 - 30.

Rawls, J. (1971) *A Theory of Justice*, Cambridge: Harvard University Press.

Rawls, J. (1980) "Kantian Constructivism in Moral Theory," *Journal of Philosophy* 77: 515 - 572.

Raz, J. (1988) *The Morality of Freedom*, Oxford: Oxford University Press.

Raz, J. (2008) "On the Value of Distributional Equality," *Legal Research Papers Series* 41: 1 - 19.

Robb, D. and J. Heil (2013) "Mental Causation," in E. N. Zalta (ed.) *Stanford Encyclopedia of Philosophy*.

Roskies, A. (2003) "Are Ethical Judgments Intrinsically Motivational? Lessons from 'Acquired Sociopathy'," *Philosophical Psychology*

16: 51 - 66.

Roskies, A. (2006) "Patients with Ventromedial Frontal Damage Have Moral Beliefs," *Philosophical Psychology* 19: 617 - 627.

Roskies, A. (2008) "Internalism and the Evidence from Pathology," in W. Sinnott-Armstrong (ed.) *The Neuroscience of Morality*, Cambridge: MIT Press, pp.191 - 206.

Salmon, W. (1984) *Scientific Explanation and the Causal Structure of the World*, Princeton: Princeton University Press.

Salmon, W. (1998) *Causality and Explanation*, New York: Oxford University Press.

Sawyer, R. K. (2002) "Nonreductive Individualism (Part I): Supervenience and Wild Disjunction," *Philosophy of the Social Sciences* 32: 537 - 559.

Sayre-McCord, G. (1988) "Moral Theory and Explanatory Impotence," in G. Sayre- McCord (ed.) *Essays in Moral Realism*, Ithaca: Cornell University Press, pp.256 - 281.

Sayre-McCord, G. (2017) "Moral Realism," in E. N. Zalta (ed.) *Stanford Encyclopedia of Philosophy*.

Scanlon, T. (2014) *Being Realistic about Reasons*, Oxford: Oxford University Press.

Schaffer, J. (2003) "Overdetermining Causes," *Philosophical Studies* 114: 23 - 45.

Setiya, K. (2012) *Knowing Right from Wrong*, Oxford: Oxford University Press.

Shafer-Landau, R. (2003) *Moral Realism: A Defense*, Oxford:

Oxford University Press.

Shoemaker, S. (1984) *Identity, Cause, and Mind*, Cambridge: Cambridge University Press.

Shoemaker, S. (1998) "Causal and Metaphysical Necessity," *Pacific Philosophical Quarterly* 79: 59 - 77.

Sider, T. (2003) "What's So Bad about Overdetermination?" *Philosophy and Phenomenological Research* 67: 719 - 726.

Siegel, S. (2016) "The Contents of Perception," in E. N. Zalta (ed.) *Stanford Encyclopedia of Philosophy*.

Sinclair, N. (2011) "The Explanationist Argument for Moral Realism," *Canadian Journal of Philosophy* 41: 1 - 24.

Singer, P. (2005) "Ethics and Intuitions," *Journal of Ethics* 9: 331 - 352.

Slote, M. (2001) *Morals from Motives*, Oxford: Oxford University Press.

Slote, M. (2010) *Moral Sentimentalism*, New York: Oxford University Press.

Smart, J. J. C. (2002) "Sensations and Brain Processes," in D. Chalmers (ed.) *Philosophy of Mind: Classical and Contemporary Readings*, Oxford: Oxford University Press, pp.60 - 68.

Smetana, J. (1983) "Social Cognitive Development: Domain Distinctions and Coordinations," *Development Review* 3: 131 - 147.

Smith, M. (1994) *The Moral Problem*, Oxford: Basil Blackwell.

Smith, M. (2013), "Moral Realism," in H. LaFollette and I. Persson (ed.) *The Blackwell Guide to Ethical Theory*, 2nd Edition,

Oxford: Wiley-Blackwell, pp.15 – 42.

Smith, M., D. Lewis, and M. Johnston (1989) "Dispositional Theories of Value," *Proceedings of the Aristotelian Society, Supplementary Volumes* 63: 89 – 174.

Sober, E. (1983) "Equilibrium Explanation," *Philosophical Studies* 43: 201 – 210.

Sober, E. (1999) "The Multiple Realizability Argument against Naturalism," *Philosophy of Science* 66: 542 – 564.

Sosa, E. (1999) "How to Defeat Opposition to Moore," *Philosophical Perspectives* 13: 141 – 154.

Sosa, E. (2002) "Reliability and the A Priori," in T. S. Gendler and J. Hawthorne (ed.) *Conceivability and Possibility*, Oxford: Oxford University Press, pp.369 – 384.

Steiner, H. (2003) "Equality, Incommensurability, and Rights", in *Rights, Culture, and the Law: Themes from the Legal and Political Philosophy of Joseph Raz*, pp.119 – 27.

Street, S. (2006) "A Darwinian Dilemma for Realist Theories of Value," *Philosophical Studies* 127: 109 – 166.

Strevens, M. (2004) "The Causal and Unification Approaches to Explanation Unified— Causally," *Noûs* 38: 154 – 176.

Sturgeon, N. L. (1985) "Moral Explanations," in D. Copp and D. Zimmerman (ed.) *Morality, Reason, and Truth: New Essays on the Foundations of Ethics*, Totowa: Rowman and Allanheld, pp.49 – 78.

Sturgeon, N. L. (2006) "Ethical Naturalism," in D. Copp (ed.) *The*

*Oxford Handbook of Ethical Theory*, Oxford: Oxford University Press, pp.91 – 121.

Swanton, C. (2001) "A Virtue Ethical Account of Right Action," *Ethics* 112: 32 – 52.

Swanton, C. (2003) *Virtue Ethics: A Pluralistic View*, New York: Oxford University Press.

Tang, Y. and L. Zhong (2013) "Toward A Demystification of Egalitarianism," *Philosophical Forum* 44: 149 – 163.

Temkin, L. S. (1996) *Inequality*, New York: Oxford University Press, 1996.

Temkin, L. S. (2003a) "Egalitarianism Defended," *Ethics* 113: 764 – 782.

Temkin, L. S. (2003b) "Personal versus Impersonal Principles: Reconsidering the Slogan," *Theoria* 69: 21 – 31.

Thomson, J. (1985) "The Trolley Problem," *Yale Law Journal* 94: 1395 – 1415.

Thomson, J. (1998) "Reply to Critics," *Philosophy and Phenomenological Research* 58: 215 – 222.

Turiel, E. (1983) *The Development of Social Knowledge: Morality and Convention*, Cambridge: Cambridge University Press.

Tye, M. (1983) "Functionalism and Type Physicalism", *Philosophical Studies* 44: 161 – 174.

Van Zyl, L. (2011) "Rightness and Goodness in Agent-based Virtue Ethics," *Journal of Philosophical Research* 36: 103 – 114.

Von Wright, G. H. (1963) *The Varieties of Goodness*, New York:

Humanities Press.

Wallace, J. D. (1978) *Virtues and Vices*, Ithaca: Cornell University Press.

Walter, S. (2008) "The Supervenience Argument, Overdetermination, and Causal Drainage: Assessing Kim's Master Argument," *Philosophical Psychology* 21: 673 - 696.

Watson, G. (1975) "Free Agency," *Journal of Philosophy* 72: 205 - 220.

Wedgwood, R. (2007a) "Normativism Defended," in B. P. McLaughlin and J. Cohen (ed.) *Contemporary Debates in the Philosophy of Mind*, Oxford: Blackwell, pp.85 - 101.

Wedgwood, R. (2007b) *The Nature of Normativity*, Oxford: Oxford University Press.

Wedgwood, R. (2009) "The Normativity of the Intentional," in B. P. McLaughlin and A. Beckermann (ed.) *The Oxford Handbook of the Philosophy of Mind*, Oxford: Clarendon Press, pp.421 - 436.

Whiting, D. (2007) "The Normativity of Meaning Defended," *Analysis* 67: 133 - 140.

Wielenberg, E. (2010) "On the Evolutionary Debunking of Morality," *Ethics* 120: 441 - 464.

Wiggins, D. (1997) "A Sensible Subjectivism," in S. Darwall, A. Gibbard, and P. Railton (ed.) *Moral Discourse and Practice*, Oxford: Oxford University Press, pp.227 - 246.

Williams, B. (1985) *Ethics and the Limits of Philosophy*, Cambridge: Harvard University Press.

Williams, B. (1993) *Shame and Necessity*, Berkeley: University of California Press.

Wittgenstein, L. (1953) *Philosophical Investigations*, Trans. by G. E. M. Anscombe, Oxford: Basil Blackwell.

Wong, D. (2006) *Natural Moralities: A Defense of Pluralistic Relativism*, New York: Oxford University Press.

Woodward, J. (2003) *Making Things Happen: A Theory of Causal Explanation*, Oxford: Oxford University Press.

Woodward, J. (2008) "Mental Causation and Neural Mechanisms," in J. Hohwy and J. Kallestrup (ed.) *Being Reduced: New Essays on Reduction, Explanation, and Causation*, Oxford: Oxford University Press, pp.218 - 262.

Wright, C. (1989) "Critical Notice of Colin McGinn's *Wittgenstein on Meaning*," *Mind* 98: 289 - 305.

Wright, C. (1992) *Truth and Objectivity*, Cambridge: Harvard University Press.

Yablo, S. (1992) "Mental Causation," *Philosophical Review* 101: 245 - 280.

Zagzebski, L. (1996) *Virtues of the Mind: An Inquiry into the Nature of Virtue and the Ethical Foundations of Knowledge*, Cambridge: Cambridge University Press.

Zagzebski, L. (2004) *Divine Motivation Theory*, Cambridge: Cambridge University Press.

Zagzebski, L. (2010) "Exemplarist Virtue Theory," *Metaphilosophy* 41: 41 - 57.

Zalta, E. (1983) *Abstract Objects: An Introduction to Axiomatic Metaphysics*, Dordrecht: Reidel.

Zangwill, N. (2005) "Moral Epistemology and the Because Constraint," in J. Dreier (ed.) *Contemporary Debates in Moral Theory*, Oxford: Blackwell, pp.263 - 281.

Zhong, L. (2011a) "Can Counterfactuals Solve the Exclusion Problem?" *Philosophy and Phenomenological Research* 83: 129 - 147.

Zhong, L. (2011b) "A Unificationist Vindication of Moral Explanation," *Philosophical Forum* 42: 131 - 146.

Zhong, L. (2012a) "Counterfactuals, Regularity and the Autonomy Approach," *Analysis* 72: 75 - 85.

Zhong, L. (2012b) "An Explanatory Challenge to Moral Reductionism," *Theoria* 78: 309 - 325.

Zhong, L. (2013a) "Internalism, Emotionism, and the Psychopathy Challenge," *Philosophy, Psychiatry & Psychology* 20: 329 - 337.

Zhong, L. (2013b) "Psychopathy, Emotion, and Moral Judgment," *Philosophy, Psychiatry & Psychology* 20: 349 - 352.

Zhong, L. (2014) "Sophisticated Exclusion and Sophisticated Causation," *Journal of Philosophy* 111: 341 - 360.

Zhong, L. (2015) "Why the Counterfactualist Should Still Worry About Downward Causation," *Erkenntnis* 80: 159 - 171.

Zhong, L. (2016a) "A Confucian Virtue Theory of Supererogation," *Philosophy East and West* 66: 328 - 341.

Zhong, L. (2016b) "Exclusion in Morality," *Grazer Philosophische Studien* 93: 275 - 290.

Zhong, L. (2017) "Semantic Normativity and Semantic Causality," *Philosophy and Phenomenological Research* 94: 626 - 645.

Zhong, L. (2019) "The Hard Problem for Soft Moral Realism," *Journal of Philosophy* 116: 555 - 576.

Zhong, L. (2020) "Taking Emergentism Seriously," *Australasian Journal of Philosophy* 98: 31 - 46.

Zhong, L. (2021) "Moral Functionalism and Moral Nonnaturalism," *Journal of Value Inquiry*, Online First, DOI: 10.1007/s10790 - 021 - 09808 - y.

Zimmerman, M. J. (1996) *The Concept of Moral Obligation*, Cambridge: Cambridge University Press.

# 人名索引

# 名词索引

# 译后记

钟磊教授是目前华人世界中一流的哲学家。即使放在全世界的范围来看，他的英文学术出版在同辈学者中都处于领先的水平。作为学生，我非常荣幸能有机会将钟老师在道德哲学方面的著作翻译成中文。

我想借这个写“译后记”的机会，分享两点在翻译过程中的体会。

一、钟老师的文章是标准的分析哲学论文，清晰，直接，讲究论证，环环相扣。在我看来，这些都是好的哲学论文必须具备的特质。因此，撇开文章本身的学术价值不谈，本书给初学者提供了一个值得信赖的哲学写作模板。我曾见过（不止一个）初学者一上来就要追求个人的写作风格，把模糊晦涩当成有趣深刻。我想说，风格是经过千锤百炼才可能显现的东西，是文章具备上述特质之后才能谈的事情。先学着把话说清楚（论点明确）、道理讲明白（论证清晰），而不是一开始就要树立所谓的风格，否则，你所展示的只是参差不齐的缺陷。

二、钟老师的文章时常给我一种贯通的感觉。这不是因为他的讨论事实上涉及伦理学、心灵哲学、形而上学、语言哲学、认识论等多个哲学领域（很多人的讨论都涉及不同的领域），而是因为，他在着力发现不同哲学领域之间的深层联系，有迹可循地把不同领域中的问题、立场和论证打通。（读过你就会知道，本书中的不少元伦理学创见，都是与心灵哲学相互发明的结果。）这样做之所以可行，当然最终是因为不同领域的哲学问题之间存在客观的联系，但要发现这一点，更需要拥有一颗兴趣广泛、保持开放的心灵。

本书的翻译耗时一年有余，要感谢钟老师的信任、特约编辑刘旭的付出，以及王丽丽同学的帮助。译者浅陋，错误在所难免，还望读者不吝赐教。

魏犇群

2022 年 6 月